지식의 조건

이스라엘 쉐플러 저
김 정 래 역

학지사

역자 서문

『지식의 조건』은 1965년 발간된 이스라엘 쉐플러Israel Scheffler의 *The Conditions of Knowledge*를 번역한 것이다. 저자는 부제를 '인식론과 교육을 위한 개설 *An Introduction to Epistemology and Education*'이라 붙이고 교육에서 앎의 문제를 인식론적 관점에서 본격적으로 검토한다는 점을 밝히면서 심도 있는 논의를 전개하고 있다. 이 책은 명제적 지식에 일차적으로 초점을 맞추고, 이 지식이 성립하는 조건을 철학적으로 논증하고 있다. 그 과정에서 도출되는 사안과 쟁점을 교육적 맥락에서 면밀하게 검토하고 있다.

*   *   *   *

지식 문제는 교육학 전반에 걸쳐 관련되는 핵심적 사안이다. 교육철학에서도 사정은 다르지 않다. 단순하게 분류하자면, 교육철학의 양대 축은 지식문제와 가치문제이다. 이를 전통철학체계로 보면, 전자는 인식론에서, 후자는 윤리학에서 다루어 왔다. 그러나 교육철학에서 다루어지는 지식문제를 전통철학 영역의 인식론 탐구결과를 교육현장에 그대로 적용하는 패러다임을 가지고 접근하는 방식은 적절하지 못하다. 전통철학의 장점과 심오한 논의가 삶 전반에 걸친 실천상황을 토대로 이루어진 만큼, 교육철학의 쟁점과 논의도 교육실천상황을 전제로 해야 한다. 우리나라 교육철학은 적지 않게 과거 특출한 인물이나 저서를 중심으로 한 '공부를 위한 공부'에 초점이 맞추어진 것이 사실이다. 이 방식은 마치 고전학 연구와 유사하다. 고전학 연구가 가치가 전혀 없다는 것이 아니다. 교육철학은 이보다 교육 현장에서 일어나는 사안이나 교육정책을 철학화philosophizing해야만 한다. 그래야 그 정체성과 정통성을 인정받을 수 있다. 어디까지나 이의 일환으로써 고전학을 하거나 인물 연구를 권장해야 마땅하다. 따라서 과거에는 이 방식이 위주였다고 해서 언제까지 교육철학에서 주류이어야 하는가는 한번 짚어보아야 할 심각한 사안이다. 하지만 다행스럽게도 요즈음 이러한 패러다임 변혁을 인식하고 새로운 방향의 연구가 적지 않게 시도되고 있다. 그중 하나가 한국교육철학회가 최근 기획 출판한 '한국교육철학회 학술서적시리즈' 제1권 『교육과 지식』은 이러한 접근법을 토대로 한 연구물이다.[1] 이 시리즈로 발간된 책 제목이 '지식과 교육'이 아니라 '교육과 지식'으로 명명된 것에서 알 수 있듯이, 교육철학에서 논의되는 지식 문제는 일반철학 또는 전통철학의 탐구결과나 방법을 교육철학에 그대로 원용하는 것이 아니다. 그렇다면, 새로운 연구방향은 구체적으로 어떠해야 하는가? 교육실천현장에서 파악되는 인식론적 질문, 즉 교과와 관련된 지식의 성격과 가치문제, 학습과 관련된 지식의 발생 문제, 교수과정에서 야기되는 효과적 지식의 전달 문제 등을 중심

---

1) 한국교육철학회 편(2017), 『교육과 지식』, 서울: 학지사.

으로 교육철학 탐구가 이루어져야 한다. 이는 교육학의 정체성을 확립하는 데에도 핵심적 사안이다.

이 책은 이러한 취지에 부합하는 선도적인 서적이다. '선도적'이라는 표현은 이 책이 처음 출간된 1965년이라는 시점을 감안한 것으로서, 저자는 이미 52년 전에 이러한 선구자적 혜안을 가지고 문제에 접근하였다. 독자들이 본문을 통하여 보다 구체적으로 확인할 수 있겠지만, 저자 스스로가 짧은 서문을 통하여 이를 다음과 같이 천명하고 있다. "이 책은 개설서로서 설명 일변도로 서술한 것이 아니다. 그래서 나는 흥미를 주면서 중요하다고 판단되는 쟁점을 선별하여, 나 나름대로의 논의를 전개하였다. 독자들은 지식의 본질과 조건에 관한 철학적 사색의 과정에 몰두하여 자신의 교육적 입장을 평가해 보고 문제 해결의 방책을 도모하기를 바란다."

교육실천 현장을 출발로 하는 교육철학 논의는 주로 미국의 실용주의pragmatism 노선과 상통한다. 물론 실천을 중시하는 서양철학이 미국의 실용주의만 있는 것은 아니다. 실천의 중요성을 강조한 기원은 고대 희랍의 아리스토텔레스로 거슬러 올라갈 만큼 그 뿌리가 깊다. 그러나 실천을 강조한다고 해도, 20세기에 이르기까지 전통철학은 여전히 '이론'을 중심에 놓고 전개한 논의가 주류를 이루었다. 근대철학에서 이론우위의 철학적 논의는 데카르트의 심신이원론에 의하여 보다 체계적으로 정립되고 또 강화된다. 이에 대하여 근본적인 비판은 두 가지 철학적 조류에 근거한다.

하나는 이론을 상징하는 명제적 지식에 대하여 방법적 지식의 우위를 주장하는 라일G. Ryle과 암묵적 영역을 강조하는 폴라니M. Polanyi의 이른바 '비주류철학'이다. 이 비주류철학은 비트겐슈타인L. Wittgenstein, 하이에크F. A. Hayek, 오우크쇼트M. Oakeshott, 포퍼 K. R. Popper, 쿤T. S. Kuhn의 논의에 의하여 철학적 논의의 '주류'로 자리매김하게 된다.[2] 그리고 공교롭게도 이들의 논점은 이 책의 곳곳에 저자가 논의한 내용과 닿아 있음을 알 수 있다. 다른 하나 는 진리의 준거마저 실용성에 있다고 보는 미국의 실용주의 노선 이다. 미국의 실용주의는 유럽 대륙철학 쪽에서 역시 '비주류'로 여겨진 경향이 없지 않다. 그 이유 중 하나는 그것이 미국의 건국 이래 거기서 벌어진 실천상황을 반영한 것에 불과하다는 상대주 의적 시각이다. 상대주의적 관점이 치명적 약점을 지니고 있다고 하더라도, 그것이 실천을 토대로 한 실용주의 논점을 무조건 배격 할 논거가 되는 것은 아니다. 특히 이 책에서 상당 부분 언급된 미 국의 실용주의자 제임스W. James와 퍼어스C. Peirce의 논의가 미국 의 특수성을 반영한 것이라고 해서 그것이 배척해야 할 논거라고

---

2) 위에 열거한 쟁쟁한 철학자들이 명제적 지식에 상반되는 앎의 영역을 강조한 점에서 는 동일하지만, 그들이 논의를 전개한 단초와 맥락은 각기 다르다. 확실성 탐구에 주 안점을 둔 비트겐슈타인은 사회적 속성과 규칙의 학습 문제를 다루면서 고립된 개인 학습의 불가능성을 부각시키는 입장인 반면, 전체주의 횡포와 중앙집권적 거대 사회 공학을 반대하는 맥락에서 하이에크는 국지적 지식이라고 하는 현장 지식을 강조한 다. 다양한 경험의 양태가 파악되는 실천에 관심을 둔 오우크쇼트는 이론을 응용하는 지식이나 정보의 중요성이 아니라 실천현장에서 요구되는 판단의 중요성을 부각시켰 다. 진리 탐구의 열린 자세를 강조한 포퍼는 기존의 지식 체계를 본질주의라고 하면 서 상호주관주의 입장에서 '추측과 반박'을 통한 '끊임없는 탐구'에 요구되는 개방성 을 강조한다. 반면에 쿤은 과학이 점진적 축적에 의하여 발전되는 것이 아니라 과학 적 신념을 공유함으로써 형성되는 패러다임에 의하여 변혁된다고 설명한다는 점에서 연구자들이 공유하는 주관적 측면을 강조한다. 이에 관한 간략한 소개는 역자의 다음 글에 실려 있다. 김정래(2016), 『미래사회가 요구하는 21세기 핵심역량과 한국교육』, 서울: 한국교육개발원(CP2016-01-6), 18-19쪽 및 김정래(2016), 문명패러다임 변혁 에 따른 교육적 과제, 『한국교육』 제43권 제4호, 한국교육개발원, 91-92쪽.

단정하기 어렵다. 더욱이 미국의 실용주의가 교육실천을 철학적으로 논의하는 틀을 제공하지 않는다고 볼 근거는 전혀 없다.

저자는 이 책의 상당 부분(특히 제2장 후반부)에서 제임스와 퍼어스 그리고 듀이의 주장을 담아 논의를 전개한다. 물론 저자가 미국의 실용주의 철학에 전적으로 동의하지는 않지만, 기본적인 논의의 틀이 실용주의 맥락에 있는 것만은 사실이다. 이어 소개하는 저자의 약력에서 알 수 있듯이, 철학의 여러 분야에서 뛰어난 업적을 남긴 저자가 미국퍼어스학회장을 역임한 사실은 이 책의 논의에 미국의 실용주의 사상이 녹아 있다는 것을 방증한다. 이러한 배경을 가진 『지식의 조건』이 오늘날 우리나라 교육에 어떤 기여를 할 수 있는지는 독자들이 판단해야 할 몫이다.

＊ ＊ ＊ ＊

『지식의 조건』이 다루는 '지식의 조건'을 가장 쉽게 파악하는 방법은 다음과 같은 방식이다. "X가 명제 Q를 안다."는 것은 다음 조건을 만족시켜야 한다.

(1) "X가 명제 Q를 안다."는 X가 명제 Q를 믿고 있음을 전제한다. (신념조건)
(2) X가 믿고 있는 명제 Q가 진리이어야 한다. (진리조건)
(3) X는 명제 Q의 진리임을 입증하는 증거를 갖고 있다. (증거조건)
(4) X는 명제 Q의 진리임을 입증할 수 있다. (방법조건)

주지하는 바와 같이, 쉐플러가 설정한 지식의 조건은 신념조건, 진리조건, 증거조건이다. 그는 '지식의 조건'으로 방법조건을 걸고 있지 않지만,[3] 우리는 지식이, 적어도 명제적 지식이 성립하기 위한 조건을 위와 같이 이해하고 있다. 이 조건들은 상하 위계를 이루는 것처럼 이해된다. 그렇게 되면, 저자와 논의의 방향이 다소 다르기는 하지만, 우리는 새로운 사실을 확인할 수 있다. 즉, 진리조건의 전제 없이 신념조건이 성립하지 않으며, 증거조건 없이 진리조건이 성립할 수 없다. 따라서 가장 중요한 관건은 증거조건에 있다. 그러나 증거조건의 '증거를 댈 줄 알다'라는 표현에서 확인할 수 있듯이, 증거의 제시는 명제적 지식보다는 방법적 지식에 해당한다. 이를 종합하면, 명제적 지식의 성립에 관건은 방법적 조건에 달려 있다는 뜻이다. 지식의 명제화조차 암묵지 없이 이루어질 수 없다는 것이다. 아이러니다.

우리가 위와 같이 이해하는 방식과 달리, 『지식의 조건』은 지식이 성립하기 위한 조건에 관한 기존 철학적 논의를 보다 심층적이고 면밀하게 검토한다. 서장은 교육철학 논의가 실천 중심이어야 함을 주장하면서, 지식에 관한 세 가지 전통적 철학이론을 소개한다. 아울러, 지식과 관련된 질문 다섯 가지를 설정하고 있다. 교육철학에서 지식 문제의 위치와 중요성을 보여 준다. 제1장은 전통 인식론에서 다루는 인지적 용어와 교육 현장에서 사용되는 교육적 용어가 어떻게 관련되는지 그리고 그 각각의 의미 영역을 소개한다. 특히 명제를 안다는 것의 의미를 명제를 배우는 것과 명

---

3) 이 점을 부각시켜 이돈희는 지식의 조건에 '방법 조건'을 추가한 바 있다. 뒤의 주 9)를 참조하라.

제를 가르치는 것에 견주어 분석하고 있다. 이를 토대로 '지식의 조건'을 설정한다. 제2장은 명제적 지식의 진리조건을 다루고 있다. 여기서 라일의 성취어-과업어 구분, 진리의 확실성에 관한 논의가 이루어진다. 특히 확실성과 오류가능성 문제를 다루면서 절대 진리의 성립 문제를 논의한다. 이와 관련하여 현상학의 논의를 검토하고 나서 미국의 실용주의 검증 방식을 논의한다. 결과적으로 앎의 문제를 다룸에 있어서 저자는 확실성 문제와는 다른 방식으로 진리가 '절대적으로' 파악된다고 역설한다. 증거조건을 다룬 제3장은 앎이 언어를 통해 전달되는 것이 아님을 논거로 하여 증거조건의 난점을 파헤쳐간다. 증거의 한계와 확증할 권리문제를 다루면서 주관적 확실성과 적합한 증거가 대립되는 것이 아니라는 주장을 전개한다. 그 결과 앎의 조건으로 증거를 지닌다는 것은 앎의 주체가 방법적 원리로서 특정한 이해 방식을 지니게 되는 것이라고 하였다. 신념조건을 다룬 제4장은 신념의 해석 문제와 언어이론의 난점을 지적한다. 신념이 경향성을 지칭하는가에 초점을 맞추고, 지식의 조건으로서 신념은 명시적으로 드러나는 언어 경향성이 아니라는 점을 논증한다. 제5장은 명제적 지식과 관련하여 방법적 지식의 문제를 다루고 있다. 이른바 '할 줄 안다'로 표현되는 방법적 지식은 그 논의가 매우 복잡하게 전개된다. 저자는 특히 방법적 지식을 라일보다 폭넓은 개념으로 보고 이 중에서 비판적 기량의 중요성을 부각시키고 다루고 있다. 독자들은 책을 읽으면서 이 책의 주된 논의대상이 명제적 지식임에도 불구하고 책 전반에 걸쳐 결코 명제화할 수 없는 방법적 지식, 암묵적 지식이 중요하다는 점을 감지할 수 있을 것이다. 제5장에서 밝힌 이러한 논점은 제1장의 후반부에서 이미 강조한 바 있다. 제5장의 마지막 문장에서도 확인할 수 있듯이, 다시 한 번 더 강조하자면, 명제적 지식은 암묵지 없이 이루어질 수 없다. 결장에서 저자는 교육의 영역이 이제까지 분석하고 논의한 앎의 영역을 넘어서는 것이며, 그래서 앎의 문제가 교육적으로 주지적 능력인 지성보다는 폭넓은 합리성 증진에 맞추어져야 한다고 주장한다.

증거조건은 결국 방법조건을 포함한다. 비록 암묵적 지식이라고 꼬집어 언급하지 않았지만, 방법적 지식의 중요성은 교화의 비도덕적 남용을 검증하는 데도 중요하다. 교화의 네 가지 기준[4]을 지식의 조건에 관련시켜 이를 간단하게 살펴보기로 한다.[5] 첫째, 교화의 결과기준은 교화된 결과 그릇된 신념을 갖는다는 사실을 의미한다. 둘째, 교화의 내용기준은 참이 아닌 내용을 믿게 하는 것을 의미한다. 셋째, 교화의 방법기준은 그릇된 방법에 따라 자신이 지닌 신념에 대한 증거를 제시할 수 없다는 것을 의미한다. 여기서 우리는 교화의 의도기준을 제외하면 쉐플러의 '지식의 조건'에 상응한다는 점을 확인할 수 있다. 즉, 결과기준은 '그릇된 신념'을 갖게 했다는 점에서 지식의 신념 조건에 상응하고, 내용기준은 '참이 아닌 내용'을 갖게 되었다는 점에서 지식의 진리조건에 상응하고, 방법기준은 '증거 제시 불가능'이라는 점에서 지식의 증거조건에 상응한다. 여기에 '방법조건'을 더하면, 방법조건이라는 것은 다름 아닌 '증거를 얻는 데 동원되는 어떤 방법'이다. 결과적

---

4) 결과기준, 내용기준, 방법기준, 의도기준을 말한다. Snook, I.(1972), *Indoctrination and Education*. London: Routledge and Kegan Paul.

5) 김정래 외(2015), 교화의 교육적 의미,『교육철학』제56집, 한국교육철학회, 209-237쪽.

으로, 지식의 방법조건은 교화의 의도기준과 관련을 맺는다.

주지하는 바와 같이, 교화의 의도기준이 '자율적 판단 능력의 차단遮斷 의도'에 있다고 본다면, 그것은 학습자가 '증거를 얻는 데 동원되는 어떤 방법'을 행사하지 못 하게 하는 의도를 갖는 것이다. 자신이 참이라고 믿고 있는 내용의 증거를 제시할 수 없는 방법상 능력의 부재 상태를 의도했을 때 그것은 자율적 판단 능력의 차단을 뜻한다. 따라서 쉐플러의 세 가지 지식의 조건에 방법조건을 더하면, 이 네 가지는 각기 교화의 네 가지 기준과 상응한다는 사실에 이른다. 이를 정리하면 〈표〉와 같이 나타낼 수 있다.

〈표〉 지식의 조건과 교화의 기준[6]

지식의 조건	왜곡된 상태	교화의 기준	교화의 허용 여부 기준
신념조건	그릇된 성취상태	결과기준	교화된 내용 여부(허용)
진리조건	참이 아닌 내용	내용기준	교사의 개방적 탐구 자세(허용)
증거조건	증거의 미소유	방법기준	습관, 기본능력 습득(허용)
* 방법조건	증거제시 불능	의도기준	없음(허용 불가)

교육현장의 문제를 쉐플러의 『지식의 조건』에 관련시켜 본 역자의 이러한 시도가 타당한 것인지 그리고 그것이 교육철학에 어떤 방식으로 기여할 수 있는지도 역시 독자들이 판단해야 할 몫이다.

*   *   *   *

---

6) 위의 글, 223쪽.

이 책의 저자인 이스라엘 쉐플러 교수(1923년 11월 25일 생, 2014년 2월 16일 몰)는 교육철학을 하는 사람들에게는 비교적 잘 알려진 인물이지만, 일반인에게는 다소 생소한 학자이다. 그는 부룩크린 대학Brooklyn College에서 심리학을 전공하여 학사와 석사학위를 받았으며, 1952년 펜실베이니아 대학Pennsylvania University에서 넬슨 굿맨Nelson Goodman의 지도로 "On Quotation"으로 박사학위를 수여하였다. 또한 미국유태교신학대학원Jewish Theological Seminary of America에서 명예박사학위를 받은 바 있다. 박사학위를 받은 이후 1992년 정년을 할 때까지 줄곧 하버드대학교에서 봉직하였다. 그의 저작이 말해주듯이, 그의 학문적 관심은 언어철학, 의미론, 과학철학 그리고 교육철학에 있다.

왕성한 학문 활동을 하는 동안 그는 미국 학술원 회원Fellow of the American Academy of Arts and Sciences, 미국국립교육학술원 창립 멤버founding member of the National Academy of Education이었으며, 또한 미국과학철학회the Philosophy of Science Association와 찰스 퍼어스 학회the Charles S. Peirce Society 회장을 역임한 바 있다.

그의 학문적 업적과 관련하여, 여기서는 쉐플러 교수의 주 저서만을 소개하기로 한다. 원서 명대로 표기하고, 외국어로 번역된 저서의 경우 바로 아래에 병기한다. 여기에 소개하지 않은 다른 자료들은 인터넷상으로 쉽게 확인할 수 있으므로 생략하기로 한다.

★ *The Anatomy of Inquiry: Philosophical Studies in the Theory of Science*, 1963. New York: Knopf.

☆ *Anatomie de la science: etude philosophique de 1 explication et confirmation*, 1966, Paris: Éditions du Seuil. (불어 번역본)

☆ *Anatomie della ricerca: Studi filosofici nella teoria della scienz*, 1972, Milano: Il Saggiatore. (이탈리아어 번역본)

★ *Conditions of Knowledge: An Introduction to Epistemology and Education*, 1965, Chicago: University of Chicago Press.

☆ *Tena'e ha-yedi'ah: mavo le-torat ha-hakarah veha-filosofyah shel ha-hinukh*, 1980, Jerusalem. (이스라엘어 번역본)

☆ 教育から見た知識の條件, 1987, 東京: 東洋館出版社. (일어 번역본)

★ *Philosophy and Education: Modern Readings*, 1966, Boston: Allyn and Bacon.

★ *Science and Subjectivity*, 1967, Indianapolis: Bobbs-Merill.

★ *The Language of Education*, 1960, Springfield, Ill.: Charles C Thomas.

☆ 教育のことば: その哲學的分析, 1983, 東京: 東洋館出版社. (일어 번역본)

☆ 教育的語言, 1994, 臺北: 桂冠圖書股份有限公司. (중국어 번역본)

☆ *El lenguaje de la educación*, 1970, Buenos Aires: El Ateneo. (스페인어 번역본)

☆ *Die Sprache der Erziehung*, 1971, Düsseldorf: Pädagogischer Verlag, Schwann. (독일어 번역본)

☆ *Le langage de l'éducation*, 2003, Paris: Klincksieck. (불어 번역본)

☆ *A linguagem da educação*, 1968, São Paulo: Edusp/Saraiva.

(포르투갈어 번역본)

★ *Four Pragmatists*: A Critical Introduction to Peirce, James, Mead, and Dewey, 1971, New York: Humanities Press.

★ *Reason and Teaching*, 1973, Indianapolis: Bobbs-Merill.

★ *Beyond Letter: A Philosophical Inquiry into Ambiguity, Vagueness, and Metaphor in Language*, 1979, London: Routledge and Kegan Paul.

★ *Of Human Potential: an Essay in the Philosophy of Education*, 1985, London: Routledge and Kegan Paul.

  ☆ ヒューマン・ポテンシャル：教育哲学からの考察, 1994, 東京: 勁草書房. (일어 번역본)

  ☆ 人类的潜能: 一项教育哲学的研究, 2006, 上海: 華東師範大學. (중국어 번역본)

  ☆ پتانسیل و چکیده فلسفه در یادگیری در کتاب استعدادهای آدمی: نهفته, Tehran: Samt Publications. (페르시아어 번역본)

★ *Inquiries: Philosophical Studies of Language, Science and Learning*, 1986, Indianapolis: Hackett.

★ *In Praise of the Cognitive Emotions and Other Essays in the Philosophy of Education*, 1991, London: Routledge.

★ *Symbolic Worlds: Arts, Science, Language, Ritual*, 1997, Cambridge: Cambridge University Press.

★ *World of Truth: A Philosophy of Knowledge*, 2009, Malden, MA: Wiley-Blackwell.

이 밖에 그의 자전적 저술이 담긴 문헌으로 다음과 같은 것이 있다.

★ Teachers of My Youth: An American Jewish Experience, *Philosophy and Education* Vol. 5, 1995, Dordrecht: Kluwer Academic Publishers.

★ Gallery of Scholars: A Philosopher's Recollection, *Philosophy and Education* Vol. 13, 2004, Dordrecht: Kluwer Academic Publishers.

이 중에서 '한 철학자의 회고'라는 부제가 붙은 *Gallery of Scholars*는 우리나라에 『하버드 대학의 학자들』[7]이라는 제목으로 번역되어 출간된 바 있다. 이 책은 역자가 현재 시점에서 확인한 바로는 저자의 유일한 한국어 번역본이다. 박이문 교수가 이 책에 붙인 번역본 서문에서 알 수 있듯이, 저자는 이 책에서 자신이 오랜 세월 동안 접해온 많은 철학자들과의 학문교류를 자전적 에세이 형식으로 독자들에게 소개하고 있다. 이보다 앞서 간행된 '한 유태계 미국인의 경험'이라는 부제가 붙은 *Teachers of My Youth*는 자신의 학문적 성장을 담은 저자의 또 다른 자전적 에세이이다. 『하버드 대학의 학자들』이 학술적 가치가 없다고 할 수는 없지만 오히려 자서전에 속한다고 보면, 『지식의 조건』은 쉐플러 교수의 학술서적 중 최초의 한국어 번역서가 되는 셈이다. 이에 역자는 남다른 자부심을 갖게 됨을 숨길 수 없다.

한편 역자의 또 다른 자부심은 명제적 지식과 암묵적 지식에 관한 명저 두 권을 옮겼다는 데 있다. 앞서 언급한 바와 같이, 『지식의 조건』은 명제적 지식의 성격을 규명하는 철학적 논의를 담은

---

7) 김영건 · 이재춘 역(2009), 서울: 민음사.

책이다. 몇 해 전 역자는 명제적 지식과 대비되는 암묵적 지식의 대가 마이클 폴라니의 『암묵적 영역』을 번역한 바 있다. [8]

*　　*　　*　　*

역자가 이 책에 담긴 내용을 처음 접한 것은 1978년 학부 2학년 때 서울대학교 사범대학 교육학과에서 수강한 은사 李敦熙 교수님의 '교육철학개론' 강의에서다. 선생님의 책 [9]에도 '지식의 조건'이 소개되어 있지만, 강의 시간에 선생님으로부터 소개받고 접한 내용이 지금 시점에서 새삼스럽기만 하다. 당시 학문에 입문도 제대로 되지 않았던 역자가 인상 깊게 소개받은 학자가 쉐플러 교수이다. 이후 상당 기간 대학에서 강의하면서 역자는 학생들에게 지식 문제를 가르칠 때마다 '지식의 조건'을 어김없이 소개하곤 하였다. 이 자리를 빌려 교육철학의 세계로 이끌어주신 선생님의 學恩에 감사 올린다.

이 책에 포함된 철학적 논점을 명확하게 파악하도록 도와준 국민대학교 玄潭 柳成昌 교수에게 감사한다. 공부하는 방식에서 역자와 많은 부분을 공유하고 있는 玄潭이 유달리 쉐플러 교수를 존경하는 이유는 그가 하버드 대학 유학시절 '쉐플러 장학생'이었다는 사실 때문만은 아닌 듯하다. 역자 공부 모임인 微塵會의 文智

---

8) Polanyi, M.(1966), *Tacit Dimension*, Chicago: University of Chicago Press. 김정래 (역) (2015), 『암묵적 영역』, 서울: 박영사.

9) 이돈희(1977), 『교육철학개론』, 서울: 박영사, 192~199쪽. 이 책은 이어 증보 개정되어 다음의 책으로 나왔다. 이돈희(1983), 『교육철학개론』, 서울: 교육과학사, 227~263쪽.

曉, 林敬花 선생은 번역 상 매끄럽지 못한 부분을 지적해주었다. 그들의 공부가 日就月將하길 바라는 마음으로 고마움에 대신한다. 이들의 도움에도 불구하고 번역에 오류가 있다면, 그것은 전적으로 역자 자신이 짊어져야 할 책임이다. 불황과 인문학 위기의 출판계 사정을 뒤로 하고, 본서를 출간해 준 학지사의 김진환 사장님께 감사드린다.

玄山 金正來

일러두기

1. 저자가 본문에 대한 주를 권말에 장별로 부기한 것을 그대로 따랐다. 원서와 마찬가지로 저자의 미주는 ^[1]로 표시하였다. 그러나 어찌된 영문인지 모르지만, 제2장을 비롯하여 책 전반에 걸쳐 정확한 쪽수의 출처 표기를 하지 않고 인용문을 달아 놓았다. 경우에 따라 저자는 인용하는 저서명을 본문에 밝히고 인용문 뒤에 쪽수만을 밝힌 경우도 있고, 본문 중 괄호 안에 쪽수만 밝힌 경우도 있다. 이에 대하여 역자도 별도의 추가 설명을 하지 않고 원문대로 놓아두었다. 또한 본문 중 ( ) 안에 들어있는 문장도 저자가 부기한 것이어서 그대로 두고 번역하였다.

2. 각 페이지 하단에 달려있는 각주는 모두 역자의 주이다. 역자의 각주는)로 표시되었다. 본문 지면을 잠식하고 있지만, 역자의 각주는 독자들이 다른 참고문헌이나 사전에 기댈 필요 없이 이해를 증진하는 데 도움을 주고자 한 것이다.

3. 분석적 논의를 담고 있는 본서의 성격상 오해를 피하고 정확한 개념 이해를 위하여 필요한 부분에 원어 또는 한자어를 작은 글씨로 병기하였다. 예컨대, 경험적 서술empirical description(본문 113쪽) 또는 주자朱子(본문 98, 106쪽)처럼, 원어 또는 한자어

를 병기하지 않으면 본문 자체를 이해하기 어렵기 때문이다. 또한 우리가 일상적으로 알고 있는 것과 다른 의미를 담은 용어의 경우에도 원어를 병기하였다. 예컨대, '판독하다spell', '확신하다persuade'(본문 98, 105쪽)와 '알아채다observe'(본문 103쪽)가 그것이다. 또한 사람 이름이 처음 나온 경우도 작은 글자로 병기하였다.

4. 번역문에 나오는 큰따옴표 " "는 저자가 인용문만이 아니라 개념을 설명하는 데 사용하였기에 그대로 따랐다.

5. 번역문에 나오는 작은따옴표 ' '는 저자가 이탤릭체를 사용하여 강조한 개념이나 표현을 나타낸 것이다. 그러니까 본문에서 작은따옴표 속의 내용은 인용이 아니다.

6. 번역 본문에 삽입된 [ ]에 표현된 내용은 원문에는 없지만, 번역에서 보충하지 않으면 이해하기 어려운 부분을 역자가 삽입한 것이다. 예컨대, 제1장의 끝부분과 제3장의 세 번째 절 끝에 나오는 "명제 Q이다"는 표현은 "명제 Q[가 참]이다"로 하지 않으면 이해하기 어렵기 때문에, [ ]를 사용하여 부연 설명할 수밖에 없다.

7. 본서에는 학술적 용어가 아니라 일상적으로 사용하는 용어가 전문적 의미technical sense로 사용된 경우가 많다. 예컨대, 영어의 'philosopher'를 철학자로 번역하면 직업적 의미에서 그 사람이 철학을 전공하는 사람이 되지만, 맥락에 따라서 '철학하는 사람' 또는 반성적으로 또는 반추하여 '사고하는 사람'이라는 의미가 된다. 이런 경우에 대비하여 용어해설을 붙였다. 마찬가지로 본문의 'knowing'이 경우에 따라서는 '앎'으로 번역되어야 하지

만, 어느 경우에는 '지식'이라고 해야 의미가 통한다. 또 'truth'
도 '참'이라고 하면 자연스러운 문장이 있지만, 어느 경우에는
'진리'로 번역해야 하는 경우도 있다. 여러 가지 용어로 번역해
야 하는 가장 다양하고 복잡한 의미를 가진 용어는 'practice'일
것이다. 이하 용어 해설을 참조하라.

8. 부득이, 쉐플러 교수가 『교육의 언어』에서 주장하는 약정적 용
어stipulative term를 만들어야 경우도 있다. 예컨대, 'propensity',
'schooling', 'subject use' 등이 있다. 역자가 각기 해당하는 '약
정적' 용어를 만들어 내었다. 또한 유사한 속성을 지닌 개념을
번역함에 있어서도 문맥에 충실하도록 각기 해당 번역어를 '약
정적으로' 설정할 수밖에 없었다. 예컨대, 'habit'과 'trait', 그리
고 'tendency'와 'disposition' 등의 용어가 이에 해당한다. 이 경
우 역시 용어 해설을 참조하라.

용어 해설

해설 용어의 영어 알파벳 순

achievement: 성취

  achievement verb: 성취어

  * 성취어는 라일이 구분한 과업어task verb에 대비되는 말로서 완성되
  거나 도달한 상태를 가리키는 말이다. 따라서 실행, 동작, 과정을 뜻
  하지 않는다. 뒤에 소개하는 attainment는 동작, 습성 등의 획득을
  가리킨다는 점에서 achievement와 의미상 차이가 있다.

  * 성취어와 과업어의 구분: 영어 용법에 있어서 한 용어가 논리적으
  로 다른 범주에 속하는 의미로 사용되는 경우가 있다. 성취어와 과
  업어의 경우에도 그러하다. 제2장 본문에 소개된 라일의 성취어-과
  업어 구분에도 불구하고, 어떤 동사는 두 가지 모두에 해당한다. 예
  컨대, 'cure'는 처치하다(과업어)와 치료하다(성취어)로, 'observe'는
  관찰하다(과업어)와 알아채다(성취어)로, 'persuade'는 설득하다(과
  업어)와 확신하다(성취어)로 사용된다.

appreciating(appreciate): 감상; 감상하기

  * 본문에서 감상은 일차적으로 명제적 지식이 아닌 방법적 지식과 관
  련된다. 그러나 감상은 구체적인 행동 요령이나 습관에 의하여 획득
  되는 방법적 지식이 아니다.

art: 기예

attainment: 능력 습득, 습득

* 여기서 'attainment'는 단순하게 'achievement'와 동의어로서 성취
　가 아니라 앎knowing이나 배움learning의 과정을 통하여 어떤 능력을
　획득한 상태로서의 성취를 말한다. 본문에서 이 용어는 주로 버릇,
　습관, 습성 등을 획득하게 된 경우를 지칭한다.

belief: 신념

believing: 믿음

　belief condition: 신념조건

　believing(believe) in: ~ 존재를 믿다. ~ 존재를 믿음

　believing(believe) to: ~ 함을 믿다. ~함을 믿음

　believing that: ~임을 믿다. ~임을 믿음

　be believed that: ~라고 여겨지다.

capacity: 수용능력

　* 심신의 능력을 담는 용량이라는 개념적 속성을 지닌다. 일반적으로
　물체에는 '용량'이라고 번역된다. 사회적으로는 '자격'이라고 번역되
　어야 할 경우도 있다.

certainty: 확실성

　certain: 확실하다; 확실한

competence: 역량

counterexample: 반대 예; 반례

demonstration: 증명; (연역적) 증명 ↔ inference

disposition: 경향; 경향성

drill: 반복적 숙달; 기계적 반복

doctrine: 교의

evidence: 증거

　evidence condition: 증거조건

facility: 솜씨; 재간

　* 여기서는 고도의 기량이나 비판적 능력이 다소 결여된 단순한 방법

적 지식을 말한다. 예컨대, 타자치는 것, 계산 장부정리 등의 기량에
서 우리는 '타자솜씨', 또는 '장부정리솜씨'라고 표현할 수 있다.

fallibility ; fallibilism: 오류가능성; 부정확함

  fallible: 오류 가능한; 틀리기 쉬운

idea: 관념

  simple idea: 단순관념

  complex idea: 복합관념

impression: 인상

indoctrination: 교화

infallibility: 오류불가능성

  infallible: 오류 없는; 과오 없는

  * 오류불가능성이란 주로 진리가 마음 외적으로 존재하는 실재, 확실
  성, 또는 불변하는 사실facts과 관련된다고 보는 관점에서 성립하는
  개념이다. 이 개념은 진리조건을 주로 논의할 때 제기되며, 진리를
  무오류의 확실성으로 파악하고 앎을 그러한 진리를 파악하는 모종
  의 실행으로 보는 관점과 연결된다. 이 입장은 라일이 주장한 것처
  럼 범주의 오류를 범한다는 비판을 받는다.

inference: 추론; (귀납적) 추론 ↔ demonstration

intellect와 intelligence: 지성 대 지력

  * intellect는 주지주의 경향의 지적 능력으로서 '지성'으로 번역하고,
  intelligence는 보다 더 넓은 의미에서 여러 가지 요인이 복합적으로
  작용하는 '지력'으로 번역한다. 전자는 라일이 비판하는 주지주의
  신화를 대표하는 정신능력이며, 후자는 라일의 철학적 행동주의나
  듀이의 실용주의에서 강조하는 지적 능력이다. 특히 후자는 명제화
  되지 않는 특징을 갖는다. 이 점에서 폴라니의 암묵적 능력도 이에
  속한다고 볼 수 있다.

intellectual: 주지적

intellectualism: 주지주의; intellectualist: 주지(주의)적

intelligent: 지력의; 재치 있는

knowing: 앎; 지식

knowing(know) how to: ~할 줄 알다; ~할 줄 아는 것; 방법적 지식

* 쉐플러는 방법적 지식과 절차적 지식을 아주 세밀하게 분석하여 서로 상이한 의미를 갖는 것으로 본다. 그에 따르면, 방법적 지식은 모종의 구체적 능력이나 요령을 습득하여 '할 줄 아는 것'을 뜻하는 반면, 절차적 지식은 구체적 능력과 요령을 포함하여 활동 전반에 걸쳐 '할 줄 아는 것'을 뜻한다. 'knowing-how'라는 말이 이 두 가지를 포함하거나 혼용되어 사용되기도 하지만, 절차적 지식과 달리 방법적 지식을 이와 같이 한정한다면, 주의를 요한다. 제1장 [역자 주] 7) 참조. 그리고 이 개념의 복잡성은 제5장에서도 확인된다. 제5장 [역자 주] 1) 참조.

knowing(know) that: ~ 임을 알다; ~임을 아는 것; 명제적 지식

* knowing in: 'believe in'에 대비하여 사용된 말로서 앎의 대상이 명제인 경우를 가리킨다.

knowing(know) to: ~함을 알다; ~함을 아는 것

knowledge: 지식

learning: 배움; 배우는 일; 학습

learning to: ~함을 배우다; ~함을 배움.

learning that: ~임을 배우다; ~임을 배움; 명제 학습

mastery: 정통함; 숙달

operation: 조작; (마음의) 작동; (마음의) 작용

* operational definition: 조작적 정의 ; 조건문 'if ~ then ~'의 형식으로 된 문장에 의하여 실증적으로 검증 가능한 내용을 통하여 시도하는 정의 방식.

performance: 실행; 수행

practice: 실제, 실천, 실행, 연습, 관행

　*이 말은 여러 가지로 번역된다. 특히 제5장 네 번째 절은 이 문제를 다룬다. 영어 'practice'의 어원은 희랍어 '*praxis*'이다. 희랍어 '*theoria*'의 반대어로 볼 때, 이 말은 '실제'라고 번역해야 한다. 일상 언어에서 흔히 '이론과 실제'라는 말은 이 경우에 해당한다. 그러나 언어로 설명할 수 없는 경우에도 사용되기 때문에 '실천'이라는 번역어를 사용하기도 한다. 맥킨타이어A. MacIntyre나 허스트P. H. Hirst 의 후기 이론에서 'practice'는 '실천' 또는 '실행'으로 해석해야 타당하다. 그러나 반복적 실행을 뜻하는 경우에는 '연습'이라고 이해해야 한다. 무엇보다도 '이론'과 '실제'를 이분화하면 설명할 수 없는 '실천영역'과 '암묵적 영역'의 문제가 드러난다. 이는 이론을 적용한 실제를 가리키는 희랍어 '*poiesis*'와는 다르다. 제1장 [역자 주] 8)과 제5장 [역자 주] 4)참조.

pragmatism: 실용주의

　pragmatic school: 실용주의 학파

　pragmatist: 실용주의자 ; 실용주의 학자

procedural: 절차적

　procedural knowledge: 절차적 지식

　*본문에서 절차적 지식은 방법적 지식에 비하여 좀 더 포괄적인 앎이다. 하지만 그것이 구체적인 절차를 지칭하는 경우에는 방법적 지식과 동일한 의미로 사용되기도 한다.

　procedural use: 절차적 용법

　*절차적 용법이라는 말은 탐구 방식이나 행위의 절차를 온전하게 이행할 줄 안다는 의미에서 사용된 용어이다. 뒤에 소개하는 '대상 용법'과 관련된다.

proficiency: 능숙함; 능란함

proneness: 성벽

propensity: 습성

proposition: 명제

   propositional knowledge: 명제적 지식

   propositional use: 명제적 용법

rote: 기계적 (학습) 방식

   by rote: 기계적으로

   learning by rote: 기계적으로 외다

reality: 실재

schooling: 학교생활.

   * 가르치는 활동보다는 학교에서의 일상적인 생활을 가리키는 용어. 본문에서는 주로 교사가 가르치는 일에 종사함에 학생들에게 어떤 인지적 변화가 일어나도록 하는 의도를 제쳐두고 제도적으로 짜인 학교 일상생활을 가리킨다.

skill: 기량

   * 'skill'과 'technique': 본문에서 기량으로 번역한 skill과 기법으로 번역한 technique은 단순하게 대비시켜 설명하자면, 훈련으로 번역되는 training과 반복적 숙달로 번역한 drill에 각각 상응한다. 반드시 그렇다고 볼 수는 없지만, 이해를 도모하기 위하여 단순화하자면 모종의 기법은 반복적 연습(즉 drill)에 의존하며 어떤 활동을 수행하는 데 요구되는 기량은 훈련(즉 training)에 의존한다고 볼 수 있다. 제1장 [역자 주] 5) 참조.

subject: 대상

   * 'subject'를 '대상'으로 번역하면, 우리가 통상적으로 아는 의미와 상반된다. 본문에서는 이 용어가 활동의 대상을 가리키므로 '대상'으로 번역해야 하는 이유는 이 말이 활동 또는 문제시되는 주제와 관련되기 때문이다. 즉 주제, 문제를 포함하는 탐구의 대상이라는 뜻이다. 영어 'subject'의 어의에 관해서는 제1장 [역자 주] 6)을 참조.

* subject use: 대상 용법

* 아는 것과 관련된 질문을 할 경우, 단순한 정보를 묻는 질문(본문에서는 'question use'라고 하였음, 본문 68쪽)이 아니라 대상 활동을 할 줄 아는가를 설명하기 위하여 저자가 만든 용어이다. 이 두 가지 용법은 교수-학습 과정에서 확연히 다른 두 가지 질문 방식과 각기 관련된다. 'question use'에 해당하는 "대한민국의 수도는 어디인가?"하는 질문은 정보 전달을 위한 질문이지만, 'subject use'에 해당하는 "조수 간만의 차이가 왜 일어나는가?"하는 질문은 인천 앞바다의 만조 시간을 묻고자 하는 구체적인 정보를 캐묻는 것이 아니라, 그 현상이 일어나는 원인의 탐구처럼 활동과 관련된 질문이다. 나아가서 탐구절차도 물을 수 있다. 따라서 대상 용법은 절차와 원리의 탐구와 관련된다.

substance: 실체

task: 과업

   task word: 과업어

teaching: 가르침; 가르치는 일; 교수

   teaching to: ~함을 가르침(가르치다)

   teaching that: ~임을 가르침(가르치다); 명제 교수

technique: 기법, 기술

tendency: 성향

training: 훈련

trait: 버릇, 습성

* trait는 어떤 습관의 일면, 특징을 나타내는 말이다. 도벽이 있는 사람에게 '손버릇'이 나쁘다고 하면, 그것은 도벽이라는 습성 또는 습관의 구체적인 일면이 있다는 것을 뜻한다. 이러한 취지에서 'trait'를 '버릇'으로 번역한다. 물론 일상적으로 'habit'도 버릇을 뜻하는 말이지만, 본서에서 'habit'은 'trait'보다 일반적 경향을 띤 습관을 가리

킨다.

transparency: 명철성

   * 절대 진리를 보장하는 성질로서 절대 진리를 말하기 위하여 추가할 어떤 것도 더 이상 필요하지 않다는 점을 가리키는 용어

truth: 참; 진리; 진실

   truth condition: 진리조건

understanding: 이해

   * 본문에서 '이해'는 일차적으로 명제적 지식과 관련되지 않으며, 방법적 지식과 관련된다. 그러나 여기서 언급되는 이해는 구체적인 행동요령이나 습관에 의하여 획득되는 방법적 지식을 말하는 것이 아니다.

나의 아버지
레온 쉐플러Leon Scheffler(1895~1964)를
추모하면서

개괄 차례

세부 차례

저자 서문

『지식의 조건』은 교육의 관점에서 기획한 인식론 서설이다. 나는 최근 철학계에서 논의된 지식 이론의 주요 쟁점을 제시하고, 이 쟁점을 교육의 맥락에서 분석해 보려 하였다.

이 책은 개설서로서 설명 일변도로 서술한 것이 아니다. 그래서 나는 흥미를 주면서 중요하다고 판단되는 쟁점을 선별하여, 나 나름대로의 논의를 전개하였다. 독자들은 지식의 본질과 조건에 관한 철학적 사색의 과정에 몰두하여 자신의 교육적 입장을 평가해 보고 문제 해결의 방책을 도모하기를 바란다.

이 자리를 빌어서 나는 타이핑을 해 준 도로시 스폿 여사Mrs. Dorothy Spotts, 참고문헌과 각주를 만들어 준 피터 카본 2세Peter Carbone Jr. 그리고 편집에 조언을 아끼지 않은 데이빗 하펜David Halfen, 베티 리크 여사Mrs Betty Leake, 쥬디 그레그 선생Miss. Judy Gregg께 감사드린다. 이 책의 출간이 가능하도록 지원해 준 윌리엄 밀턴 재단William F. Milton Fund의 도움에 감사한다.

이스라엘 쉐플러

인식론과 교육

Epistemology and Education

이 책의 목적

지식에 대한 세 가지 철학이론

지식에 관한 대안적 접근

서장 인식론과 교육

이 책의 목적

지식의 개발과 전수는 교육의 주된 과제이지만, 지식의 본질과 근거에 대한 분석은 인식론 또는 지식 이론으로 알려진 철학의 분파에 속하는 과제이다. 교육철학이 제 기능을 한다면 지식 일반에 대한 인식론적 문제에 관심을 갖는 것만이 아니라 교육목적론적 관점에서 교육적 과제가 무엇인지 조망해야 한다.

이것이 이 책에서 관심을 가지고 강조하고자 하는 목적이다. 인식론적 분석 그 자체가 교육철학의 중요한 요인이 된다는 확신에서, 지식의 일반 논의에서 선별된 쟁점을 특히 최근 논의되는 맥락에서 탐구하고자 한다. 더욱이 교육 관련 개념을 분석하는 과정에서 그 이면에 깔린 전제를 파헤쳐 보면 각기 교육적으로 지향하는 것과 관련된 쟁점들을 철저하게 검토할 수 있을 것이다. 따라서 이 책은 지식이론에 관한 입문서이면서 동시에 교육철학 입문서이다. 아니면 교육적 관점을 가지고 본 인식론 개설이라고 해도 좋을 듯하다.

지식에 대한 세 가지 철학이론

본격적 논의에 앞서 지식의 복잡성부터 개괄할 필요가 있다. 인식론의 과제가 지식의 논리적 분석이라고 단순하게 여긴다 하더라도, 지식 그 자체가 결코 간단한 개념이 아니다. 첫째, 앎이라는 개념은 사물, 장소, 인물, 주제에 익숙함을 가리키기도 하고, 다양한 학습 능력을 가리키기도 하지만, 일상 경험을 넘어서 수학이나 형이상학의 확실성과 그리고 과학에서 오류가능성과 관련된 사실과 신념을 명백하게 진리라고 확증하는 것을 가리키기도 한다.

둘째, 앎의 개념은 다른 분야의 난해한 기본 개념과 관련을 맺는다. 예를 들어서, 앎은 문명화된 삶을 유지하고 고양시키는 데 있어서 요구되는 자연의 이해와 통제에 관련된 도구적이기도 하지만 문명화된 삶 그 자체를 목적으로 하는 관조contemplation, 전념absorption, 식별appreciation 작용과 관련되기도 한다. 교육적 맥락에서 '지식'이라는 말은 한편으로 인간의 삶을 유지하기 위해 환경을 기술적으로 통제하는데 요구되는 기량이나 전수된 능력, 다른 한편으로 내재적 가치를 지닌 지적인 활동과 경험을 가리킨다. 이 점에서 보면, '지식'은 교육이 세대를 이어 전수해야 할 인류의 지적 유산intellectual heritage 전체를 지칭한다.

셋째, 지식은 그 속성상 경험의 양태나 전승된 내용을 그대로 진술한 것이 아니다. 지식은 인간의 지적 기예arts가 표출된 방식에 맞추어 표현된 기준, 목적, 기호를 담고 있다. 예컨대, 지식은 진리와 증거의 개념이 반영된 것이며, 우리의 신념이 건전한가를 가늠하는 잣대이며, 탐구 행위를 하는 데 있어서 어떤 전략을 택해야 할까를 알려준다. 누군가가 무엇을 알고 있다고 말하는 것은 그것을 공표할 수 있을 만한 승인과 평가의 기준이 있다고 말하는 것이다. 이와 같은 방식으로, 교육은 우리가 아는 사실을 전수하는 데 그치는 것이 아니라, 도덕적 행위, 이론적 탐구, 지적 비판 능력을 활용할 수 있도록 하는 앎의 방식을 전수하는 것이다.

지식의 개념이 온갖 전통적 방식의 철학적 해석을 가능하게 하는 것은 결코 놀랄 만한 일이 아니다. 앎의 개념이 워낙 광범위하게 사용되는 것도 이유이지만, 앎이 인류 문명의 다양한 표출 방식과 관련되어 있으며, 현대 사회의 급변하는 과학기술의 개발에 부응해야 하는 것도 또 다른 이유이다. 이제 예증을 통하여 합리론적rationalistic, 경험론적empiricistic, 그리고 실용주의적pragmatic 접근이라는 지식의 세 가지 철학적 접근 방식을 소개하고자 한다[1]

합리론적 접근에서 수학이 전형이 된다. 수학적 진리는 일반적이고 필연적이며, 자명한 근본 진리에서 도출되는 연역적 관계에 의하여 성립한다. 증명을 통하여 논의가 진전되고, 직관에 의하여 진리가 파악된다. 더욱이 직관은 증명을 연결해준다. 수학적 진리를 이해하는 사람이라면 누구나 진리가 필연적이며necessary 우연적이지contingent 않다는 점을 안다. 수학적 도해diagram는 기하학적 정리theorem를 예증하는 데 사용되지만, 정리가 진리임을 증명하는 증거를 제공해주지 않는다. 반대로 도해를 정확하게 작도한 것이 정리의 내용을 증명하지 못하는 경우도 있지만, 그것이 정리가 거짓임을 증명하는 것은 아니다. 오히려 물리 상태로 묘사된 수학적 도해는 정리에 담긴 진리를 파악하도록 도와주거나 암시하고 있다고 보는 편이 나을 듯하다. 도해에 그려진 점은 이미

공간을 점유하고 선은 폭을 지니고 있다. 하지만 수학적 점과 선은 물리적 실체가 아니라 관념상으로만 존재한다. 수학적 점과 선은 현실세계에서 예증할 수 없지만, 이해할 수는 있다. 물리적 대상은 수학적 대상을 관념 상태로 파악하도록 도와주거나 그것의 속성이 무엇인지를 암시해준다. 그러나 물리적 대상을 직접 기술하는 명제는 수학적 실체와 상응해야 하지만, 그 명제 자체는 수학적 실체의 특수한 예를 우리의 경험에 따라 관찰하도록 한 것이기 때문에 필연적인 것이 아니라 우연적인 것이다.

수학적 진리가 설사 경험에 의하여 파악된다고 하더라도 경험에 의존하는 것은 아니다. 수학자는 실험실에서 행하는 실험이나 현장조사 또는 통계자료가 필요 없다. 수학자는 펜과 종이만 있으면 연구할 수 있지만, 일상경험에 의하여 범접할 수 없는 진리의 엄격성을 준수해야 한다. 플라톤의 대화편 『메논』에서, 교육받지 않은 노예 소년이 수학적 도해를 중심으로 한 일련의 질문을 통하여 대각선을 변으로 하는 정사각형이 원래 정사각형 면적의 2배라는 기하학적 진리에 도달하게 된다.[2] 이러한 예를 제시함으로써 플라톤은 참된 지식의 근원은 인간 내면에 있으며, 지식이 이미 담겨져 있는 인간 내면에 집중함으로써 지식은 질문을 통하여 도출해낼 수 있다는 점을 가정한다. 마음이 관념적 형태를 지닌 필연적 진리를 파악하도록 하며 이를 토대로 모사模寫한 구현체가 자연세계라는 점을 학생들이 깨닫도록 해주는 수학교육이 플라톤에게 이상적인 교육이다.

경험론적 접근에서 자연과학이 전형이 된다. 자연현상은 경험에 의하여 파악되지만, 직관에 의하여 파악되거나 자명한 공리에 의하여 도출되는 명제의 논리적 특성에 의하여 설명되지 않는다. 선천적으로 시각 능력이 결여된 사람은 순수 논리적 특성에 의하여 사고하는 합리성을 발휘할 수 있을지 모르지만, 녹색을 직관적으로 파악하여 녹색을 상상해낼 수는 없다. 또한 녹색에 포함된 다른 경험적 요인도 마음속으로 파악하거나 내관에 의하여 획득할 수 없다. 이것은 경험적 관찰에 의존할 수밖에 없다. 더욱이 기본적인 자연현상들의 상호관련, 이를테면 특징상 유목화나 시간상 배열 등은 자명한 진리라고 하는 논리적 유추에 의하여 파악할 수 없다. 이러한 특징은 우리의 이전 경험을 일반화하고 연합하여 구성된다. 로크의 표현대로, 인간의 마음은 '타불라 라사*tabula rasa*', 즉 태어나면서 백지상태이며, 경험을 통하여 구성된 단순관념과 이들의 연합으로 이루어진다.

물론 인간의 마음은 경험에 의하여 수집된 원 자료를 통하여 획득한 개념을 동원하여 논리적 조작을 하는 방식으로 비교하고, 결합하고, 분석하고, 종합하는 힘을 지니고 있다. 그래서 수학을 개념 간의 논리적 관련을 맺어주거나, 경험을 통하여 획득한 자료를 일반화하는 활동으로 이해할 수 있을 것이다. 하지만 이런 경우에도 모든 지식은 마음의 내면에 있는 개념이 아니라 관찰 가능한 세계를 기반으로 하는 것이다. 경험론적 관점에서 이상적인 교육은 학생들에게 세상의 질서를 온전하게 파악하도록 풍부한 경험을 제공하여 그들이 관찰력과 사물을 결합하는 능력을 발휘하게 하는 것이다. 또한 경험론에서 교육의 이상은 학생들이 논리적 사고력을 습관적으로 갖게 하는 것만 아니라 관찰, 일반화 능력, 일련의 사건을 일목요연하게 기술하는 경험 법칙을 수립하도록 하는 경험학습에 치중하는 데 있다.

실용주의적 접근은 철저한 현장 실험을 존중하는 경험과학의 실험정신을 강조한다. 세상에서 중요한 것을 배우기 위하여, 우리는 논리적으로 자명하다고 판명된 진리 이상의 것을 탐구하도록 해야 하며, 동시에 과거 경험을 토대로 관찰한 내용을 일반화하는 데 그쳐서도 안 된다. 실험정신experimentalism은 문제를 파악하고 문제해결에 도움이 되는 아이디어를 발굴하여 환경을 능동적으로 개조하는 일을 포함한다. 문제가 실험의 기회를 제공하고 실험적 탐구가 지속되도록 한다. 즉, 문제는 당초 기본적인 질문을 야기하고, 해결에 요구되는 기준과 문제해결 방안을 탐색하도록 도모한다. 사고는 문제해결에 요구되는 가설적 아이디어를 제공하지만, 그 아이디어란 문제해결에 적합한 대안을 찾기 위하여 끊임없이 탐구하는 과정에서 도출되기 때문에 과거 경험이 단순하게 반영되지 않는다. 여러 가설적 아이디어는 검증의 실행과정에서 문제해결의 실험적 도구로 활용된다. 실험에 참여한 사람은 가설적 아이디어가 똑같은 효과를 내지 않음을 잘 알고 있다. 어떤 아이디어는 실험결과 기대치를 만족시키지 못하고, 어떤 아이디어는 문제의 본질을 제대로 예측하기도 한다. 듀이의 말대로, 그 과정은 시도trying와 수동적 겪음undergoing이다. 즉, 실행과정에서 아이디어를 적용시키려고 시도해 보지만, 다른 한편 그러한 시도 과정에서 겪게 되는 경험을 통하여 학습하게 된다.[3]

실용주의 체제에서 수학적 지식은 곧 유용한 논리이다. 수학적 지식은 가설적 아이디어를 도입하도록 하는 데 매우 유용한 기제가 된다. 수학적 지식은 실험상황에서 실제 결과가 어떻게 연관되어 나타나는가를 보여주고 예상된 결과들 간의 상호관계를 예증하도록 해 주기 때문이다. 수학적 지식은 세상에 관한 어떤 정보도 직접적으로 제공하지 않지만, 개념적 질서와 개념적 사고를 통하여 일정한 형태의 탐구가 가능하도록 하는 도구를 제공해 준다. 탐구 자체가 방책이며, 그 방책이라는 것은 논리가 규율한 것이고, 이론이 점화시킨 것이며, 문제해결을 위하여 동기화된 것이다.

경험에 의한 학습의 과정은 실용주의자들에게 실행의 과정이다. 인간의 마음이란 필연적 진리를 담는 심오한 원천도 아니며, 경험이 외부로부터 들어와 자리 잡는 빈 공간도 아니다. 그보다는 인간의 마음은 유기체가 환경에 집하면서 갖는 문제를 해결하기 위하여 아이디어가 역동적으로 분출되는 능력을 가진다. 이상적인 교육은 실제 상황에서 문제의식을 갖고 그것을 해결하도록 하는 교육이다. 이 과정에서 학생들에게 가상적인 이론 설정을 하도록 권장하지만, 동시에 실제 실험결과에 따라 그 이론이 통제받아야 한다고 가르친다.

지식에 관한 대안적 접근

이제까지 개괄한 세 가지 접근법은 지식을 해석한 철학의 방대한 업적 중에서 뚜렷하게 대비되는 측면을 부각한 것이다. 이 접근법은 각기 학풍에 따라 다양한 문제점을 제기하기도 한다. 그러나 각 접근법은 나름대로 파악하는 지식의 본질과 근거만이 아니라, 지식의 기원과 발달이라는 관점을 그 나름대로 방식에 의거하여 다루고 있다. 따라서 논의를 보다 명료하게 하기 위하여 지식과 관련된 질문을 몇 가지로 나누어 체계적으로 구분해 볼 필요가 있다.

첫째, 우리는 "지식이란 무엇인가?"하는 인식론적 질문을 던질수 있다. 이 질문에 답하기 위하여 지식을 어떻게 정의할 것인가, 논리적으로 구분해야 할 지식의 준거는 무엇인가를 탐구해야 한다. 둘째, "어떤 지식이 신뢰할 만하며 또 중요한가?"하는 평가적질문이다. 이 질문에 답하기 위하여 여러 가지 지식을 유목화하고, 거기에 순서를 매길 수 있는 합리적 기준을 마련해야 한다. 셋째, "지식은 어떻게 생성되는가?"하는 발생론적 질문이 있다. 이질문에 답하기 위하여 지식이 생성되는 기제와 과정을 파악해야한다. 여기에 학습의 과정을 지적으로 만드는 마음의 구조가 쟁점이 된다. 넷째, "지식은 어떻게 탐구해야 하는가?"하는 방법론적질문이 있다. 이 질문에 답하기 위해서는 지식 추구에 동원된 방법이 무엇이며, 그 방법은 어떻게 정당화되는가를 파악해야 한다. 다섯째, "어떻게 하면 지식을 잘 가르칠 수 있는가?"하는 교육적질문을 제기할 수 있다. 이 질문에 답하기 위해서 지식의 전수에가장 이상적인 교수행위가 무엇인가를 탐구해야 한다.

이 질문들이 실제 상황에서 제각기 확연하게 구별된다고 볼 수는 없지만, 상호간 '논리적으로 구분된logically distinct' 것임에는 틀림없다. 물론 이 다섯 가지가 광범위한 철학적 논의 과정에서 상호 중복될 수도 있고, 교육적 맥락에서 복합적으로 이해할 필요도 있다. 어쨌거나 이하 논의는 인식론적 질문에 맞추어 진행하고, 평가적 질문, 발생론적 질문, 방법론적 질문, 교육학적 질문을 직접적으로 다루지 않을 것이다. 하지만, 인식론적 질문과 관련된 것이라면, 교육 관련 개념과 교육 상황의 분석에 대한 논의를 진행할 것이다. 다음 장에서 우선 인지적 용어와 교육적 용어 간의 차이를 비교해 보고, 이들이 사용되는 개념 영역을 살펴보기로 한다. 그런 다음 명제적 지식propositional knowledge에 대한 정의를 내려보고, 이어지는 장들에서 명제적 지식을 구축하는 기반이 무엇인가를 논의해 보기로 한다.

지식과 가르침

Knowledge and Teaching

인지적 용어와 교육적 용어의 관련

인지적 용어와 교육적 용어의 의미 영역

명제적 지식의 조건 설정

제1장 지식과 가르침

인지적 용어와 교육적 용어의 관련

인지적 용어인 앎knowing과 믿음believing이 교육적 용어인 배움 learning과 가르침teaching과 어떻게 관련되는가? 이 질문은 질문 형태만큼 간단한 것이 아니다. 따라서 이 절에서는 이하 논의에 요구되는 논점 몇 가지를 살펴보기로 한다.

매우 간단한 사실을 생각해보면 우리는 '~임을 배우다learning that'가 '~임을 알다knowing that'을 함의한다는 사실을 가정할 수 있다. 예컨대, 만약 어떤 학생이 보스턴이 매사추세츠의 수도라는 것을 배웠다면, 우리는 그 학생이 보스턴이 매사추세츠주의 수도임을 알고 있다고 말할 수 있다. 하지만 이 예증을 가지고서 우리는 어떤 사람 X가 어떤 사실 Q를 배웠다고 해도 그가 명제 Q를 안다고 일반화할 수는 없다.

질병이 악령의 행위에서 비롯되었다고 여겼던 아득한 옛날이나 아직도 그렇게 믿고 있는 사회에 사는 학생을 생각해보자. 질병의 원인이 악령 때문이라고 자신의 스승으로부터 배운 이 학생을 두고, 우리는 그가 질병의 원인이 악령이라는 사실을 알고 있다고 여기지 않을 것이다. 그는 틀림없이 "악령은 질병을 야기한다는 것을 나는 안다."라고 말하겠지만, 악령이 질병의 원인이라는 사실을 인정하지 않는 한, 우리는 그가 이를 안다고 여기지 않을 것이다. 우리가 어떤 사람이 어떤 사실을 안다고 말하는 것은, 일반적으로, 우리가 그 사실이 참이라는 주장을 실제로 받아들일 때 가능하다. 이를 수용하지 않을 경우, 그 사실을 믿는다는 것을 성립시킬지라도, 그것이 지식을 성립시켜주지 않는다. 사정이 이러하기 때문에, 해당 학생이 악령이 질병의 원인임을 안다는 사실을 우리는 부정하게 된다. 다만 신념의 요건이 앎의 실체를 뒷받침해주지 않기 때문에 그 학생이 악령 때문에 질병에 걸린다고 믿고 있다고 말할 수 있을 뿐이다. 하지만 앞의 예에서 보스턴이 매사추세츠의 수도라는 사실에 우리 모두 동의하기 때문에, 이 사실을 알아야 할 학생에게 이를 부정할 근거를 제시하기 어렵다.

따라서 우리는 '~임을 배운다는 것'과 '~임을 안다는 것'을 다음과 같이 대비해 볼 수 있다. 어떤 이가 명제 Q를 안다고 말하는 것은 "Q"가 표방하는 실체적 진실을 받아들이는 것이다. 예컨대, 어떤 학생이 콘월리스 장군이 요크타운에서 항복했다는 사실을 안다고 말할 경우, 우리는 '콘월리스가 요크타운에서 항복했다'[1]는 주장을 실체적 진실로 받아들이는 것이다. 그러나 어떤 사람이 명제 Q를 배웠다는 것은 이와 같지 않다. 즉 그 사람이 명제 Q를

---

1) [역자 주] "Cornwallis surrendered at Yorktown." 영국의 정치가이자 장군인 콘월리스Charles Cornwallis(1738~1805)가 미국 독립전쟁 당시인 1781년 10월 19일 미국 버지니아 주 요크타운에서 워싱턴George Washington(1732~1799) 장군에게 항복한 사건을 지칭한다.

믿고 있다는 점을 인정할 뿐이다.[1]

물론 우리가 '～임을 안다는 것'의 논의에 사용한 방법이 '～임을 배운다는 것'에 적용할 수는 있다. 그 예로서 다음 진술을 보자. "집요한 추적 끝에 기자는 합의안이 발표되기 전 3주 동안 비밀리에 협상이 진행된다는 사실을 '배우게 되었다'[2]. 이 진술에서 '배우게 되었다'는 말은 실체를 파악한다는 뜻에서 '～사실을 찾아내었다find out that' 또는 '～임을 발견하였다discovered that'는 의미를 지닌다. 이와 같이 '～임을 배우다'는 발견 용법discovery use으로 사용되기도 한다. 이는 학교학습의 결과로 (실체적 진실에 대한 확증 없이) 무엇인가를 믿게 되는 상태를 표현한 교수 용법tutorial use과 대비된다. '～임을 배우다'의 교수 용법이 실체적 진실을 수용하지 않고도 사용될 수 있음을 보여준다. 이러한 사실은 우리가 앞서 언급한 배운 것에서 아는 것으로의 일반화가 불가능함을 입증하기에 충분하다. 다만 X가 배운 사실에서 자신이 믿는다는 사실로 불충분하게나마 일반화된다는 점은 인정할 수 있다.

바꿔 말하자면, 느슨한 일반화weaker generalization는 엄격한 일반화stronger generalization와 달리, '～임을 배우다'는 말의 교수 용법이 담고 있는 내용을 모두 부정하는 입장에서 우리를 벗어나게 해준다. 악령이 질병의 원인이라고 배운 학생이 그렇게 믿고 있을

---

2) [역자 주] learned that. 이 경우, 우리말에 '알게 되었다'가 더 합당한 번역어이지만, 이렇게 할 경우 '알다'와 다른 의미를 지칭하는 본문의 맥락에 어긋나서 '배우게 되었다'로 번역하였다. 왜냐하면, 이어지는 논의에서 알 수 있듯이, '알다'는 성취 측면이 강한 동사이므로 과정적 요소가 강한 '알게 되었다' 표현이 적절해 보이지 않기 때문이다. 반면에 '배우다'는 성취적 측면만이 아니라 과정적 측면을 지닌 동사이므로 '배우게 되었다'는 표현이 본래 의미를 왜곡하거나 모순된 의미를 드러내지 않는다.

지라도 그 학생이 이를 참으로 알고 있다고 인정할 수 없다. 이제 우리는 X가 명제 Q를 배운 경우 "Q"가 제시하는 실체적 진실에 우리 모두의 의견이 일치해야 논의가 성립된다는 것을 알 수 있다. 그렇다면 우리는 X가 (명제 Q를 단지 믿는 단계를 넘어서) 명제 Q를 안다고 했을 경우 요구되는 조건을 모두 만족시켰다고 할 수 있는가?

이 질문은 지식의 성립 조건에 관한 중요한 논점을 시사한다. 어떤 학자는 '~임을 안다know that'의 느슨한 의미weak sense와 엄격한 의미strong sense를 구분한다.[2] 이 질문에 대한 답은 우리가 어떤 의미를 염두에 두고 있는가에 따라 달라진다. 느슨한 의미에서 '~임을 안다'는 것은 단지 참된 신념true belief을 지니는 것에 의존한다. 엄격한 의미에서 '~임을 안다'는 것은 이를 넘어서서 자신이 믿고 있는 바에 관하여 증거를 대거나 지식을 확증할 수 있는 입장을 적극적으로 보여줄 수 있음을 뜻한다. 느슨한 의미를 수용한다면, 이 질문에 대한 긍정적인 답을 손쉽게 내릴 수 있다. 만약 X가 명제 Q를 배운 결과 Q를 믿게 되고, 나아가서 명제 Q에 담긴 내용에 우리가 동의할 수 있다면(즉 우리가 명제 Q를 진리로 인정해준다면), 우리는 X가 명제 Q를 참이라고 믿고 있으며, 그 결과 느슨한 의미에서 명제 Q를 안다고 인정해야만 한다.

'~임을 안다'의 엄격한 의미를 수용한다면, 우리는 원래 질문에 대하여 부정적인 방식으로 답을 구해야 한다. 왜냐하면 어떤 사람이 명제 Q를 참이라고 믿으면서 자신이 안다고 생각하는 명제 Q를 지지할 만한 근거를 제공할 능력을 갖추지 못할 수 있기 때문이다. 비록 그가 Q를 배운 바 있고, 명제 Q를 참이라고 믿는다 하더라도, 그는 엄격한 의미에서 명제 Q를 알지 못할 수도 있다. 예컨대, 그가 학교에서 $E=mc^2$이라는 명제를 배운 경우에 이 명제의 참임을 뒷받침할 충분한 근거를 제시하지 못하는 한, 그는 엄격한 의미에서 명제 $E=mc^2$를 알고 있다고 할 수 없다.

이제까지 논의를 요약하면 다음과 같다. X가 명제 Q를 배운 경우 그는 명제 Q를 믿게 된다. 그러나 우리가 "Q"를 참으로 인정하지 않을 경우에도 X가 "Q"를 믿는다고 해도 명제 Q를 안다는 사실을 직접적으로 부정할 수 없다. 또한 우리가 "Q"를 참이라고 인정하는 경우에, X가 명제 Q를 알고 있다는 것을 직접적으로 부정할 수는 없다. 실제로 이 경우 우리는 '알다'의 느슨한 의미를 수용한 것이다. 하지만 '알다'의 엄격한 의미를 수용한다면 또 다른 조건을 추가적으로 만족시켜야 한다.

여기서 언급한 추가적 조건을 실제로 만족시킬 수 있는가 여부를 직접적으로 검증해낼 수 없다. 오히려 개연성 있어 보이는 일반 전제를 설정해 볼 수 있다. 만족할 만큼 합당한 조건을 설정하는 일은 주제에 따라 난해하고 전문성이 요구되는 복잡한 작업이다. 따라서 보스턴이 매사추세츠의 수도라는 사실을 배운 학생이 이를 알게 되었다는 앞의 예를 통해 살펴보기로 한다. 이 예는 느슨한 차원에서 '알다'의 의미에 해당하는 경우가 아니다. "그가 배운 사실을 두고 곧장 그것을 안다고 할 수 있는가?"하는 질문은 "$E=mc^2$"의 경우만큼이나 입으로 쉽게 답을 할 수 있는 질문이 아니다. 이 경우에 전문적 차원에서 어떤 조건이 만족되어야 하는가? '알다'의 엄격한 의미를 적용한다면 그 '단순한' 사실을 배운 학생이 그것을 안다고 할 수 있으려면 거기에 전제된 다소 복잡하고 전문적인 근거를 댈 수 있어야 한다.

신념을 획득하는 방식을 검토하면 또 다른 해법을 구할 수 있을 지도 모른다. 명제 Q를 배웠거나 전해 들었다는 사실은 "Q"가 참 인 경우에도 명제 Q를 알지 못할 가능성을 지니고 있다. 이보다 는 어떤 사람이 명제 Q를 스스로의 힘으로 알아낸 경우에 그가 명 제 Q를 알게 되었다고 보는 편이 더 신뢰할 만하다. 왜냐하면 엄 격한 의미에서 확증하지 못하지만, 앞의 경우에 비하여 그는 자신 이 안다고 하는 것에 대한 나름대로 확신을 가지고 "Q"에 관한 단 서와 근거를 제시할 수 있기 때문이다.

이 사실에서 '~임을 배우다'의 발견 용법이 곧 '~임을 안다'의 엄격한 의미를 지칭함을 알 수 있다. 합의안이 공식적으로 발표되 기 3주전에 비밀협상이 있었던 것을 알아낸(찾아낸)[3] 앞서 소개 한 기자의 사례를 보자. 이 경우 '기자가 그것을 찾아낸 경우, 그 것을 실제로 알고 있는가?'라는 질문은 타당하지도 않을뿐더러 자 연스러운 표현도 아니다. 학교교육에서 이른바 발견과 문제해결 방법을 중시하는 교육자는 실제로 이러한 교육방법이 결과적으로 앎의 상태를 강하게 도출해낸다는 가정을 받아들이는 사람이다. 합리적 설명과 비판적 대화를 주된 특징으로 함축하는 '가르치는' 행위를 강조하는 측면에서도 사정은 마찬가지이다. 즉 가르치는 것이란 학생들로 하여금 스스로 지닌 신념의 타당한 근거를 충분 히 제시할 수 있도록 알게 하는 일이다. "Q"가 진리라는 전제 아 래서 가르친 결과로 명제 Q를 배웠다는 것은 그것을 알게 되었다

---

3) [역자 주] 바로 앞의 주에서 밝힌 바 있지만, 발견적 의미를 지닌 '알아낸'으로 번역한 'learned'를 저자는 성취어인 'find out'이라고 괄호 안에 병기하였다.

come to know는 것에 초점을 두고 말하는 것이다.

'배움'과 달리, '가르침'은 '의도적'이고 결과적 '성공' 용법을 지닌 전형적인 용어이다.[3] 달리 말하자면 가르치는 일에는 뭔가 의도하는 것이 반드시 포함되지만, 배우는 일은 반드시 그렇지 않다. 아이가 걸음마를 배웠다든지, 매일 새로운 단어를 배웠다든지, 사회적 행동 방식을 배웠다든지, 자신을 언어로 표현하는 것을 배웠다고 말하는 것은 그 자체로 이러한 일을 의도적으로 시도했다는 것을 포함하지 않는다. 심지어 이 아이는 어떤 상황이 벌어지는지, 어떤 주의를 기울였는지, 스스로가 세심한 행동을 했는지 관심조차 보이지 않을 수도 있다. 따라서 배우는 일이란 활동activity이 아니라 일련의 과정process에 가깝다고 말할 수 있을 것이다. 우리는 그 과정을 여러 단계로 구분할 수 있고, 또 완결되는 과정과 그렇지 못한 과정을 구별해낼 수도 있다. 물론 이런 분석 작업을 하는 데 의도가 전혀 없었다고 할 수는 없지만, 분석 작업에 원래 어떤 숙고나 의도가 전제된 것이 아니다. 우리는 이런저런 것을 배우려고 노력할 수 있지만, 많은 경우 어떤 노력을 기울이지 않고 배울 수도 있다. 게다가 배우는 일에 의도가 개입되는 경우가 어떤 경우인지 일반적으로 규정할 수 없다.

이에 견주어 보면, 가르치는 일은 이와는 판이하다. 뭔가 가르치는 사람은 자신도 모르게 단지 그 과정에 단지 휘말린 것이 아니라 모종의 활동에 몸담고 있는 것이다. 자신이 하고 있는 일이 지향하는 목적이 있고, 이에 대하여 집중력을 높이려는 의도를 가지고 접근하는 맥락 속에서 가르치는 일은 의미를 갖는다. 한 마디로 가르치는 사람은 뭔가를 시도한다. 그는 활동에 몸담음으로써 성과를 내려는 시도를 하는 사람이지, 단순히 일의 진행 과정 상 종결 상태end-state에 끌려가는 사람이 아니다. 물론 누군가에게 의도적인 노력을 기울이지 않을지라도 그 사람이 뭔가를 학습한 결과가 야기되는 상황을 두고 우리는 '의도하지 않은 가르침 unintentional teaching'이라고 할 수 있다. 그러나 '가르침'이라는 말에 '의도하지 않은'이라는 말을 함께 사용하고자 할 경우 엄밀한 검토를 요구하고, 예외적인 경우라 해도 이에 대한 보충설명이 따라야 한다. 이러한 경우가 아니라면, '가르침'이라는 말은 의도를 지닌 맥락에서만 의미를 지니며, '존스는 아들에게 수영하는 방법을 가르쳤다'라는 문장에서 알 수 있듯이, 성공적 의미를 지니는 동사는 반드시 성공적 결과를 드러내야 한다.

가르치는 일이 그 자체의 목적을 갖는가? 가르치는 일에 종사하는 사람이 의도적으로 얻어내려고 노력하는 것은 무엇인가? 이제까지 살펴본 명제를 가르친 경우teaching that에 Y에게 명제 Q를 가르친 X는 Y에게 명제 Q를 배우도록 하는 의도를 가지고 노력한다. 주지하는 바와 같이, 이 사실은 Y가 "Q"를 수용하는 것 또는 명제 Q를 믿고 있다는 것을 함의한다. 만약 X가 Y에게 명제 Q를 가르치는 일에 성공했다면, 그것은 명제 Q를 배운 Y가 명제 Q를 믿게 되었다는 것을 가리킨다.

물론 그 역은 성립하지 않는다. 누구든지 다른 사람의 가르치려는 의도 없이 뭔가를 배울 수 있다. 그렇지만 이를 근거로 하여 가르치는 일이 누군가가 뭔가를 알게 되어 그것을 믿게 된 것과 같은 의미를 갖는다고 해서는 안 된다. 가르치는 방법말고도 다양한 방법에 의하여, 이를테면 속임수deception, 환심insinuation, 선전

advertising, 최면hypnosis, 정치선전propaganda, 교화indoctrination, 윽
박지르기threats, 뇌물bribery, 강압force을 사용하여 사람들에게 신
념을 형성하게 할 수 있다. 한편 가르치는 일을 학교교육과 조급
하게 동일시하는 것도 경계해야 한다. 학교교육에서는 가르치는
일말고도 다른 방법, 이를테면 교화, 권고suggestion, 윽박지르기,
강압을 종종 교육방법으로 용인하기 때문이다. 따라서 학교교육
맥락에서 비록 가르치는 일이 배우는 일을 목표로 한다고 해도,
신념의 획득에만 초점을 맞추어 뭔가를 배웠다는 결과만 가지고
가르치는 일의 의미를 규정해서는 안 된다.

앞서 말한 바와 같이, 가르치는 일의 특성은 합리적 설명과 비
판적 대화능력과 관련되며, 여기에 비판적 질문과 반론을 정직하
게 수용할 줄 아는 덕성도 포함된다. 가르치는 일에 몸담고 있는
사람은 학생들이 단순하게 신념을 갖게 하는 일에 그치는 것이 아
니라 합리적 판단능력을 자유롭게 행사하도록 함으로써 학생 스
스로의 신념을 형성하도록 한다. 말하자면 이것이 가르치는 일을
교화나 단순 토론과 상이하게 구분해주는 특성이다. 가르치는 일
을 수행함에 있어서 교사는 자신이 전수하고자 하는 신념을 뒷받
침하는 근거를 제시하지만, 동시에 학생 스스로가 교사가 제시한
것에 대하여 비판적으로 검토하고 평가하도록 허용한다. 교사는
자신이 가르치는 활동의 하나로 설정한 대화에 스스로 참여하여
자신이 지닌 신념이 비판 대상이 되어 검증받는 것을 기꺼이 감수
한다.

가르치는 일은 합리적 대화의 틀을 엄수하도록 철저하게 제한
된 '방식'에 따라 아이들이 학습한다는 것을 전제한다고 흔히 여겨

지곤 한다. 명제 Q를 가르친다는 것은 교사가 "Q"를 참으로 간주한다는 것을 전제하며, 그것은 그 내용이 참이라는 사실을 교육적으로 평범하고 용이하게 학습할 수 있다는 것을 전제한다. 그리고 가르치는 활동이 학생들의 자유롭고 합리적인 판단에 부합해야 한다. 이런 이유에서 교사의 가르치는 활동은 앞서 언급한 '엄격한 의미'에서 지식을 전수하는 것이라고 할 수도 있다. 왜냐하면 자유롭고 합리적인 방법을 통하여 신념을 형성한 사람은 자신이 지닌 신념의 토대가 되는 근거를 제시할 수 있다는 것을 전제하기 때문이다. 교사는 학생들이 명제 Q를 학습하도록 노력하는 데 그치지 않고, 학생들이 학습한 내용을 이와 같은 방식으로 근거를 댈 줄 알도록 노력한다.

그럼에도 불구하고 가르치는 일이 전반적으로 성공했는가 실패했는가에 대하여 견해차가 존재할 수 있음을 인정하지 않을 수 없다. 문화 간 사례 연구cross-cultural cases가 이에 대한 명백한 예를 제공한다. 악령이 질병의 원인이라는 시대에 뒤떨어진 생각을 가르치는 고리타분한 교사의 경우를 생각해보라. 그는 학생들이 이 내용을 참으로 알도록 노력할 것이다. 여기서 그가 학생들에게 악령이 질병의 원인임을 믿게 하는 데 성공했다면, 우리는 주변 문화적 환경이 이를 지지하는 근거로 작용했다는 것을 인정해야 할지도 모른다. 그러나 우리는 교사가 악령이 질병의 원인임을 학생들이 알게 하는데 성공했다고 인정할 수 없다. 왜냐하면 우리는 그것이 그릇된 교의doctrine라는 것을 알기 때문이다.

가르치는 일을 이처럼 평가적 관점에서 규정하는 데 어떤 난점도 없이 수용할 수 있는가? 우리의 현재 관심사는 과거의 그릇된 교의를 놓고 가르치는 일의 성공 여부를 재단하는 일에 있는 것이 아니라 상황에 관계없이 그릇된 교의 여부를 일관되게 판단할 수 있도록 하는 데 있다. 이를 충족시키려면 우리가 사용한 일차적 준거인 "객관적" 준거를 보완해 줄 이차적 준거 또는 "주관적" 준거를 받아들여야 한다. 이차적 준거에 따르면, 교사가 가르친 교의의 진리여부는 교사가 이를 수용할 수 있는가 하는 관점에 비추어 결정될 수밖에 없다. 또 이차적 준거에 따를 경우만 우리는 문화적 수용 기준과 근거 자료의 문화적 타당성을 인정하며 이에 따라 가르치는 내용의 진위여부를 판단할 수 있다. 따라서 가르치는 일의 성공여부는 규범적 방식에 달려 있다. 그 결과로, 우리는 객관적 기준 또는 우리 자신의 주관적 관점에 비추어 가르치는 일에 성공하지 못한 경우에도 문화 관점에 비추어 가르치는 일의 성공 여부를 판단해낼 수 있다.

가르친다는 것은 어떤 경우라도 교사가 참으로 여기는 내용과 연계되어 있다. 그러나 교사는 자신이 참이라고 믿는 내용을 자신의 학생들이 배우도록 하는데 그치는 것이 아니라 그것을 권위적으로 내세워도 좋을 만큼 근거를 가지고 있다는 점에 초점을 맞추어야 한다. 교사는 학생들이 스스로 자유롭게 비판하도록 그들에게 일반적 검증 절차를 제시해주어야 하기 때문에, 진정으로 '가르치는 일'을 수행하는 교사라면 자신이 가르치는 내용이 참인가를 검증받을 자세를 늘 견지해야 한다.

여기서 중요한 논점을 지적하지 않을 수 없다. 명제적 지식의 속성은 지식을 전수하는 사람의 진리 판단과 비판적 기준을 반영한다. 그래야 자기가 믿는 바를 남에게 실제로 전수할 수 있으며,

이 속성을 통하여 자신이 택한 신념의 근거를 파헤칠 수 있다. 따라서 단순히 신념belief, 명제 학습learning that과 명제 교수teaching that의 속성과 달리 명제적 지식의 속성은 신념 문제와 관련하여 인식론적 논의를 요구한다. 이 점에서 명제적 지식을 획득한다는 의미는 지식을 습득하는 사람이 단순히 그것을 서술하는 것만 가지고 파악할 수 없다.

교수-학습의 교육적 과정을 지식과 신념의 인지적 관점과 관련시키는 논점을 정리하면 다음과 같다. 명제 Q를 학습한다는 것은 명제 Q를 믿는다는 것을 함의한다. 명제 Q의 또 다른 조건, 이를테면 "Q"의 진리여부와 이를 뒷받침할 '앎'의 엄격한 의미에 비추어, "Q"를 안다고 비로소 말할 수 있다. 명제 Q를 가르친다는 것은 명제 Q를 믿는다는 전제를 포함하여 엄격한 방식에 입각하여 명제 Q의 학습이 일어나도록 노력을 경주한다는 것이다. 나아가서 가르친 결과로 명제 Q를 알게 된다는 것은 교사의 관점에 비추어 판단해야 할 문제이다.

이러한 일반화에 반대하는 반대 사례가 있을 것이다. 만약 학생 하나가 자신이 배운 내용을 언급하면서 "나는 신들이 올림포스 산에 산다고 배웠다"고 하거나, "나는 감각의 세계가 환상이라고 배웠다"고 말할 경우를 보자. 이를 언급한 학생이 올림포스 산에 신이 살거나 감각의 세계가 환상이라는 것을 "믿지" 않으면서도 언급 내용을 참으로 여길 수도 있을 것이다. 그러나 이 발언은 여러 가지가 생략된 채 언급된 것이다. 이 언급은 "나는 신들이 올림포스 산에 산다는 사실을 사람들이 믿고 있다는 것을 배웠다" 또는 "감각의 세계는 환상이라고 어떤 철학자가 말했다고 배웠다"로 이해되어야 한다.

또 다른 반대 예는 열을 받으면 물체는 팽창한다는 사실을 Y가 믿거나 말거나 관심을 두지 않은 채 Y에게 가르친 X의 경우에서 찾아볼 수 있다. X는 Y가 물체의 팽창에 관하여 믿도록 하거나 그 근거를 대도록 하는데 노력을 기울이지 않았다. 그는 Y가 단지 기말시험에 통과하는 필요한 것이 무엇인지에만 관심을 기울인 것이다. 학습이나 가르치는 일이 아니라 시험에 통과하는 데만 관심을 기울인 것이다. 첫째, 이는 '가르치는 사람'으로서 교사가 '가르치는 일'에 종사하지 않은 경우가 된다. 의례적으로 어떤 사람이 교사라 일컫는 것은, 그가 가르치는 활동에 몸담고 있는 것보다 학교생활schooling에서 제도적 역할을 수행하는 것을 지칭한다. 교사가 직무상 무엇을 하든지 그것이 가르치는 일로 기술된다는 점을 피해가게 된다. 둘째, 열을 받은 물체의 팽창을 가르치는 것과 시험에 통과하도록 하는 일에 전력을 다해 가르치는 일을 구분하는 경우, 전자 없이도 후자가 가능하다.[4] 소피스트가 활동했던 시절 이래로, 가르치는 일은 참인 지식을 전수하는 일과 맞물려진 것이 아니라, 관련 지식을 남에게 드러내 보이기 위하여 관련된 기량을 획득하는 데 관심을 기울여 왔다. 더욱이 시험에 통과하도

---

4) [역자 주] 전자는 과학적 지식을 과학 원리에 비추어 가르치는 일을 말한다. 후자는 원리의 이해 없이 물체의 팽창에 관한 응답을 잘 하도록 지도한다는 것을 말한다. 실제로 이런 사태가 일어나는 경우를 쉽게 확인할 수 있다. 예컨대, 답안지에 "공식 $E=m×c^2$은 아인슈타인의 법칙이다."에 맞다고 응답하는 경우, 응답자가 이 법칙에 담긴 과학적 원리를 모르지만, 교사가 시험 성적을 올리기 위하여 그렇게 응답하도록 학습지도(?)를 수행할 수 있다. 이러한 경우 우리는 실증주의가 범하는 오류라고 간주한다. 이에 관하여 저자는 제4장에서 신념의 언어 이론을 검토함으로써 논의를 전개한다.

록 배려하는 일과 유사한 맥락에서, 지식에 포함된 진리를 배우도록 하는 일보다는 이론을 적용하는 기량skill[5]을 기르는 일이 사회적으로 존경을 받아왔다. [4]

인지적 용어와 교육적 용어의 의미 영역

앞 절에서 교육적 용어인 배움learning과 가르침teaching, 인지적 용어인 앎knowing과 믿음believing의 관련을 살펴보았다. 그러나 논의는 '~임을 배우다', '~임을 가르치다', '~임을 알다', 그리고 '~임을 믿다'와 같이 각 개념이 사용되는 범주가 매우 제한되어 있었다. 여기서 용례가 이와는 다르지만 중요한 경우를 살펴보기로 한다. 우리가 이미 살펴본 언어들을 보다 명백히 검토해 보면, '교육' 영역을 '앎'의 영역에 동일시하기 어려운 논거를 찾아볼 수 있다. 이 언어들의 개념적 영토를 확장하여, 교육적 영역과 인지적 영역이 교합하는 부분을 면밀하게 분석해 보도록 한다.

'믿다'보다는 '알다'가 개념적으로 적용영역이 더 넓다는 사실을 두고 논의를 시작하고자 한다. 우리는 '~임을 알다'라는 표현

---

5) [역자 주] 고대 희랍에서 이런 능력을 '테크네techne'라고 하며, 테크네를 동원하는 활동을 '포이에시스poiesis'라고 한다. 오늘날로 보면 기량technical skill를 기르는 일이며, 이 경우 하는 일의 성격은 그 목적하는 바에 비추어 수단적 가치를 지니게 된다. 실제로 다른 일에 비하여 이러한 일이 오늘날도 존경 받고 있으며, 교육목적이 여기에 맞추어져야 한다고 아무런 거리낌 없이 주장하기도 한다. 물론 이 능력이 교육적으로 전혀 가치가 없다는 말이 아니다. 역자의 용어해설에서 밝힌 바 있듯이, 기량과 유사한 용어로 technique(기법, 기술), art(기예), facility(솜씨), competence(역량) 등이 있다는 점에 유의해야 한다.

뿐만 아니라 '~할 줄 알다'라는 표현을 한다. 이에 비하여 믿음은 '~임을 믿다'라는 뜻에 국한된다. "X는 나폴레옹이 워털루 전투에서 패했다는 사실을 말할 뿐만 아니라 X가 나폴레옹이 워털루 전투에서 패했다는 사실을 믿는다."고 말하는 것은 타당하다. 그러나 "X가 자전거를 탈 줄[타는 방법을] 안다"고 말할 수는 있어도 "X가 자전거를 타는 방법을 믿는다"고 하지 않는다. 이는 '~임을 that'이 '명제'를, '~할 줄how to'이 '방법'이나 '절차'를 가리킨다는 사실에 기인하지만, 동시에 '앎'과 '믿음'이 모두 앎의 명제적 용법에 적용되지만, 앎의 절차적 용법에 적용된다는 것을 가리킨다.

여기서 명백하게 받아들여야 할 논점은 우리가 앎의 체계 knowing in가 아니라 믿음의 체계believing in를 구축해야 한다는 점이다. X는 신을 믿고, 신의 자비를 믿으며, 유엔의 장래, 민주주의, 존 존스의 존재를 믿는다. 맥락상 이러한 믿음을 명제적인 것으로 해석하는 것은 가능하다. 이를테면 신을 믿는다는 것은 신이 존재한다는 명제를 믿는 것이며, 신의 자비를 믿는다는 것은 신이 자비롭다는 명제를 믿는 것이며, 유엔의 장래를 믿는다는 것은 유엔의 미래가 밝다는 사실[명제]을 믿는 것이며, 민주주의를 믿는 것은 민주주의가 훌륭한 제도라는 명제를 믿는 것이며, 존스를 믿는다는 것은 존스의 언행을 신뢰한다는 명제를 믿는 것이다. 여기서 '믿다'로 표현된 진술은 단일 형태의 명제는 아니지만 말이 사용되는 맥락을 고려해볼 때, 한 가지 명제 형태 또는 결합된 명제 형태로 환원이 불가능한 것은 아니다.

이처럼 환원 문제를 고려할 때 '믿다'의 진술은 명제 형태로 파악할 수 있지만, '알다'의 진술은 명제적 형태뿐만 아니라 절차적 형태를 띠고 있다는 점은 확실하다. 물론 '믿다'와 대비되는 '알다'가 방법적 지식의 특성을 전적으로 갖는다는 것으로 배타적으로 파악할 수 있는 것은 아니다. 우리는 조수 간만이 왜 존재하는가를 알지만, 그것이 왜 일어나는지를 믿는다고 말하지 않는다. 살인범이 누구이며 언제 어떻게 살인했는가를 알지만, 살인범의 존재와 살인 방식 여부를 믿는다고 말하지 않는다. 이와는 다른 종류의 예를 들자면, 체스, 음악, 단어 추리게임을 안다고 말하지만, 체스, 음악, 단어 추리게임이 존재함을 믿는다고 하지 않는다. 앞의 예를 놓고 보자면, "왜 조수 간만이 일어나는가?", "누가 살인을 저질렀는가?"와 같은 질문 자체와 관련된다는 것을 알 수 있다. 그래서 이는 '질문question' 용법이라고 할 수 있다. 두 번째 종류는 체스, 음악 등과 같은 활동 대상이 있기 때문에 '대상subject'[6] 용법

---

6) 본문의 'subject use'를 'subject'를 통상적으로 번역하여 '주제 용법'이라고 번역하게 되면 맥락상 의미가 통하지 않는다. 여기서 의미는 활동 또는 교과목의 대상을 뜻한다. 영어 사전에 소개된 'subject'의 의미는 크게 여섯 가지로 정리할 수 있다. ① 국민, 신하civis, *subditus*의 뜻으로 지배자ruler의 반대어이다. 이 의미는 상황이 병원으로 가면 '환자'가 된다. ② 주제theme, 문제matter, *materia*, 화제라는 뜻이다. 이때 탐구의 대상이 된다. ③ 교육에서 학과목, 교과목subject matter의 뜻이다. 그래서 'compulsory subject'는 필수과목이다. ④ 문법상 주어, 또는 논리학에서 주사主辭를 뜻한다. ⑤ 철학에서 실체substance, 질료matter를 뜻한다. 희랍어 *'ousia'*와 *'hyle'*, 그리고 라틴어 *'substantia'*와 *'materia'*에서 온 뜻이다. ⑥ 근대 철학에서 '자아', '주관'의 뜻을 갖는다. 이는 간혹 철학 논의에서 자신의 행동을 이끌어간다는 '주체'라고 하기도 한다. 대상에 담겨진 것을 분석하고 명료화하여 지식을 구축한다는 뜻에서 '주체'이다. 본문에서는 ②와 ③의 뜻에 가깝다. ②와 관련하여 논문, 연구, 이야기, 작품 따위에서 다루는 대상 또는 제재를 가리킨다. ③과 관련하여 교과활동을 뜻한다. 여기서 ②의 뜻은 ①, ④, ⑥의 의미와 상반되어 보인다. ①, ④, ⑥과 ②, ③, ⑤는 마치 주객 관계, 주체-객체의 대립 관계처럼 보이기 때문이다. 그래서 해석상 주의를 요한다.

이라고 할 수 있다.

물론 신념을 적용할 수 있는 활동 대상이 있는 것은 사실이다. 예컨대, 우리는 진화론을 말할 수도 있지만, 동시에 진화론을 믿는다고도 말할 수 있다. 그렇지만, 체스, 음악과 같은 활동을 안다고 하는 경우에까지 '신념'의 개념을 적용할 수 있는 것은 아니다.

더욱이 '신념'을 적용할 수 있는 경우에도 신념에 상응하는 앎은 반드시 명제적 지식이다. 명제적 언어 형태로 참을 확인할 수 없는 앎은 '신념'이라는 말을 적용할 수 없는 경우도 있다. 말하자면, 열을 받으면 금속은 팽창한다는 명제를 아는 것은 그 명제를 믿는다는 것을 함의하지만, 진화론을 안다는 것은 진화론을 믿는다는 것을 함의하지 않는다. 누군가 진화론을 믿는다는 것은 그것을 정서적으로 수용하거나 진리로 받아들인다는 것을 뜻한다. 어떤 사람이 진화론을 안다는 것은 그가 그것을 아는 이상의 무엇을 지닌다는 것이 아니라 무엇인가 색다른 것을 전달한다는 것을 뜻한다. 이를테면 그가 진화론에 익숙해 있다거나 진화론이 어떤 근거에서 성립하고 그것을 진술할 수 있다는 것을 가리킨다. 어떤 이론을 '믿는다'는 것은 한 마디로 그 이론이 참이라는 명제를 믿는 것이지만, 어떤 이론을 '안다'는 것은 그 이론이 참이라고 파악하는 데 그치는 것이 아니다. '알다'의 용법이 타당하게 파악되려면 이제까지 살펴본 명제적 용법과 다른 것을 요구한다.

'앎'의 주제와 용법은 절차적인procedural 것으로 환원된다고 말해야 할 것이다. 어떤 '이론을 안다'는 것은 그 이론을 진술하고 다룰 '줄 안다'는 것이다. 조수 간만이 왜 일어나는가를 아는 것은 조수 간만이 왜 일어나는가 하는 질문에 대한 적절한 답을 할 줄 아는 것이다. 물론 "X는 누가 살인자인지 알고 있다"는 진술을 질문 용법, 적어도 명제 형태로 바꿔서 "'누가 살인자인가?' 하는 질문에 참인 답이 있다" 그리고 X는 그 답이 참인 명제임을 안다는 진술로 환원시킬 수는 있다. 이렇게 환원시키는 것이 가능하다고 해도, 이것이 현재 논의에 적합하다고 판단할 필요가 없다. 어떤 경우에도 믿는다는 진술은 명제 형태로 해석해야 한다는 근거는 충분하다. 이와 반대로, 안다는 진술은 항상 명제 형태를 띠는 것이 아니다. 따라서 모든 지식이 명제적 지식이 아니며, 또 명제적 지식으로 환원되지 않는다. 방금 명제적 형태로 환원한 경우에도 거기에는 앎의 명제적 특성만이 아니라 절차적 특성이 포함되어 있다는 것을 인정해야 한다. 앎의 절차적 특성을 명제적 특성으로 환원시키는 것은 타당하지 않다. '타자 칠 줄 아는 것'을 얼마만큼 명제적 지식으로 표현할 수 있겠는가?

그 결과 '앎'의 의미 영역은 '신념'의 의미 영역보다 넓다고 말할 수 있다. '배움'과 '가르침'의 경우에도 이제까지 논의했던 내용을 그대로 적용시킬 수 있다. '배움'과 '가르침'도 명제 형태에 국한되지 않는다. 나폴레옹이 워털루 전투에서 패했다는 사실은 학생이 배울 수 있고 교사가 가르칠 수도 있다. 학생은 자전거 타는 방법이나 타자치는 법을 배울 수도 있지만, 이를 교사가 가르칠 수도 있다. 그러나 여기서 '신념'은 나폴레옹의 워털루 패전과 진화론의 경우에만 적용되기 때문에, 믿는 바를 명제 형태로 환원시킬 수 있다고 하더라도 그것을 배우고 가르치는 경우에 모두 적용시킬 수 없다. 예를 들어서 타자치는 방법을 배운 경우를 놓고 타자치는 방법을 믿게 되었다고 말하는 것은, 나폴레옹 워털루 패전을 배우고 나서 그것을 믿게 되었다고 말하는 것과는 다르다. 우리는 X가 조수 간만의 원인을 배웠다고 해서 그가 그 원인을 믿게 되었다고 말하지 않는다. 또 체스를 배웠다고 해서 체스를 믿는다고 말하지 않는다. 그보다는 타자치는 법을 배웠다는 것을 타자칠 줄 알게 되었다는 것이라고 말해야 한다. 조수 간만의 원인을 배웠다는 것은 조수 간만이 왜 일어나는지 안다는 것이며, 체스를 배웠다는 것은 체스를 둘 줄 안다는 것이다. 더욱이 진화론을 믿는다고 말하는 경우에도, 그것이 체스를 믿는다고 말하는 경우와는 비록 다르기는 하지만, X가 진화론을 배웠다는 것이 그가 진화론을 믿게 되었다는 것만을 뜻한다고 말할 수 없다. 또한 이론을 안다는 것은 그 이론을 진리로 받아들이게 되었다는 것과는 전혀 다른 일이다.

우리는 신념의 문제를 앞서 검토한 가르침의 문제 전반에 걸쳐서 동일한 방식으로 유추할 수 없다. 예컨대, Y에게 타자치는 법을 가르친 경우, 교사는 Y가 타자치는 방법을 믿도록 노력했다고 말할 수는 없다. 그보다는 교사가 Y에게 타자칠 줄 알도록 노력했다고 말해야 한다. 이와 마찬가지로 교사는 학생이 진화론, 체스 두는 법, 조수 간만의 원인을 알도록 무엇인가를 수행한다.

'앎'이 '신념'보다 의미 영역이 넓다는 것과는 달리, '배움'과 '가르침'은 '앎'과 그 의미 영역이 같다. 흔히 교육은 신념의 의미 영역을 넘어서는 활동이라고 말한다. 교육은 기량, 절차적 기법, 익숙함의 개발, 즉 앎을 특징지을 수 있는 모든 능력을 관장하기 때문이다. 그렇지만 교육의 의미 영역과 앎의 의미 영역이 합치된다고 생각해선 안 된다. 전자는 후자를 능가한다. 즉 배움과 가르침 개념은 앎이 미치지 않는 영역에도 적용된다.

이 논점은 '~함을 배우다learning to'와 '~함을 가르치다teaching to'의 경우가 '~함을 믿다believing to'와 '~함을 알다knowing to'의 경우와 똑같이 적용되지 않는다는 데 기인한다. 예를 들어 한 아이가 시간을 엄수하도록 배우거나 그렇게 가르칠 수 있다고 하더라도, '시간 엄수'를 알거나 믿는다고 말하기 어렵다. 이 경우 아이가 배운 것은 지식의 관점이 아니라 적극적인 습성이나 경향, 습관의 관점에서 파악할 수 있다. 이 아이는 무엇인가 새로운 것을 믿게 되거나 새로운 수행 능력 또는 행동 요령을 반드시 습득했다고 보기 어렵다. 아이가 획득한 것은 버릇이나 행동 패턴이다. 이 아이의 행동은 전반적으로 시간 엄수를 준수하는 특징을 드러낸다.

더욱이, '~함을 배우다' 또는 '~함을 가르치다'는 표현은 적극적인 습성에 국한되는 문제가 아니다. 딱히 규정하기 어렵지만 이는 모종의 능력습득attainment을 요구하는 경우에 해당된다. 예를 들어 한 아이가 음악 감상과 수학의 곱셈과 덧셈 관계를 배웠다고 할 수는 있지만, 이를 놓고 아이가 획득한 감상이나 이해 능력을 '안다'거나 '믿는다'고 표현하기는 어렵다. 습성과 능력습득의 측면에서 볼 때 교육 용어들은 의미 영역에서 '앎'을 능가한다.

그렇지만 무엇인가 이해한다는 것은 그것을 아는 것으로 환원되는 것처럼, X를 이해하도록 배웠다는 것은 X를 알도록 배웠다는 것이다. X를 안다는 것이 X를 이해한다는 의미를 포함하는 것은 타당하지만, 이 환원 관계가 일반적이라고 보기 어렵다. 어떤 사람이 "나는 실존주의자들의 주장을 알지만, 그것을 결코 이해할 수 없다"고 아무 모순 없이 말할 수 있다. 마찬가지로 "어떤 아이가 뉴턴의 법칙과 셰익스피어 희곡을 알지만 그것을 아직 이해하지 못하였다"고 말할 수 있다. 이 경우 '알다'의 뜻은 '친숙하다', '알아채다', '친분이 있다'라는 뜻으로 탄력 있게 이해하거나 그것을 진술하거나 풀어서 말하는 식의 용법에 익숙한 것이지만, 어느 경우에도 이해의 의미를 담고 있지 않다. 이해가 단순히 익숙하다거나 단순한 기량이 아니라면, '이해'를 구성하는 특징이 어떠한가는 별도로 검토해보아야 한다. 어떤 이는 이해가 논점을 파악하는 지각 능력과 유사한 능력을 포함한다고 여길 수 있다. 또는 당초 지적 관심을 가진 사람에게 전문 용어를 사용하여 거기에 담긴 뜻을 풀어서 설명하는 능력이라고 여길 수 있다. 아니면 셰익스피어 희곡을 이해하는 경우에서 알 수 있듯이, 경험의 성숙 정도를 이해의 특성이라고 볼 수도 있다. 이처럼 다양하게 파악되는 이해는 '앎'의 대상 용법subject use으로 바꾸어 적용해도 설명되지 않는다.

'~함을 믿다believing to' 또는 '~함을 알다knowing to'라는 말이 성립하지 않는다 해도, '~임을 믿다believing that' 또는 '~임을 알다knowing that'는 '~함을 배우다learning to'라는 의미를 수반한다. 그 결과 '~함을 배우다'는 '~임을 배우다'로 환원된다. 시간을 엄수하도록 배운 아이는 자신이 시간 엄수가 어떠해야 한다는 것을 믿고 있으며 그렇게 알고 있다. 음악 감상하는 것을 배운 아이는 자신이 음악 감상법을 어떠하다는 것을 믿고 또 그것을 알고 있다. 곱셈을 이해하도록 배운다는 것은 곱셈을 어떻게 이해해야 한다는 것을 알게 된다는 것이다.

하지만 이 입장은 어느 경우에나 타당해 보이지 않는다. 시간 엄수를 배운 것이 시간 엄수를 해야 함을 안다는 것을 함의한다고 해도, 그 역은 분명히 성립하지 않는다. '~함을 배우다'를 '~임을 믿다' 또는 '~임을 알다'로 추론하면 여러 가지 경우가 생긴다. 손톱 깨물기와 흡연 규칙을 습득하지 않고서도 아이들은 손톱을 깨물거나 흡연을 할 수 있다. 회화의 의미나 원자 이론을 어떻게 파악하는지 알거나 그것을 믿지 않더라도 회화를 감상할 수 있고, 원자이론을 이해할 수 있다. 목하 문제는 회화 감상하는 법과 원자이론을 이해하는 법이 감상을 시도하는 행위 또는 원자이론을 이해하려는 행위와 구분된다는 것이 과연 의미 있는가에 있다. 회화 감상을 할 줄 알기 때문에 그 작품은 좋은 작품이라고 해서는 안 된다. 그리고 반대로 그 작품이 좋은 작품이어서 내가 회화 감상 능력이 있다고 해서도 안 된다. ('감상하다'는 분명히 '좋아하다'를 포함하지만, 좋아하는 것 자체가 그 대상물의 가치가 존재한다는 믿음의 근거가 되지 않는다.)

'~함을 배우다'는 실제로 절차적 능력을 요구한다고 주장할 수 있다. 즉 '~함을 배우다'는 복합적 기술과 기량을 요구하는 '방법적 지식'으로 표현할 수도 있다. 이 주장을 뒷받침하는 예가 있다. 어떤 사람이 수영[하는 것]을 배웠다 또는 운전[하는 것]을 배웠다는 말은 그가 수영할 줄 알게 되었고 운전할 줄 알게 되었다는 것을 가리킨다. 즉 그가 수영 기술 또는 운전 기술을 획득한 것이다. 그러나 이 경우에는 '~함을 배우다'는 '~하는 법을 배우다'라는 말로 대체할 수 있다. 수영과 운전을 배운다는 것은 수영하는 법과 운전하는 법을 배운다는 것이다. 그러나 '~함을 배우다'의 모든 경우를 '~하는 법을 배우다'로 고쳐 쓸 수 없으며, 방법적 지식의 획득으로 해석할 수도 없다. 좋은 이웃, 훌륭한 시민이 되는 것을 배운 것은 좋은 이웃, 훌륭한 시민이 되는 법을 배웠다는 뜻과 동일하지 않다. 채무 상환하는 것을 배운 것이 실제로 채무 상환 방법을 배웠다는 것과 동일하지 않다. 예컨대, 채무 상환을 할 수 있다는 것은 단순하게 수표책을 다루는 것을 배운 것[5]이 아니다.[7] 시간 엄수를 위한 행위 규범을 배우는 것은 단순하게 시간 엄수의 뜻을 배우는 것이 아니다. 어떤 능력을 획득한다는 것과 어떤 습관이나 습성을 획득하는 것은 별개이다.

이제까지 살펴본 경우를 보건대, 우리는 모종의 '능력습득'의 측면을 확인할 수 있다. 무엇을 하려는 적극적 습성은 그와 관련된 기술과 밀접하게 연관된다. (예컨대, 수영을 즐기면서 규칙적으로 수영하는 사람은 수영할 줄 안다.) 그렇다고 기량을 습득하

---

7) [역자 주] 저자가 미주에서 밝히고 있듯이, 본문의 예는 저자의 *The Language of Education*의 제5장 'Teaching and Telling'에 나오는 예이다. 본문에서 채무상환을 할 줄 안다는 것은 채무상환을 하는 데 요구되는 규칙이나 규범을 준수하고 어떤 성향을 지니는 것을 말한다. 이 때 요구되는 능력은 단순히 수표책을 작성하거나 장부를 기록하는 능력과 다르다. 실제로 저자는 이 두 가지가 전혀 관련 없다고 주장한다. 저자는 전자를 D-statement라고 하고, 후자를 F-statement라고 하여, 이 두 가지는 엄격하게 구분되며 상호 상관없다고 하였다(*LE* 98쪽). 여기서 D-statement는 'X teaches Y to ~.'의 형식을 지니는 진술이고, F-statement는 'X teaches Y how to ~.'의 형식을 지니는 진술을 가리킨다(*LE* 76쪽). 저자는 민주시민이 되는 것을 가르친다고 할 때, 선거할 줄 아는(즉 기표하는 행위를 할 줄 아는) 기량만이 아니라 민주시민의 규범이나 덕성을 지니는 것을 포함해야 한다고 본다. F-statement로 보다는 D-statement에 더 집중해야 한다는 것이다(*LE* 98-99쪽). 저자의 입장은 D-statement가 포괄적 의미를 지닌 절차적 지식에 상응하고 F-statement는 구체적인 기량을 요구하는 방법적 지식에 상응한다. 이는 방법적 지식이 여러 가지 뜻을 담은 용어라는 것이다. 이와 같은 방법적 지식의 애매성은 제5장의 두 번째 절에서 상세하게 다루어진다.

는 것이 늘 관련 기술과 연계되어 있지 않다. 음악 감상하는 사람을 모두 음악 감상의 요령을 부릴 줄 안다고 말하는 것은 부적절하다. 양자이론을 이해하는 사람을 양자이론을 이해하는 요령을 부릴 줄 아는 사람으로 서술해서는 안 된다. (음악 감상할 줄 아는 사람이 음악 감상 요령을 부리지 못하며, 양자이론을 이해할 줄 아는 사람이 양자이론의 최신 이론을 알아듣지 못한다고 했다면 그 말도 역시 어색하게 들릴지 모른다.) 모종의 기술이 습득된 능력에 담긴embedded 것은 확실하다. 양자이론을 아는 사람은 그 이론을 읽을 줄 알고, 음악을 감상하는 사람은 들을 줄 안다. 이러한 종류의 두 가지 방법적 지식은 엄격하게 보면 동일한 것이 아니다. 양자이론을 이해한다는 것은 이해하는 방법을 아는 것과 동일한 것이 아니며, 감상한다는 것은 감상 요령을 아는 것과 동일하지 않다. 수영한다는 것이 수영하는 요령을 아는 것으로 파악되는 것과 달리, 이해력과 감상력을 단지 방법적 지식 또는 기법이 작용한 결과라고 하지 않는다. 왜냐하면 방법적 지식의 이해 understanding know-how 또는 방법적 지식의 감상appreciating know-how이란 것은 존재하지 않는다. 이해력이나 감상력을 배우는 것은 단순히 방법적 지식의 요령을 기계적으로 획득하는 것으로 환원시키지 않아야 한다.

기량, 절차 그리고 방법적 지식의 요인들은 습성을 지니거나 능력 습득을 나타내는 개념군群들과 더불어 일률적으로 적용되지 않는다. 첫째, 기량과 방법적 지식의 요인들은 그것이 비록 획득되었다 해도 적정한 기회가 주어졌다고 해서 저절로 실행되는 것이 아니다. 방법적 지식과 관련된 기량을 실행할 기회가 주어진 상황에서 실행하지 않는다 해도 그 사람은 여전히 방법적 지식을 획득한 사람이다. 수영하는 법을 배우고 수영할 줄 알면서도 전혀 수영하지 않거나, 수영할 기회가 있음에도 기어이 수영하지 않겠다는 사람은 많다. 어떤 사람의 수영 기법이 서툴다고 할 수 있어도 그것이 수영할 줄 안다는 사실을 부정하지는 않는다. 이와는 대조적으로 시간 엄수의 특성이나 습관을 지닌 사람은 기회가 닿을 때마다 시간 엄수를 하는 사람이다. 시간 엄수를 잘 하던 사람이 지속적으로 지각하는 사례가 명백한 경우, 우리는 그가 시간을 엄수하는 습관을 상실했다고 말해야 한다. 상당히 오랜 기간 동안 약속장소에 제 시간에 나타난 적이 없는 사람을 두고, 어쩌다 한 번 제 시간에 약속 장소에 나났다고 해서 그를 시간 엄수하는 사람이라고 부르지 않는다. 한 마디로, X는 수영을 할 줄 알지만, 수영하지 않을 수도 있다. 하지만 X가 시간을 엄수하는 습관을 지녔지만 제 시간에 약속 장소에 나타난 적이 없다고 말하는 것은 자기모순이다. 능력 습득의 특성을 반복적 수행으로 파악하는 것은 신빙성이 없다. 물론 어떤 사람이 매주 화요일마다 수영하는 것을 보고 수영할 줄 안다고 말하거나, 20회 이상 연속적으로 제 시간에 나타난 사람을 시간 엄수 잘 하는 사람이라고 할 수는 있다. 그러나 양자이론을 이해하는 사람이 지난 달 매주 화요일만 이론을 이해했으며, 미술작품을 20회 이상 연속적으로 감상했다고 해서 그 사람이 현대미술을 감상할 줄 안다고 할 수 있겠는가?

둘째, 방법적 지식이나 기량의 경우 사람들은 그것을 의식적으로 실행하지 않겠다고 결심할 수도 있다. 테니스를 칠 줄 알지만 테니스 치지 않겠다 말한다 해서 당혹스러운 것은 하나도 없다. 비슷한 사례를 적용할 수 있다. 사람은 특정 상황에서 자기의 행동 습성을 통제할 수 있다. 이를테면 흡연자는 지금 이 순간만 담배를 피우지 않겠다고 결정할 수는 있다. 그러나 이 경우를 능력 습득의 측면에 해당한다고 할 수는 없을 듯하다. 양자이론을 이해한 사람이 양자이론을 도무지 이해하려 않는다고 말할 수 없으며, 시를 감상할 줄 아는 사람이 매주 월요일에는 시를 감상하지 못한다고 말할 수 없다. 하지만 습관의 경우에는 이와 같은 유추가 적용되기 어렵다. 습관에 대한 통제가 적절히 주어지면 문제의 습관은 제거되기 마련이다.

셋째, 관행practice[8]의 개념은 명백하게 방법적 지식과 기량과 관련된다. 방법적 지식과 일련의 기량은 전형적으로 반복적 연습과 수행performance을 통하여 구축된다. 예컨대 담배를 꾸준하게 반복적으로 피움으로써 흡연습관이 형성된다. 그러나 이러한 사실은 능력습득을 요하는 경우에는 적용되지 않는다. 이해하려는 행동의 반복을 통하여 양자이론을 이해할 수 있는 것이 아니며, 또 그렇게 반복함으로써 이해의 폭이 넓어지거나 이해의 정도가

8) [역자 주] 'practice'는 흔히 '이론theory'의 반대 개념으로 '실제'라고 이해한다. 경우에 따라서 '실천'이라고 번역하기도 한다. 이 말의 어원은 희랍어 '프락시스praxis'이다. 무엇인가 '하는 일'과 관련이 된다는 점에서 '보는 일'의 뜻을 가진 '테오리아theoria'를 어원으로 하는 '이론'에 대비되는 개념이다. 그러나 뭔가를 한다는 것은 생산하거나 목적에 합당한 수단을 강구한다는 의미의 '포이에시스poiesis'의 뜻도 포함한다. 그렇지만 도구적 가치를 지닌 포이에시스와 달리 프락시스는 복잡한 실천 상황에서 여러 가지 의미로 사용된다. 어하튼 본문에서 사용된 'practice'는 여러 의미 중 하나로 '반복적 연습'이라는 뜻이다. 영어 속담 '연습을 반복하면 완숙해진다practice makes perfect.'는 이에 해당하는 예이다. 제5장 [역자 주] 4) 참조.

깊어지지 않는다. 앞서 지적한 바와 같이, 반복적 수행은 신빙성이 없다. 반복적 수행은 학생에게 악기를 가지고 연습하라고 말할 경우 의미가 있지만, 학생에게 연주 내용을 감상하도록 하는 데에는 의미가 없다.

마지막으로, 능숙함proficiency 또는 숙달mastery은 기묘한 방식으로 기량과 관련을 맺는다. 운전을 잘 하는 능숙함은 시간을 엄수하고 정직한 태도를 보이는 경우에 적용해선 안 되며, 체스를 잘 두는 능숙함은 새벽 산보하는 습관에 적용해선 안 된다. 마찬가지로 양자이론을 이해하는 데 능숙하다고 하거나 바흐의 음악을 감상하는 것을 연마했다고 말해선 안 된다. 특정 현안을 어느 정도 이해하고 있다거나 시를 어느 정도 감상할 수 있다고 할 수는 있어도, 능숙한 운전사, 능숙한 타자수, 능숙한 체스선수라는 뜻에서, 그 사람을 현안 문제 해결에 능숙한 사람이라고 하거나 음악 감상력과 동일한 것으로 견주어서는 안 된다. 마찬가지로 흡연습관이나 손가락 깨무는 습관에 있어서 정도의 차이, 습관의 뿌리박힌 정도, 고칠 수 있는 가능성을 말할 수 있어도, 훌륭한 흡연가 또는 손가락 깨무는 훌륭한 사람이라는 표현을 잘 하지 않는다.

요점을 말하자면, 습성의 확립이나 능력의 습득은 방법적 지식이나 기량 획득의 범주에 동일하게 적용할 수 없으며, 또한 '~함을 배우다'와 '~함을 가르치다'는 단순히 절차적인 것으로 보기 어렵다. 교육적 개념의 의미 영역은 앞서 살펴본 신념의 의미 영역보다 넓을 뿐만 아니라 앎의 의미 영역보다도 넓다. '교육'은 의미상 인지적 개념을 훨씬 능가하며, 습성과 버릇을 형성하는 것, 그리고 이해와 감상능력을 개발하는 일도 포함한다.

명제적 지식의 조건 설정

교육관련 개념을 폭 넓게 살펴보면, '앎'의 의미 영역과 교차하는 부분이 많다는 것을 고려해야 한다. 인식론에서 전통적으로 주로 논의해 왔던 경우는 명제 유형이다. 이를 단초로 하여 앞으로 논의할 명제적 지식을 예시적으로 정의하도록 한다. 명제적 지식의 정의는 세 가지 조건을 만족시켜야 한다. 이 세 가지는 신념조건belief condition, 증거조건evidence condition, 그리고 진리조건truth condition이다. [6]

"X는 명제 Q를 안다."

이 정의는 다음을 필요충분조건으로 한다.

(i) X는 명제 Q를 믿는다.
(ii) X는 명제 Q에 관한 적절한 증거를 갖고 있다.
(iii) 명제 Q[가 참]이다. [9]

---

9) [역자 주] 원문에는 "Q"로 되어 있으므로 번역은 그냥 "명제 Q"라고 하면 된다. 그럴 경우 진술 (iii)이 포함하는 내용을 온전하게 전달할 수 없다. 진술 (i)이 신념조건, 진술 (ii)가 증거조건을 가리키므로, 진술 (iii)은 명제 Q가 참이라는 진리조건에 상응한다. 따라서 "명제 Q가 참이다"라고 번역해야 옳다. 그 이유는 영어권의 논증 방식 때문이다. 논리학 서적 등에서 "then p"라는 진술을 흔히 볼 수 있다. 이 경우 전달하고자 하는 뜻은 "p가 참이다(참인 명제이다)"이다. 따라서 이와 마찬가지로 본문에서는 "명제 Q[가 참]이다"로 표현하였다.

이 정의는 명제적 지식을 성립하는 데 있어서 위의 세 가지 조건을 모두 만족시킬 것을 요구한다. 이 정의는 이 장의 첫 번째 절에서 살펴본 '앎'의 엄격한 의미에 상응한다. 앎의 '느슨한 의미'에서 보면 조건 (ⅱ)는 생략할 수 있다. 이어지는 세 장에서 이 조건들을 각각 검토하면서 이를 해석하는 데 따른 논점들을 살펴보기로 한다. 먼저 진리조건부터 검토할 것이다.

제2장

지식과 진리

Knowledge and Truth

제2장 지식과 진리

명제적 지식의 진리조건

앞장 끝에서, 명제적 지식의 세 번째 조건으로 진리조건을 설정하였다. 논점은 우리가 'X가 명제 Q를 안다'고 주장하려면, 우리는 이 주장이 참임을 확증할 수 있어야 할 뿐만 아니라 진술 "Q"에 포함된 내용이 참이라는 것을 확신해야 한다. 물론 'X가 명제 Q를 안다'는 것이 참이 아닐 수 있으며, 명제 Q의 내용이 참이 아닐 수도 있다. 심지어 진술 "Q"가 참인데도 불구하고 X가 명제 Q를 모르는 경우에도 이러한 주장을 할 수 있을지 모른다. 그러나 X가 명제 Q를 안다고 주장하면서 "Q"가 참임을 부정하는 경우가 잔존할 가능성은 진리조건에 의하여 배제된다. 따라서 진리조건은 다음과 같은 언명으로 파악되어야 한다. 만약 X가 명제 Q를 안다는 것이 참이라면, 그것은 명제 Q가 참이라는 것이다. 더욱이 전술한 설명에서 '진리' 개념은 편의상 설정한 것이다. 따라서 타당한 진술은 다음과 같이 되어야 할 것이다. 만약 X가 명제 Q를 안다고 하면, "Q"가 어떤 방식으로 진술되건 관계없이 명제 Q는 참이다. 어떤 경우에도 중요한 논점은 X가 명제 Q를 안다고 주장하거나 이 주장을 참으로 받아들이려면 명제 Q를 안다는 주장과 이 주장이 참이라는 것은 명제 Q가 참인 것이 명제 Q를 안다는 주장의 "필요조건"이기 때문에 성립한다는 점이다.

명제 Q가 참이라는 주장을 확신하는 것은 반드시 X가 명제 Q를 안다는 것을 매번 의식적으로 판단할 때만 가능하다는 것을 의미하지는 않는다. 진리조건이 개인 스스로가 지식을 획득했는가를 의식하는 것에 영향을 미치는 것은 아니다. 오히려 진리조건은 개인이 획득한 지식을 비판적으로 입증하는 객관적 방식에 영향을 미친다. 특히 명제 Q의 참이 부정된다면, 그것을 지식으로 간주할 것인가 여부는 유보되거나 기각될 것이다.

제1장 첫 번째 절에서 제시한 예를 가지고 검토해 보기로 한다. 악령이 질병의 원인임을 안다고 주장하는 학생의 경우 우리는 악령이 질병의 원인임을 부정하기 때문에 그의 앎을 인정하지 않는다. 그렇지만, 만약 우리가 그 주장의 심각함을 고려한다면, 비록 그 학생이 그릇된 신념에 사로잡혀 있을지라도, 그 학생은 악령이 질병의 원인임을 "믿고" 있음을 인정할 수 있다. 만약 당신이 연극공연이 저녁 8시에 시작된다는 내 말을 들었지만 매표소에서 공연시작이 저녁 8시 30분이라는 것을 확인했다면, 당신은 내가 그릇된 사실을 믿고 있다고 생각할 것이다. 그 결과 매표소 측에 확인한 결과를 토대로 당신은 연극공연이 저녁 8시에 시작된다는 사실을 내가 "알고 있는 것"으로 기술하지 않을 것이다.

일반적으로, 내가 비록 나의 믿음이 매우 진지하고 확고한 상태에 놓여 있다고 하더라도, 당신은 내가 그릇된 신념을 가지고 있다고 생각한다면, 당신은 내가 그것을 알고 있다는 사실을 부정할 것이다. X가 그릇된 것을 믿는다는 것은 그가 알고 있다는 것을 부정하는 충분한 근거가 된다. 이는 만약 X의 앎을 받아들이고자 한다면, 그는 자신의 믿는 바가 그릇된 것이 아니라는 점을 인증받아야 한다. 이것이 진리조건의 논점이다.

진리조건의 또 다른 근거는 우리들의 일상 화법에서 찾아볼 수 있다. 우리는 어떤 사람이 고래가 어류라고 그릇되게 믿고 있다고 말하지만, 그 사람이 고래가 어류라는 그릇된 사실을 알고 있다고 말하지 않는다. 우리는 물이 얼면 수축한다고 믿는 사람이 틀렸다고 말하지만, 그가 물이 얼면 수축한다는 사실을 알고 있다는 것이 틀렸다고 말하지 않는다.[1] 내가 "대부분의 사람들이 기호논리학을 배우는 일이 매우 어렵다고 믿는다. 그러나 그것[그들의 믿음]은 그릇된 것이다."라고 말하는 것은 전혀 모순된 표현이 아니다. 반면에 내가 "대부분의 사람들이 기호논리학이 매우 어렵다는 것을 안다. 그러나 그것[그들의 앎]은 그릇된 것이다."라고 말하는 것은 모순된 표현이다. 내가 "나는 장차 타자를 결코 배우지 않을 것임을 안다."고 말할 수 있다. 그러나 타자치는 것을 이미 배

---

1) [역자 주] 우리말의 일상 어법으로 보면, '그 사람은 잘못 알고 있다'는 표현이 자연스럽게 사용된다. 하지만 이러한 표현은 저자가 주장하는 '알다', '앎', '지식'의 논리적 특성에 비추어 타당한 용법이 아니다. '앎'의 내용은 항상 참이어야 한다. 따라서 우리 일상어법에서 자연스럽게 받아들여지는 '그 사람은 잘못 알고 있다'는 표현은 '그 사람은 잘못 믿고 있다'는 의미로 받아들여져야 한다. 이하 본문에서 앎의 진리조건을 만족시키는가 여부에 따라 '옳다right'라는 말의 채용된다는 진술이 나온다. 여기서 '옳다'는 앎의 내용이 참인 경우를 인식하고 있다는 뜻으로, 윤리학에서 사용하는 의미와 다르다. 윤리학에서 '옳다'는 의무론적 주장이나 행위 근거의 타당성을 논의할 때 사용되지만, 이 글에서는 윤리학적 의미가 아니다. 참인 내용을 믿는 사람이 반드시 도덕적이거나 윤리적 판단능력을 지니고 있다는 근거를 제공해 주지 않기 때문이다.

우고 나서, "나는 타자를 결코 배우지 않을 것이라고 알고 있었지만, 나에게 그것[그 앎]은 잘못이었다."라고 말할 수 없다. 이 경우에 "나는 타자를 결코 배우지 않을 것이라고 믿고 있었지만, 나에게 그것[그 믿음]이 잘못이었다."라고 해야 한다. 나에게 잘못이었다는 점은 깨달을 수 있는 것이지만, 잘못되었다는 것을 알고 있다는 주장을 할 수 없는 것이어서 철회되어야 한다. 끝으로, "나는 그 남자 이름이 존스임을 믿지만, 그것[내 믿음]이 잘못일지도 모른다."고 말할 수 있다. 하지만 "나는 그 남자 이름이 존스임을 알지만, 그것[내 앎]이 잘못일지도 모른다."고 말할 수 없다.

이제 명백해진 것은, 앎이란 그릇된 사실이나 잘못된 것과 양립할 수 없다는 점이다. 내가 어느 사람이 무엇을 알고 있다고 진술한다면, 그것은 그가 그릇된 사실에 빠지지 않았음을 내가 확신하는 것이다. 다른 사람의 견해를 논의하는 경우, '믿다'라는 말을 사용하면 나 자신의 의도를 숨길 수 있지만, '알다'라는 말을 사용하면 나 자신의 의도를 명백하게 나타낼 수 있다. 예컨대, 내가 "플라톤은 관념적 형상이 존재한다고 믿는다."고 말한다면, 상대는 내가 플라톤의 견해에 동의하는가를 묻게 된다. 반면에, 내가 "듀이는 탐구행위가 문제 사태에서 발생한다고 안다."고 말한다면, 나는 이미 이 말을 통하여 내가 듀이와 같은 견해를 가졌다고 말한 것이다.

그럼에도 불구하고 우리는 진리조건에 대한 반증 예를 검토해야 한다. 앞서, "나는 신들이 올림포스 산에 산다고 배웠다."고 말하는 학생의 경우는 "나는 신들이 올림포스 산에 산다는 것을 사람들이 사실로 여겨왔다고 배웠다."로 이해해야 한다는 점을 지적하였다. 이제 이 학생이 이 사실을 믿는 교사에게 좋은 시험성적을 내기 위하여 신들이 올림포스 산에 산다는 사실을 '안다'고 진술한 것을 두고 교사는 이 학생이 이 사실을 안다고 서술할지도 모른다. 이와 같은 경우에 진리조건은 왜곡될 소지가 있다. 그 학생은 신들이 올림포스 산에 산다고 사람들이 여겨왔음을 안다는 것인데, 교사의 서술은 이러한 사실을 건너뛰어 버린 것이다. 이렇게 해석하면 진리조건은 견지될 수 있다. 왜냐하면, 교사가 확증한 것은 신들이 올림포스 산에 산다는 것을 사람들이 '믿어왔다'는 데에 있기 때문이다.

좀 더 유추하여 다른 반대 예를 살펴보기로 하자. "존은 햄릿이 덴마크의 왕자였음을 안다."는 말은 "존은 셰익스피어의 희곡에서 햄릿이 덴마크의 왕자라고 주장되었음을 안다."는 말로 받아들여져야 한다. 이 경우에도 진리조건은 명제적 지식의 내용인 '~임을 아는 것'을 '~임으로 주장되었음을 아는 것'으로 확실하게 파악함으로써 견지될 수 있다.

진리조건의 또 다른 명백한 반대 예는 앞서 예시한 학생의 진술이 아니라 다음과 같은 당시 희랍인의 진술에서 찾을 수 있다. "희랍인들은 올림포스 산에 신들이 산다는 것을 알고 있었다." 그렇게 되면 희랍인들은 신들이 올림포스 산에 살고 있다고 여겨진 사실it was believed that을 아는 것이 아니다. 당시 희랍인들은 신들이 올림포스 산에 살고 있다는 것을 안다고 믿었다believed they knew that거나 당시 희랍인들은 신들이 올림포스 산에 산다고 확신한 것이다. 진술을 다음과 같은 진술형식으로 하면 논점은 명백해진다. "희랍인들의 관점에서 보면, 신들은 올림포스 산에 산다." 이러한 해석의 틀로 보면 진리조건은 또 다시 견지될 수 있다. 왜냐하면 진리조건은 앎에 적용되는 조건이며, 안다고 여기는 것belief in knowing에 있지 않기 때문이다.

진리조건을 확대해석하는 몇몇 특정한 경우를 교묘히 둘러대면서 피하지 않고 면밀하게 분석함으로써, 우리는 진리조건을 성립하는 조건으로 간주할 수 있다. 즉 "X는 명제 Q를 안다."는 진술은 화자가 진술 "Q"를 진리로서 주장한다는 것을 가리킨다. 만약 누군가 "X는 Q를 잘못 믿고 있다."고 말한다면, 그는 "Q"가 참이라는 것을 부정하는 진술을 하는 것이다. 만약 누군가 "X는 명제 Q를 믿는다."고만 말한다면, 그는 진술 "Q"와 진술 "Q아님" 사이에서 중립을 유지하는 것이다. 달리 말하자면, 그가 중립적 입장을 취하는 한, 그는 그것을 앎으로 인정하는 것이 아니라 앎을 부정하는 것이다. 예컨대 "그는 차가 차고에 있다는 것을 모른다."는 진술은 차가 차고에 있다는 것을 함의하지도 않고 차가 차고에 없다는 것을 함의하지도 않는다. 차가 차고에 있다는 것이 참인 경우에, 그가 그 사실을 모른다는 것은 그가 그 사실을 참으로 여기지 않거나 그 사실에 대한 확신이 없다는 것이다. 반대로, 차가 차고에 없다는 것이 참인 경우에, 그가 그 사실을 모른다는 것은 [그것을] 확증할 수 없기 때문에 차가 차고에 없다는 것을 알지 못한다고 말하는 것에 불과하다.

성취어로서 앎

진리조건은 지식의 속성이 이중 기능을 수행한다는 것을 시사한다. X가 무엇을 안다고 말할 수 있으려면, 나는 아는 사람 X에 관하여 무엇인가를 기술해야 할 뿐만 아니라 [앎의] 대상에 관한 무엇인가를 언급하고 있어야 한다. 나는 어떠어떠한 것이 참임을 믿는 그의 마음 상태를 진술하고 있으며, 동시에 그것이 참임을 부언하고 있는 것이다. 이 두 가지 요인은 논리적으로 독립적인 사안이다. X가 명제 Q를 믿는다고 해서 그것이 Q의 참임을 주장할 수 없으며, Q가 참이라고 해서 X가 그것을 반드시 믿는다고 주장할 수 없다는 것은 명백하다. '착오mistake'의 범주는 믿고 있는 내용인 "Q"가 참이 아니라는 사실 증거에 의하여 부정되는 믿음의 영역에 적용된다.

X에 대한 믿음 진술은 확증이 없는 상황에서도 진술 "Q"가 일상적 언명으로 표현될 때 가능하다. 예컨대, 어떤 사람이 지구는 평평하다고 믿는다고 묘사된 경우를 보자. 그의 마음 상태는 그가 믿는 명제가 참이라는 확증이 없음에도 불구하고 이미 그의 마음에 새겨진 "지구는 평평하다."는 진술에 의하여 특징지어진 것이다. 그렇지만 그의 마음 상태와는 별도로 과연 지구가 평평한가 아닌가 하는 질문을 제기할 수 있다. 그렇게 되면 판가름 날 사실 여부를 통하여 그의 마음에 새겨진 믿음을 표현한 진술의 진위여부를 가름할 수 있다. 명제가 참이 아니면 그의 믿음은 잘못된 것이며, 참으로 판명되면 그의 믿음은 견지된다. "X가 명제 Q를 안다."고 말하는 것은 X가 명제 Q를 믿는다는 것만이 아니라 진술

"Q"가 그의 믿음과 상관없이 참이라는 것을 확증하는 것이다. 즉, X의 믿음이 착오가 아니라 진리로 확증되는 것이다. 따라서 앎은 착오와 양립할 수 없다. 만약 "Q"가 사실상 그릇된 내용이라면, X의 그것에 대한 강하고 열렬한 확증은 그의 감정일 뿐이며, 그가 명제 Q를 안다고 할 수 없다. 앎은 X의 마음 상태만이 아니라 앎의 대상 세계의 참을 전제하기 때문이다. 진리를 향한 강한 믿음을 갖는다는 것은 그리 틀린 진술은 아니지만, 그 진술은 앎의 조건을 만족시킴으로써 성립한다.

문제를 다른 각도에서 보면, 명제를 믿는다는 것은 순전히 믿는 사람의 마음 상태를 진술한 심리적 근거를 언급한 것이지만, 명제를 안다는 것은 단순히 심리 상태에 근거한 것이 아니다. 왜냐하면 명제적 지식은 심리적 상태와 독립적으로 세상을 진리로 파악하는 근거를 요구하기 때문이다. 앎과 믿음이 상호 관련된 정신 작용이라고 보는 전통적 견해와 달리, 우리는 앎이 단순한 심리상태가 아니라는 점에서 앎과 믿음이 명백하게 구분된다는 점을 확인할 수 있다.

현대 철학자들은 몇 가지 관점에서 이 입장을 정당화하며 그 지지근거를 다양하게 제시하고 있다. 이를테면 치섬R. M. Chisholm은 "우리는 앎을 믿음이나 수용의 '하위 양태a species'로 간주해선 안 된다. 인간은 무엇을 단호하게 믿을 수도 있고, 마지못해 믿을 수도 있고, 아니면 망설이면서 믿을 수도 있다. 하지만 '단호하게 알다, 마지못해 알다, 주저하면서 알다'라는 표현을 쓸 수 없다."고 하였다.[1] 오스틴J. L. Austin은 앎과 믿음을 동일한 연속선상의 인지 행위로 간주하는 어색함을 강조하면서, 널리 인용되는 다음과 같은 말을 남긴 바 있다. "'나는 안다.'는 말은 '나는 믿음이나 확신, 심지어 단호함과 같은 양태로 잴 수 있는 인지적 재능을 우월적으로 행사한다.'는 말이 아니며, 앎에는 확신에 찬 것을 꼬집어서 잴 수 있는 것이 없다."[2]

오스틴은 또한 1인칭적 관점에서 믿는 바를 주장하는 것과 아는 바를 주장하는 것이 다른 성격을 지님을 지적하였다. 우리는 질문을 할 때 "당신은 그것을 어떻게 아는가?", 그리고 "당신은 그것을 왜 믿는가?"라고 하지, "당신은 그것을 왜 아는가?", 그리고 "당신은 그것을 어떻게 믿는가?"라고 하지 않는다. "이 경우에는 '가정하다', '상정하다'와 같은 말만이 아니라 '∼확신하다', '∼의심치 않다'와 같은 표현이 포함되며, 이들은 속성상 '믿다'에 속하지 '알다'에 속하지 않는다."(Austin, p. 46) 더욱이 오스틴은 앎의 경우와 믿음의 경우에 화자가 요구하는 의미상 차이가 결코 서로 상응할 수 없음을 지적하고 있다. '믿음'이라는 말은 믿는 사람이 요구하는 바를 충족시킬 수 있을 경우 "저것은 더 이상 일을 진행해야 할 근거도 턱없이 부족하다. 그래서 당신은 저것을 그처럼 강하게 확신해선 안 된다."(p. 46)라고 말할 수밖에 없다. 반면에, '앎'이라는 말은 아는 사람이 요구하는 바를 충족시킬 수 없는 경우, "'당신이 전혀 알지 못하는 것에 해당하는 경우'이거나 '당신이 전혀 알지 못하는 경우, 그것을 입증할 수 없는 경우' … 문제시되는 것은 당신이 단호하게 믿는 바의 '실체'가 아니라 당신이 확실하게 알고 있는 바의 '실체'이다."라고 말할 수 있다. "'나는 ∼을 확신한다.' 또는 '나는 ∼을 의심치 않는다.'와 마찬가지로 '나는 ∼을 믿는다.'는 말을 하는 경우, 그것은 정신이나 인지의 주관적 상태

또는 태도를 기술한 것이지만, '나는 ~을 안다.'는 말은 이와 같은 주관적 진술이 아니다. '알다'는 이들과는 전혀 다르게 기능한다."(pp. 46-47)고 오스틴은 지적한 바 있다.

당신이 옳다고 믿는 바에 충분한 근거가 있고, 그것이 사실과 부합한다는 주장을 파기하려면, 당신이 옳다고 믿는 바의 근거가 확실하지 않거나 그 근거가 존재하지 않는다고 단언할 수 있어야 한다. 그 근거가 존재하지 않는다고 말할 수 있는 좋은 이유를 찾아내는 것은 물론 이론적으로 가능하다. 하지만 그것이 당신의 "내면적" 또는 심리적 상태를 나타내는 증거가 될 수 있음을 확인할 필요가 있다. 예컨대, 당신의 신념을 진술함에 있어서 당신이 진지하지 않거나 거짓말을 하거나 농담을 하거나 자기기만에 빠져있다는 것을 내가 확인할 수도 있다. 어느 경우에도 나는 당신이 그릇된 신념을 지니고 있다는 것을 보여주는 데 그친 것이 아니다. 반대로, 앎의 경우에는 당신의 "내면적" 또는 심리적 상태에 필적하지 않고 당신의 앎이 사실에 부합되지 않는다는 점만을 드러냄으로써, 나는 당신이 알고 있는 것이 아니라고 추단할 수 있다. 결론적으로 믿음과 달리 앎이란 심리적 상태와 무관하게 사실에 근거한 것이다. 따라서 이러한 사실 근거를 명백히 해주는 진리조건은 앎이 인지적 과업이나 능력, 활동, 인지 상태와 과정, 인지적 실행력이라는 전통적 입장(그리고 오늘날에도 그렇게 여기지는 생각)을 배제한다.

앎은 정신의 실행 작용이나 활동과 같은 것이 아니라 성취 상태라고 라일Gilbert Ryle은 주장한 바 있다. [3] 라일은 이 논점을 이어가기 위하여 다음과 같은 '범주의 오류category mistake'를 소개하였다. 옥스퍼드대학이나 캠브리지대학 방문자가 각 대학 건물, 도서관, 사무실, 박물관 등을 다 둘러보고 난 뒤에 '대학은 도대체 어디에 있는가?'라고 묻는다면, 그것은 자기가 둘러보았던 사물을 '대학'과 동일시하는 잘못을 저지르는 것이다. 라일은 '범주category'에 대하여 명확한 정의를 내리지 않았지만, 동일한 범주에 속하는 요인은 동일한 특성을 지니며, 동일한 종류의 질문으로 다루어질 수 있어야 한다고 여긴다. '범주'의 정의를 내림에 있어서 제기되는 심각한 이론적 문제는 동일 범주에 속하는 것이 동일한 속성을 지닌다는 관점이지만, 이 문제는 잠시 제쳐두고 동일한 속성을 범주의 근거로 보는 라일의 입장을 따르기로 하자.

그렇다면, 앎은 활동이나 실행과는 다른 범주에 속한다는 입장이 가능하다. 예컨대, "당신은 지금 무얼 하고 있어?"라는 질문에 "책을 읽고 있어," "저녁 먹고 있어," "노트 정리하고 있어," "라디오 듣고 있어."라는 답이 가능하다. 그러나 "2 더하기 7이 9라는 것을 알고 있어."라고 답할 수는 없다. 만약 당신이 누군가에게 같이 산책 가자고 했을 경우, 그가 "나는 너무 바빠서 같이 못 간다." 또는 "나는 지금 공부해야 돼", "공부하느라 경황이 없어서"라고 말할 수 있지만, "나는 너무 바빠서 알 수 없다"거나 "나는 산책 가는 것보다 아는 것이 낫겠다." 또는 "나는 뭔가를 아는 데 몰두해 있어서"라고 대답할 수는 없다. 일반적으로 "나는 수영하고 있다."거나 "나는 책을 읽고 있다." 또는 "나는 타자치고 있다."고 말하지만, "나는 알고 있[는 중이]다I am knowing."[2]고 말하지 않는다.

---

2) [역자 주] 우리말에서 "알고 있다"는 말은 자연스러운 표현이다. 그러나 이 경우는 동작이나 실행의 진행을 뜻하는 'I am knowing.'이 아니라 'I have already known.'이

책을 빨리 읽거나 천천히 읽을 수 있고, 주의 깊게 읽거나 주의를 기울이지 않고 읽을 수도 있고, 집중해서 읽을 수도 있지만 산만한 상태에서 읽을 수도 있다. 하지만 뭔가를 빨리 알거나 천천히 알 수 없으며, 주의 깊게 알거나 주의를 기울이지 않고 알 수 없으며, 집중해서 알거나 산만하게 알 수는 없다.

실행performance은 잘 되거나 잘못 될 수 있으며, '유능한competent', '훌륭한good', '노련한skilled'이라는 수식어를 붙일 수 있다. 어떤 사람을 '유능한 타자수', '훌륭한 무용수', '노련한 기술자'라고 일컬을 수 있지만, '유능하게 아는 사람', '훌륭하게 아는 사람', '노련하게 아는 사람'이라고 할 수는 없다. 실행이나 활동은 방해받을 수 있다. 어떤 사람이 책을 읽는 동안 전화기가 울려 방해 받아서 책 읽기를 마치지 못할 수 있다. 하지만, 이와 비슷한 맥락에서 어떤 일로 인하여 나폴레옹이 워털루 전투에서 패했다는 것을 아는 데 방해받는 학생이 있다고 주장할 수는 없다. 실행은 연습practice을 통하여 증진될 수 있지만, 7 더하기 6이 13임을 아는 것을 연습할 수는 없다. 실행 방법을 아는 경우, 그것을 할 것인지 말 것인지를 결정할 수 있지만, 7 더하기 6이 13임을 아는 경우에도 그것을 아는지 모르는지를 결정할 수 없다. 제1장 두 번째 절에서 이미 살펴보았던 이해와 감상의 경우와 비슷하게도, 앎은 반복적 시도와 같은 실행, 활동이나 기량skill의 범주에 들어맞지 않으며, 결정을 잘 내리는 습성propensity에 속하는 능력도 아니다. 앎은 획득, 태도, 가장 넓게 잡자면 '상태state'의 범주에 들어맞는 속성을 지닌

라는 뜻의 완결상태를 가리킨다. 라일이나 저자는 논리적인 의미에서 성취어가 진행형으로 사용되는 것이 타당하지 않다고 본다.

다. 그래서 이러한 속성을 지닌 앎을 과업, 활동, 실행의 속성을 지닌 것으로 논의하는 것을 "범주의 오류"라고 한 것이다.

이제 같은 추론을 믿음의 경우에도 적용시켜 고려해 볼 차례이다. 앞서 두 문단에 걸쳐 제시한 앎에 대한 예증이 믿음의 경우에도 적용되는가. 만약 앎이 실행을 가리키는 것이 아니라면 믿음도 실행을 가리키는 것이 아니다. 이에 관해서는 제4장에서 상론하겠지만, 여기서 밝힐 수 있는 명백한 점은 있다. 믿음은 어떠한 난관 없이 성립하는 순수한 심리상태purely psychological state를 가리키지만, 앎의 경우에는 그렇지 않다. 왜냐하면 앎에 속하는 특징들은 모종의 심리상태를 가리키지만, 동시에 심리상태와는 독립적으로 존재하는 세상의 상태와 상응하는 측면이 있다. 실지로 앎의 속성은 신념상태를 뜻하지만, 그 신념상태가 확증될 수 있는 명제를 요구한다. 이러한 요구는 앎에 수반하는 심리상태가 독자적으로 논리적 준거에 의하여 확증되어야 한다는 것을 뜻한다.

이와 유사한 관점에서 라일은 앎을 '성취achievement'로 간주하여 이에 필적하는 특징을 가지고 범주화하였다. 그는 앎을 믿음과 대비되는 것으로 파악한 것이 아니라 앎을 탐구절차와 대비되는 것으로 파악하였다. 여기서 탐구는 지식을 획득하는 모종의 노력을 담은 행위인 반면에, 앎은 그것을 진리로 입증할 수 있는 독자적인 기준을 만족시켜야 한다. 어떤 명제를 안다는 것은 그 명제를 믿는다는 것을 논리적으로 전제하지만, 그것이 항상 모종의 합당한 절차를 준수해야 함을 논리적으로 전제하지는 않는다. 라일 스스로가 "운 좋은 성취lucky achievement"라고 하는 것이 있음을 지적한 바 있다(p. 151). 하지만 명제적 지식이 성취의 측면을 지니고 있음에도 불구하고 그 탐구가 "과업 활동에 수반되는subservient task activity" 성취라는 것이다. 라일의 주된 관심은, 우리가 여기서 집중해야 할 논점이지만, 오류불가능성infallibility에 대한 인식론적 맹신을 비판하는 데 있다. 오류불가능성에 대한 맹신이란 검증절차에는 오류가 있을 수 있지만, 일단 앎이 성취로 파악되는 데에는 오류가 있을 수 없다. 다음 절에서 이 문제를 본격적으로 검토하기에 앞서, 라일의 성취 개념을 미리 살펴보기로 한다.

우리가 상용하는 동사의 대부분이 실행을 묘사한다.

> [많은 동사가] 단순한 동작을 나타내는 데 그치는 것이 아니라 행위의 상태를 나타낸다. 그 동사들은 성취를 나타낸다. '판독하다spell', '알아듣다catch', '해결하다solve', '찾아내다find', '이기다win', '치료하다cure', '득점하다score', '속이다deceive', '설득하다persuade', '도착하다arrive'와 같은 수많은 동사는 단지 동작이 완수되었다는 것만이 아니라 행위자와 실행을 통하여 뭔가를 이루어냈다는 점을 나타낸다. 그것들은 성공success을 나타내는 동사들이다(p. 130).

라일은 성취 동사는 활동이나 과정을 나타내는 동사와 판이하다고 하였다. 특히 성취 동사는 과업에 상응하지 않는 경우도 있다.

> 과업 동사와 이에 상응하는 성취 동사 간의 논리적 지배력의 가장 큰 차이는 성취 동사를 일상적으로 사용함에 있어서 과업 동사를 구성하는 실행력을 넘어서는 모종의 상태가 있음을 확인할 수 있다. 주자走者에게 '승리하다'는 단순히 '달리다'

만을 포함하는 것이 아니라 상대방이 자신보다 늦게 결승선에 왔다는 것을 나타낸다. 의사에게 '치료하다'는 환자가 의료처치를 받는 것만이 아니라 건강해졌다는 것을 가리킨다.[3] 골무를 찾아낸다는 것은 자신이 생각했던 장소에 그 순간 골무가 있어야 한다는 것을 확증하는 것이다.[4] 또한 수학자가 정리 theorem를 증명한다는 것은, 그 정리가 반드시 참이어야 하고 수학자가 증명하려고 하는 정리의 전제가 타당하게 추론되어야 한다(p. 150).

만약 어떤 사람이 싸움에서 승리한 경우나 여행을 하고 돌아온 경우를 기술할 때, 그 사람이 두 가지[싸움과 승리; 여행과 도착]를 모두 수행한 것을 말하려는 것이 아니라 최종적 결과 상태에 도달한 것을 말하는 것이다. 이와 마찬가지로 어떤 사람이 직업을 구하려고 애쓰고 있지만 이래저래 구하지 못한

---

3) [역자 주] 라일의 이 인용문에서 '치료하다'로 번역한 'cure'는 성취 동사이다. 우리말에서 '그의 치료가 성공적이지 못하였다'라는 말이 자연스럽게 사용되지만, '치료'를 성취 상태, 즉 신체가 질병으로부터 회복되어 건강을 찾은 상태로 사용한 것이다. 즉 '완쾌하다'는 뜻이다. 이에 반하여 '처치하다'로 번역한 'treat'는 의사의 진료행위 실행을 뜻하는 과업 동사이다. 따라서 우리말 '그의 치료가 성공적이지 못하였다'는 정확하게 분석하면, '그의 진료행위가 성공적이지 못하여 치료에 실패하였다'라는 뜻으로 받아들여야 한다.

4) [역자 주] 흔히 '찾다'를 뜻하는 'search'가 성취어라고 생각하기 쉽다. 그러나 우리말과 마찬가지로 영어 'search'도 동작을 나타내는 과업어이면서 상태를 나타내는 성취어의 성격을 모두 갖는다. 관용어 'search A for B'에서 'search A'에 초점을 맞추면 과업어이지만 'search for B'에 초점을 맞추면 성취어이다. 이와 마찬가지로 '찾다'를 '뒤지다'라는 뜻으로 보면 과업어이다. 예컨대 "온 방을 구석구석 찾았다"고 하는 표현이 과업어 해당하는 경우이다. 반면 "드디어 반지를 서랍에서 찾았다"고 하는 경우는 성취어이다. 이와 같은 성취어에 합당한 표현으로 '찾아내다'가 있다. 이 문제로 적지 않게 혼동하는 경우가 있다. 이와 관련하여 R. S. Peters. 1966.『윤리학과 교육』, 이홍우・조영태 (역), 2003년 수정판(파주: 교육과학사) 25쪽 역자 각주를 보라.

경우, 그것은 단지 실패를 기술한 것이다. 그 결과 어떤 사람이 어떤 일을 실제로 수행했다는 사실을 확인하지 않고 스스로가 성취할 수 있다고 말한 것만 가지고 성취하고자 노력한다고 판단할 수 있을지 모르지만, 그가 그 일을 성취했는지 여부를 확인하지 않고 그가 그 일을 할 능력이 있다고 판단해서는 안 된다. 성취와 실패는 오해의 여지는 있지만 "즉각적 인식 immediate awareness"이라고 하는 말이 합당하게 적용되는 경우가 아니다. 성취와 실패는 행위도 아니며, 노력도 아니며, 실행이나 수행도 아니다. 물론 순전히 운이 좋아서 성취되는 경우가 있지만, 성취와 실패는 특정 행위, 노력, 실행, 수행을 통하여 얻는 결과에 의존한다(pp. 150-151).

확실성에 대한 신념의 기각

라일은 성취를 과업과 동일시한 결과로, 인간의 정신 능력과 정신 작용이 오류에 빠질 수 없다는 '오류불가능성'에 관한 그릇된 믿음을 갖게 되었다고 주장한다. 따라서 성취어와 과업어를 구분하는 일은 심각한 범주의 오류를 범하지 않는 것일 뿐만 아니라, 앎이란 진리임과 동시에 '확실성certainty'을 함의한다는 전통적인 고정 관념의 근거를 차단해준다. 우선 필연적 진리의 관념과 결합된 앎의 합리주의적 입장부터 살펴보자.

서장의 두 번째 절에서 합리주의 입장은 교육적 이상으로서 수학을 전형으로 본다고 하였다. 이 입장의 매력은 필연성, 즉 수학적 진리는 무엇이 참인가만이 아니라 반대의 경우가 결코 성립 가능하지 않는다는 것을 말해준다는 의미의 필연성에서 찾을 수 있다. 이 입장에 따라, 누군가 수학적 진리를 안다는 것은 그가 알고 있는 내용이 틀리지 않았다는 것에 그치는 것이 아니라 틀릴 일체의 가능성이 없다는 것이다. 이 말은 마치 그가 알고 있는 것이 오류불가능한 정신 능력 또는 무오류의 직관이 작용한 결과라는 의미로 들릴 수도 있다. 그러나 사람의 인지적 실행 능력이 오류를 범하지 않는 것은 앎의 객관적 대상이 있기 때문이다. 이 두 가지 [오류불가능한 정신 능력과 앎의 객관적 대상]는 상호 관련이 없는 것이어서, 어느 하나에서 다른 하나를 추론해내는 것은 오류이다. 다른 말로 바꿔 말하자면, 2 더하기 2가 4임을 아는 사람은 세상 여건이 바뀌어도 이 숫자가 늘 옳다고 여긴다는 점에서, 틀린 것이 아니다. 이는 앎이 심리적 직관에 의하여 파악되는 것이어서 그가 여타의 명제가 옳다고 여기고 있다는 점에서 틀린 것이 아니라는 입장과 전적으로 다르다.

앎을 구성하는 요소를 파악하는 데 있어서, 앎의 객관적 대상의 확실성을 토대로 인지적 능력과 작용의 확실성을 끄집어내는 것은 명백한 오류이다. 하지만 인지적 능력과 작용의 확실성은 다른 측면에서 견지된다. 그중 하나가 진리조건에 근거한다. 앞서 지적한 바와 같이, 진리조건은 참이 아닌 것을 안다는 말이 성립하지 못하도록 한다. 만약 어떤 사람이 이러이러한 것이 참임을 안다면, 그 "이러이러한" 내용이 무엇이건 간에 이러이러한 내용이 참이라는 점에서 그는 항상 옳다.[5] 그 사람은 동일한 명제를 놓고

---

5) [역자 주] 이 장의 [역자 주1]에서 밝힌 바 있듯이, '잘못 알고 있다'는 우리말 표현이 자연스럽게 사용되지만, 그 의미는 '잘못 믿고 있다'는 뜻이다. 참이 아닌 것을 '알고

서 그것을 알면서 동시에 그릇된 입장에 처했다고 말할 수 없다. 어떤 사람이 2 더하기 2가 4임을 안다면, 진리조건은 그가 다른 어떤 내용을 알고 있건 간에 그 명제에 관한 한 그가 옳다는 것을 보장해준다. 만약 앎이 특정 과업에 대한 정신능력 수행으로 구성된 것이라면, 정신능력이 잘못 수행되지 않는 한, 앎은 항진恒眞이며 그 결과 확실성을 갖게 된다. 따라서 앎이 정신능력과 특정 과업의 수행 작용이라는 주장이 성립하는 것으로 여겨진다. 그러나 우리의 정신작용이 매우 합당한 방식에 의하여 작용한 경우에 한하여, 우리는 진리라고 확정할 수 있다.

오류 없는 정신작용이라는 것은 진리조건에다가 앎을 정신작용의 실행으로 보는 입장이 추가되어야만 가능하다. 그러나 난점은, 라일이 지적하듯이, 앎은 실행이 결코 아니며, 게다가 오류불가능한 정신작용이라는 것이 성립할 수 없다는 데 있다. 앎은 성취이다. 하지만 모든 성취가 일의 성공이라고 말하는 것은 하나마나하며, 게다가 실패할 수 없는 실행의 양태가 존재한다는 것을 함의하지도 않는다. 성취와 실행을 명백하게 구분하는 것은 앎의 오류불가능성 또는 확실성의 뿌리 깊은 근거를 제거하는 일이다. 다음의 인용문을 통하여 라일은 이 문제가 앎의 측면이 아니라 성취어의 인식론적 측면과 관련된다는 점을 지적한다.

과업 동사와 성취 동사, 또는 "시도try" 동사와 "획득got it" 동

있다'고 표현한다고 해도 그것은 아는 것이 아니라, 그렇게 믿고 있는 것이다. 정확하게 말하자면 모르면서 안다고 '착각'하는 것이다. 이하 본문에 나오는 '옳다'는 표현은 이러한 착각에 빠지지 않았다는 뜻이다. 즉 어떤 사람이 참인 내용을 아는 한, 그 사람은 착각에 빠지지 않았으므로 결코 그릇된 입장에 놓일 수 없다는 뜻이다.

사의 구분은 우리를 또 다른 이론적 장애nuisance로부터 벗어
나게 해준다. "알다", "발견하다", "해결하다", "증명하다", "지
각하다", "이해하다", "알아채다observe"("observe"의 표준용법
에 따른다면[6])와 같은 동사들은 "그릇되게erroneously" 또는
"부정확하게"와 같은 부사가 수식할 수 없음을 충분히 인정할
수 있다. 같은 맥락에서 이와 유사한 동사들이 특정 정신작용
이나 경험을 설명하게 되면, 인식론자들은 사람들이 과오를 범
하지 않도록 하는 탐구절차를 획득하도록 할 수 있지 않을까
하는 생각을 하게 되었다. 그러나 인식론자들은 그 작업을 주
의 깊게 실행하지도 않았고, 실행할 수도 없었다. 주위를 기울
일 여지도 제공하지 않았다. 결실 없는 발견의 논리적 불가능
성과 타당하지 못함을 아예 인과관계를 밝힐 수 없는 정도를

---

6) [역자 주] 대개 영어 'observe'는 '관찰하다'라는 뜻의 동작이나 실행을 나타내는 과업
어로 쓰인다. 라일이 '표준용법'이라고 한 것은 'observe'의 제1의 사전적 의미를 가
리킨다. 사전을 보면, 동사 'observe'의 뜻이 세분화된 여러 가지가 있다. 역자가 보
기에 이 여러 가지 뜻을 크게 세 가지로 나누어 생각해 볼 수 있다. 첫째, 라일의 인용
문에 나와 있듯이, '알아채다,' '눈치 채다', '깨닫다'라는 뜻이다. 어떤 상태에 도달한
성취어로 사용된 것이다. "His teacher observed some change in the personality of
his(그의 선생님은 그의 성격에 변화가 있음을 눈치 챘다)." 또는 "I observed that his
son became very pale(나는 그의 아들이 새파랗게 질린 것을 알아챘다)." 이 문장들
이 표준용법의 대표적인 예가 된다. 둘째, '관찰하다', '주시하다'라는 의미가 있다. 예
컨대, "I observed an eclipse(나는 일식을 관찰하였다)."를 들 수 있다. 셋째, '준수하
다,' '유지하다'의 의미가 있다. 예컨대, "Every citizen has to observe all laws(모든 시
민은 모든 법규를 준수해야 한다)."와 "He observed silence(그는 침묵을 지키고 있
었다)."를 들 수 있다. 라일의 구분에 따르면 뒤의 두 가지는 과업어로 사용된 사례이
다. 그러나 이 동사의 명사형은 'observation(알아챔, 관찰)'과 'observance(준수)' 두
가지가 있다. 후자에 비하여 전자는 '관찰'이라는 과업어이면서 동시에 '알아챔'이라
는 성취어이다. 뒤에 이어지는 본문에서 알 수 있듯이, '뛰다'는 과업어이지만, 경우
에 따라 성취어 의미도 갖는다고 한 저자의 주장은 과업어와 성취어가 상호 확연하게
구분된다고 보는 라일의 입장과 다르다. 이와 같은 저자의 입장은 지금 살펴본 동사
'observe'에서도 확인된다.

벗어난 일로 잘못 인식하고 있었다. 이에 상응하는 방책이 주어지거나 합당한 능력이 작용한다면, 오류가 없는 관찰이나 자명한 직관이 보장된다고 보았다. 그러면 사람들은 오류에 빠지지 않게 된다. 이와 비슷하게 과녁을 맞힌다는 것은 조준하는 일로 구성되며, 치료가 처치 행위로 구성된다면, 그 실행에 논리적 과오가 없다는 것은 곧 과녁 조준과 의사의 진료행위의 오류를 검증할 방식이 존재함을 받아들일 때만 성립한다. 이 전제를 수긍한다면 오류가 없는 궁수가 존재할 수 있고, 오진 없는 의사가 존재할 수 있다는 입장을 수긍할 수 있을지도 모를 일이다(pp. 152-153).

라일은 다음과 같이 요약하고 있다.

진료하기, 발견하기, 해결하기, 과녁 명중시키기와 같은 행동을 서툴게 하거나 무익한 결과가 되지 않도록 "막아준다"는 것은 단순한 이치이다. 의사가 성공적이지 못한 방식으로 치료할 수 없다는 사실은 그가 오진이 전혀 없는 의사임을 뜻하는 것이 아니다. 애초 성공의 의미가 담긴 치료가 성공하지 못했다고 말하는 것은 단지 모순임을 의미하는 것이다(p. 238).

라일의 논리를 앎의 경우에 적용한 사례는 충분히 납득할 수 있는 것이다. 치료가 처방의 실행 전략이 아니듯이, 앎은 탐구의 전략이 아니다. 의사가 환자를 치료하여 그 환자가 건강을 회복하였다는 사실을 근거로 결코 실패할 수 없는 의학적 전략이 존재한다는 가정을 받아들일 수 없는 것과 마찬가지로[7], 무엇을 알고 있는

---

7) [역자 주] 여기서 '전략'은 구체적인 진료 행위를 구사하는 전략으로 과업 동사이고,

당신이 그릇된 것에 빠지지 않았다는 사실을 근거로 오류가 전혀 없는 탐구절차가 존재한다는 가정을 받아들일 수 없다.

그럼에도 불구하고, 라일이 제시한 바와 같이, 과업어와 성취어의 대비가 "일반적general"인 것으로 인정하기 어렵다. 그는 동사 '처치하다treat'가 동사 '치료[완쾌]하다cure'에 대비되는 방식으로, 과업 동사에 상응하는 성취 동사를 상정하여 동사들 간에 짝을 이룬다고만 주장하지 않았다. 분명 '판독하다spell'와 '확신하다persuade'[8]와 같은 말은 과업의 의미가 담기지 않는 성취 동사에 분명 속하지만, '판독하려 하다try to spell'과 설득하려 하다try to persuade'라는 말을 하게 되면 그 동사의 뜻에는 "부수적인 과업 subservient task"이 따른다는 것을 직감할 수 있다. 다른 한 편, 이 결합 동사가 '판독하다'와 '확신하다'라는 성취 동사에 상응하는 과업을 표현한 것을 인정한다면, 같은 맥락에서 직관적으로 '걸으려고 하다try to walk'와 뛰려고 하다try to run'의 용법을 통하여 '걷다 walk'와 '뛰다run'가 과업, 실행, 활동을 가리키는 동사가 아닌 성취 동사가 된다는 점을 인정해야 한다. 실제로 '하려고 하다try'라는 동사를 결합하는 방식이 실행을 뜻하는 과업 동사를 성취 동사로 탈바꿈시키지 못할 이유를 찾기 어렵다. 그렇게 되면 '이기다 win'가 성취 동사인 것과 마찬가지로 '뛰다'가 성취 동사가 되어버린다. 즉 '뛰다'에는 뛰고자 하는 '부수적인 과업'과 별개의 상태를

치료는 건강을 회복한 상태를 지칭하는 성취 동사이다. 앞의 [역자 주3] 참조. 바로 이 입장에서 앞의 본문에 진술된 "앎은 탐구의 전략이 아니다."는 말은 "탐구는 앎의 전략이 된다."는 입장과 통한다.

8) [역자 주] 이 경우는 '설득하다'라는 과업이 아니라 납득시킨 결과 '확신하다'라는 의미의 성취어이다.

나타내고 있다. 한 마디로, 과업어와 성취어가 상호 배타적으로 성립하는 개념이라는 생각은 무너지게 된다.

그렇다면 성공의 개념을 특정할 수 있는 동사와 그렇지 못한 동사를 본질적으로 구분해주는 근거가 있는가? 예컨대, 우리는 환자의 의학적 처방이 성공적이었다, 성공적이지 못하였다고 말할 수 있지만, 환자의 치료[완쾌]가 성공적이었다거나 그렇지 못하였다고 말할 수는 없다. 그리고 일상적으로 "성공적으로 달리기를 하였다"라는 표현을 하지 않지만, 주자走者에게 자신의 전력질주가 스스로 설정한 성공점에 비추어 타당하게 실행되었는지를 놓고 그가 승리했는가 여부를 물을 수 있다. 그러나 달리기의 승자勝者에게 똑같은 방식으로 '승리'가 이와 같은 방식으로 타당하게 실행되었는가 하는 질문을 할 수는 없다.

이러한 생각은 수긍할 만하다. 하지만 일반적으로 실행 동작이 성취 상태로 탈바꿈하는 것이 성립하지 않는다 하더라도, 성취의 범주가 과도하게 확장되는 경우는 있다. 예컨대, 걷는 동작의 성공여부를 묻지 않으며, 걷는 동작이 어떤 목적을 상정하지 않는 경우에 '걷다'는 성취 동사가 될 수도 있다. 이와 비슷하게 추론해 보면, '앉다', '서다', '자다'도 '찾아내다', '이기다', '도착하다'와 마찬가지로 성취 동사가 되어 버린다. '찾아내다', '이기다', '도착하다'는 각기 합당한 '부수적인 과업'을 포함하는 성취 동사이지만, '앉다', '서다', '자다'는 그렇지 못한 성취 동사라는 점을 지적할 수 있다. 하지만 라일의 주된 논점은 무엇보다도 '알다'가 성취에 속한다는 것이며, 앎이 전형적인 의미에서 앎에 상응하는 탐색 전략이나 탐구 절차를 논리적으로 전제하지 않는다는 점이다. 라일이

다른 방식과는 대조적으로, 뭔가를 찾아내는 상황에 우리 자신을 몰아넣지 않아도 우리가 알게 되는 상황은 얼마든지 존재한다.

라일이 의도한 바와 같이, 과업어와 성취어의 일반적 구분은 그리 분명해 보이지 않는다. (그 이유를 명확하게 밝히자면, 우리는 성취어로 간주할 수 있는 과업어를 쉽게 찾아낼 수 있지만, 과업어로 변환시킬 수 있는 성취어를 찾아낼 수 없기 때문이다.) 가장 현명한 방법은 어떤 말이나 사실이 과업어와 성취어 중 어느 하나에 속한다고 보는 절대적이고 일반적인 구분을 포기하는 일이다. 오히려 두 동사 간, 두 언어의 용법에 있어서, 심지어 비언어적 사물에 있어서도 성취-과업 간의 '관계'가 존재할 수 있다고 주장하는 편이 현명해 보일지도 모른다. 우리는 더 이상 어떤 동사가 과업 동사에 해당하며, 어떤 동사가 성취 동사에 해당하는지 목록화할 필요가 없다. 그보다는 상호 관련되는 동사들의 짝을 만들어보고, 같은 동사라 하더라도 과업 동사가 되고 성취 동사도 되는 관계를 살펴보는 편이 나을 듯하다. 어쨌거나 두 가지 동사의 구분은 라일이 구분하고자 했던 인식론적 논점을 충분히 설명해준다. 즉 앎은 알고자 노력하는 것 또는 어떤 것을 향하여 찾아내고자 하는 것과 관련되어 있지만 결국 더 이상 노력할 필요가 없는 성취를 뜻하며, 결코 과업이 아니다. 성취 상태의 '앎'이 실수를 용납하지 않는다는 사실은 알려고 전력을 다하는 어떤 과업도 결코 실패할 수 없다거나 전혀 오류를 내지 않는다는 것을 뒷받침하지 않는다.

오류 없는 방법에 대한 비판

라일의 오류불가능성에 대한 비판은 고전적 경험론자들의 비판보다 제한되어 있다. 앞서 살펴본 바와 같이, 앎의 성취 측면을 인식하지 못하는 것은 진리를 탐구하는 실행 작업에 오류가 없다는 믿음을 갖기 때문이라고 라일은 주장한다. 그런 까닭에 성취를 실행과 동일시하는 범주의 오류를 피하는 길은 곧 이러한 오류불가능성을 옹호하는 논의 가능성을 없애는 것이다. 그러나 라일의 주장은 "모든" 경우를 배제한 것은 아니다. 이 문제에 관한 한 고전적 경험론은 더욱 더 철저하다. 경험론은 진리의 경험적 탐구 영역에서 무오류 보장 가능성을 반대한다. 이러한 논의는 흄 David Hume에서 비롯되었으며, 그것은 그의 『인간본성론』 제4절과 제5절에 잘 요약되어 있다.

흄은 모든 "인간 이성 또는 탐구" 대상을 두 가지로 나누었다. 하나는 관념의 관계relations of ideas이고, 다른 하나는 사실의 문제 matter of fact이다. 기하, 대수, 산술이 전자의 영역에 속한다.

한 마디로, 모든 확증은 직관적이거나 논증에 의한다. '직각 삼각형의 빗면의 제곱은 나머지 두 변의 제곱의 합과 같다'는 도형 관계를 표현한 명제이다. '3 곱하기 5는 30/2이다'는 수의 관계를 표현한다. 이러한 종류의 명제는 세상에 존재하는 어떤 신체에 의존하지 않고도 사고의 작용만으로도 발견할 수 있다. 현실적으로 원이나 삼각형이 존재하지 않더라도, 유클리드가 증명한 진리에는 그 확실성과 증명이 영원히 존재한다.

한편 사실 문제에 관한 흄의 말은 다음과 같다.

　이와 같은 방식으로 확정되지 않는다. 아무리 훌륭한 증
거라 하더라도, 선행하는 현실의 진리를 보장할 증거가 아니
다. 사실 문제에 상반되는 것은 언제든 가능하다. 왜냐하면 사
실 문제는 모순을 포함하지 않지만, 마음의 편의와 특성에 따
라 마음이 마치 실재에 상응하는 양 사실 세계를 파악하고 있
기 때문이다. "태양은 내일 떠오르지 않는다"는 명제는, "태양
은 내일 떠오른다"는 명제만큼 확증할 만큼 명료한 것도 아니
고, 또한 그 명제가 모순되지 않는 것처럼 모순되는 명제도 아
니다. 따라서 우리는 명제의 거짓일 가능성만을 헛되이 증명하
는 셈이다. 거짓임을 논증할 수 있다고 해도, 거기에는 여전히
모순이 포함되어 있을 수 있으며, 마음이 결코 파악하지 못하
는 것이 포함될 수도 있다.

　경험적 진리는 그 자체로 직관적으로 확증될 수 없으며, 사고에
의하여 모순되지 않음을 진리로 여기는 논증에 의하여 성립하지
않는다. 그러면 어떤 증거가 사실 문제에 관련된 우리 신념을 지
지해주는가? 두 말할 필요 없이 우리의 감각과 기억에 의존하는
것이지만, 그것만으로 충분하지 않다. 왜냐하면 모든 경험적 명제
진술들에는 우리가 관찰하고 기억한 것을 넘어서는 온갖 내용들
이 포함된다고 우리는 믿고 있기 때문이다. 흄은 그러려면 감각과
기억을 넘어서 우리 인식을 지식의 영역으로 확장하도록 하는 "인
과관계"를 승인할 필요가 있음을 주장한다.

사실 문제를 다루는 모든 추론은 "원인과 결과Cause and Effect"의 관계에 기초한 것으로 보인다. 오직 인과관계를 통해서만 우리는 제한적인 감각과 기억에 의존하는 실증적 한계를 넘어설 수 있다. 만약 당신이 어떤 사람에게 현재 확증이 없는 사실 문제를 묻는다고 하자. 예컨대 그의 친구가 시골에 있는지 아니면 프랑스에 있는지를 물었을 경우, 그는 어떤 근거를 당신에게 제시할 것이다. 그 근거는 본래 물었던 문제와는 다른 사실일 것이다. 이를테면 그 친구에게서 받은 편지나 그가 예전에 결심한 바나 다른 사람에게 했던 약속들일 것이다. 어떤 사람이 무인도에서 시계나 어떤 생활도구를 발견했다면, 그는 이전에 그곳에 사람이 살았을 것이라고 단정했을 것이다. 사실에 관한 우리의 모든 추리는 이와 같은 성격을 가지고 있다. 즉 현재 확증할 수 있는 사실과 그것으로부터 추론된 사실 간에는 어떤 관련이 있다고 늘 가정한다는 것이다. 만약 양자를 묶어주는 무엇이 없다면 사실에 관한 추론은 확증할 수 없는 것이 된다.

　그러면 우리는 어떻게 원인과 결과에 관한 지식을 획득할 수 있는가? 이에 대하여 흄은 원인에 관한 지식을 지지해 주는 확실성은 없다고 주장한다. "[인과]관계의 지식은 어느 경우이건 간에 예외 없는 일반 명제로 받아들일 수 있는 선험적 논증에 의하여 획득될 수 없으며, 특정 사물들이 끊임없이 상호 연합한다는 사실을 파악하는 경험에 전적으로 의존한다는 것을 확정적으로 말할 수 있다."

　그렇다면 과거의 경험들이 결합된 내용conjunction을 일반화 generalization할 수 있는 근거는 무엇인가? "내가 이전에 먹었던 빵은 나에게 영양을 공급하였다. 즉, 그 시점에서 지각력을 갖춘 육체가 신비한 능력을 발휘하는 것이다. 여기서 또 다른 빵이 또 다른 시점에서 나에게 변함없이 영양을 공급할 것이며 지각력을 갖춘 육체가 마치 신비한 능력을 항상 발휘한다는 사실이 따라온다고 할 수 있는가? 결과는 항상 그렇지 않다. … '어떤 사물이 항상 모종의 결과를 낳는다는 사실을 내가 발견하였다'라는 명제와, '외견상 그와 비슷한 사물이 이전과 유사한 결과를 낳을 것이라고 내가 예견한다'는 명제는 결코 같지 않다."

경험으로부터의 일반화를 신뢰할 수 있다는 것을 우리는 증명해낼 수 있는가? 흄에 따르면, 그것은 불가능하다. 그는 이유를 다음과 같이 말하였다. "자연이 변화한다는 것과 우리가 경험한 사실이 우리가 예측한 바와 다르거나 상반된 결과를 드러낸다는 것은 하등 모순이 없기 때문이다." 그 결과, 우리는 경험의 일반화를 신뢰하는 데에 증명demonstration 대신에 또 다른 논증을 제시할 수 있어야 한다. 그러나 증명할 수 없는 것이어서 새롭게 요구되는 논증은 그 자체가 과거 사실의 일반화 성공 여부에 근거하는 개연성에 관한 논증일 뿐이다. 그렇게 되면, 순환론에 빠지는 셈이다. "과거 경험에 근거한 일반화를 당연하게 받아들이는 것"은 과거 일반화의 성공 여부에 의존하는데, "그것이 바로 밝히고자 하는 논점"이기 때문이다.

흄은 사실 문제의 논증에 사용되는 인과적 일반화 또는 귀납을 정당화할 수 있는 논증은 없다고 결론지었다. 다른 원리를 요구할 필요가 생기는 바, 그것이 바로 그가 "인간본성의 원리a principle of human nature"로 생각해낸 "관습Custom 또는 습관Habit"이다. 경험으로부터 일반화에 맞추어 신념이 형성되는 것은 "이익에 대하여 갖게 되는 애정이나 해악에 대하여 갖게 되는 혐오와 같은 피할 수 없는 감성을 느끼는 … 일종의 영혼의 작용이다. 이러한 모든 작용이 자연적 본능에 속하기 때문에, 사고와 이해의 추론 과정이 이를 촉진하거나 가로 막을 수 없다."

그 결과 흄은 사실 문제를 확증하는 오류 없는 방법이 가능하지 않다고 주장하였다. 이에 더하여 그는 귀납을 정당화하는 것은 매우 지루하고 복잡한 경험을 요구하며 무오류를 입증할 수 없는 문제라고 생각하였다. 우리가 주목해야 할 논점은 경험적 방법이 확정적이거나 오류가 없다는 입장이 공격을 받는다는 것이다. 이 논점은 경험과학의 성장을 다름 아닌 확률적 또는 잠정적 개연성 문제로 이해하려는 현대철학에서도 널리 수긍되어 왔다. 이에 관한 흄의 입장은 타당하다.

> 인간 이성의 최대성과는 유비, 경험, 관찰에 근거한 추론을 통하여 복잡한 자연현상을 보다 단순한 원리로 파악하며, 다양한 양태의 결과를 보다 간결한 원인으로 설명한다는 데 있다. 그러나 여러 원인들의 원인이 무엇인가를 찾아내고자 하는 시도는 결국 실패할 것이다. 우리가 만족할 만큼 그것을 명확하게 설명해주는 어떤 것도 찾을 수 없다. 궁극적인 원인과 원리는 인간의 호기심과 탐구 앞에서 막히게 된다. … 가장 완벽한 자연 철학[자연과학]은 우리의 무지의 폭을 점점 더 헐어낼 뿐이다.

이러한 흄의 입장을 따르는 사람들은 확실성 문제를 각기 다른 입장으로 발전시켜 왔다. 인과관계를 묻는 지식의 무오류성을 거부한다는 점에서 같지만, 어떤 사람은 단지 경험적 서술empirical description에 있어서 확실성을 인정하지만, 다른 부류의 사람은 이마저도 인정하지 않는다. 여기서 우리는 흄의 주된 공격 목표가 인과관계가 선험적 논증을 통하여 확증되지 않는데 맞추어져 있다는 점을 상기해야 한다. 그가 관심을 기울인 문제는 현재의 특정 사실과 그것으로부터 도출된 또 다른 사실 사이의 '관련connection'이며, 그 결과 추론된 사실은 향후 그것이 진리임을 보장할 수 없다는 데 있다. 그렇다면 현재 당면한 특정 사실은 어떠한가?

흄이 예를 든 바와 같이, 내가 무인도에서 시계 하나를 발견하고, 이전에 그곳에 사람이 살고 있었음을 추론했다고 하자. 나의 '추론'에 관한 흄의 입장을 인정한다손 치더라도, "이 물건은 시계이다"라는 진술에 담긴 '현재 사실present fact'은 어떻게 파악해야 하는가? 논리적 진술이나 수학적 명제의 경우와 달리, "이 물건은 시계이다"라는 진술을 부정한다 해도 그것은 일관된 주장으로 성립한다. 따라서 현재 사실이 '논리적 필연logically necessary'이 아니다. 그럼에도 불구하고 이 명제는 현재 내가 결코 부인할 수 없는 나의 감각을 토대로 성립한다. 현재 사실을 그릇되게 추론한 경우가 아니라면, 내가 틀릴 수 있는 가능성은 전혀 없다. 흄이 언급한 것만 놓고 보면, '현재 사실'이 '확고한incorrigible' 것으로 여기는 것은 반드시 그렇다고 할 수 없지만 대체로 수긍할 수 있을 듯하다. 논리적으로logically 자명한 것은 아니지만, 현재 사실에 어떤 오류가 개입할 여지가 없어 보인다. 현재 사실에서 또 다른 어떤 것을 추론해낸다면, 그것에 오류가 있을 수 있음을 반드시 인정해야 한다. 하지만 현재 사실만을 단지 서술하는 한, 그것으로부터 추론해낸 모종의 것이 무엇이든지 간에, 그리고 과거에 확인한 변화의 패턴이 무엇이건 간에, 그 서술이 틀린 것임을 밝힐 수 없다. 왜냐하면 나의 '서술description'이 내가 지각하거나 관찰한 것을 넘어서는 다른 내용이 결코 아니기 때문이다. 그러므로 나의 경험 세계를 서술함에 있어서 나는 확실성 또는 오류를 범하지 않을 가능성을 얻게 된다.

하지만 "이 물건은 시계이다"라는 진술이 과연 내가 지각하거나 관찰한 것에 한정되어 있다고 할 수 있는가? 이 진술은 무엇보다도 내가 겪는 현재 경험을 넘어서 나의 생애와 관련하여 물리적 사물을 지칭하는 데 맞추어져 있다. 그러나 흄은 우리가 지칭하는 물리적 사물을 인상impression과 관념idea이라는 경험 요소의 결합으로만 파악하고 있다. 흄은 우리의 모든 정신지각이 생동감 있는 '인상'이거나, 아니면 '인상'을 묘사한 생동감 덜 한 '관념' 또는 '생각thought'이라는 견해를 가지고 있다. 현재 우리가 논의하는 모든 용어들은 인상 이면에 들어 있는 의미와 관념을 갖게 하는 인상을 만들어낸 것으로 추정할 수 있다.[4] '실체'의 개념은 단지 "상상력이 결합하여 만든 … 단순 관념의 집합"이다.[5] 현상학자들은 이 노선을 견지하여, "이것은 시계이다"라고 말하는 것은 단지 시각적, 촉각적 현상 그리고 여타의 현상이 존재하거나 이들이 연합한 방식으로 존재한다고 말하는 것에 불과하다고 주장할 것이다.

그럼에도 불구하고, 이러한 현상들은 일순간에 한꺼번에 파악되는 것이 아니다. 이는 매우 중요한 논점이다. "이것은 시계인 듯하다seems" 또는 "이것은 내가 시계를 본 것처럼 보인다"라고 말하는 것은 현재 경험하고 있는 시각적 현상 또는 "인상"을 서술하는 것일지도 모른다. 하지만 "이것은 시계이다is"라고 말하는 것은 현상학자들의 주장보다 많은 것을 말해준다. 예컨대, 다음과 같이 말할 수 있다. 만약 내가 손을 특정 방향으로 뻗는 인상을 파악했다면 나는 촉각 인상을 가진 것이라고 말할 수 있다. 그러나 그 동작을 보는 인상이 이어졌다면, [손목에 찬] 시계가 시각적으로 드러나는 현상이 갑자기 사라지는 것이 아니라고 말할 수 있다. 다른 말로 하자면, 물리적 사물의 진술을 현상적으로 분석하는 것은 현재 순간적으로 겪고 있는 경험보다 확장된 어떤 근거를 토대로 하고 사물을 파악하고 있다는 뜻이다. 왜냐하면 사물을 파악하는 것은 사물에 이미 내포되어 있는 어떤 의미를 파악하는 것이기 때문이다. 결론을 말하자면, 현재 드러난 물리적 사실을 단지 서술하는 경우에도 오류의 여지가 존재한다는 점이다. 왜냐하면 현재 내가 확실하게 말할 수 있는 한 나는 어떤 이유에서건 간에 장차 일어날 사건에 무수히 많은 부대적인 요인이 존재한다는 것을 인정하지 않을 수 없기 때문이다.

하지만 현상학자들은 '현재의 현상적 사실들present phenomenal facts'이 이러한 측면에 부합하지 않으며, 그러한 사실들은 오류가능성이 없다고 주장한다. 이것은 마치 "내가 시계를 본 것처럼 보인다"라는 나의 말에 국한해 본다면, 내가 경험하는 바를 정확하게 서술하고 그것이 진실임을 확신하는 한, 내게 잘못된 것은 없다. 어떤 일이 일어난다 해도, 나의 진술은 그 일과 상충할 수도 있고 아닐 수도 있지만, 나의 진술이 그것을 예견적으로 함의하지는 않는다. 내가 꿈을 꾸거나 환각을 일으킨 경우에도, 나의 서술이 곤경에 빠지는 것은 아니다. 흄 스스로가 인상과 관련하여 "인상에 의존하면 오류에 빠지거나 실수를 범하기 쉽지 않다"고 하였다. [6] 많은 현상학자가 현상적 진술들을 확실하다certain고 단호하게 주장한다. [7]

어느 경우에도 이러한 확실성은 실제로 영향력을 행사하지 못함을 주목할 필요가 있다. 내가 현재의 현상적 사실을 두고 미래의 시점에서 그것이 그 당시에 과연 참이었는가를 결정하려고 할 경우, 나는 반드시 기억에 의존할 필요가 있으며, 나의 미래의 현상적 사실에 근거하여 추론할 수밖에 없다. 따라서 나의 현재 판단이 확실하다는 것은 순간적인 것이며 기껏해야 단기적인 것이다. 즉 나의 판단이 그럴 것이라는 것을 영속적으로 보장해주지 않는다. 그렇다고, 매순간마다 이루어지는 현상적 서술에 관한 판단이 확실히 옳다고 말할 수 있는 것도 아니다. 내가 겪는 현상적 경험에 대한 나의 판단이 미래 시점에도 연장되어 확실하다고 할 수는 없어도 현재 판단은 참이라고 확신할 수 없는가? [8]

바로 이 오류불가능성에 대한 논점은 우리의 '현재' 경험을 서술하는 방법을 확정할 수 없다고 주장하는 철학자들에 의하여 비판받아왔다. [9] 더욱이 경험 이전의 서술이 그릇된 것이었음을 합당하게 지적하는 경우가 종종 있다. 논점은 현재 판단을 미래에 평가하는 일이 추론에 의존하고 그래서 확증성을 최대한 보장받을 수 없다는 데 있는 것만 아니라, 현재의 시점에서도 그릇된 것이라는 결론을 합당하게 지적할 수 있다는 것이다. 예컨대 내가 현재 느끼는 통증이 마음의 뉘우침인지 치통인지 확실하게 단정

할 수 없는 경우가 있다. 현재는 치통이라고 해놓고서는 나중에
가서 마음속에서 비롯된 뉘우침이라고 판단할 수도 있다. 한참 뒤
에 가서, 고통이 치통이었다는 당시의 판단과 같은 통증이지만 그
것이 마음의 고통이었다는 이후의 현상적 판단 사이에서 나는 어
느 것이 옳은지를 선택해야만 할지도 모른다. 이와 같이 현상적
판단들 간에 대립이 있는 경우, 현재의 시점이라는 이유에서, 나
의 현재 판단이 늘 참이라고 확신할 수 있겠는가?

  더욱이 기존의 현상적 경험으로 알려진 것으로부터 추론하
여 또 다른 경험이 나온다는 점을 생각해보자. 흄은 한정된 사례
를 묶어서 이루어진 추론에 따른 일반화가 성립할 경우 그 '추론
inference'은 불안정한 것이라고 주장하였다. 그의 논점은 이러한
일반화가 그릇된 것이어서 애초의 현상적 경험이 옳게 서술되었
다고 하더라도, 추론된 경험은 일어나지 않는다는 전제 아래 일반
화를 지지하면서 나의 당초 현상적 서술이 잘못되었다는 판단을
합당하다고 여길지도 모른다. 이와 같은 현실에 당면하여, 나는
어떻게 나의 현상적 서술이 참이라는 것을 확신할 수 있는가? 그
기술이 참인 경우에도, 현재의 서술이 아닌 다른 서술들이 참이라
는 것을 담보하지 못하며, 내가 그것이 참이라는 것을 확신한다는
것을 뒷받침해주지 않는다. 현재의 현상적 서술이 참인 것처럼 보
일지라도, 그것은 내가 수긍할 수 있을 만큼 강력한 대안이 되는
서술들에 의하여 밀려날dislodged 것이다. 이처럼 밀어내는 퇴출은
현재의 그릇된 서술을 미래에 판단하는 형태를 띠면서 '미래의 시
점에서in the future' 이루어질 것이다. 이는 현재 시점에서 참을 보
장하는 것마저 충분히 뒤흔들어 놓을 만하다. 그렇지 않다면, 현

상학적 확실성 논증은 나의 현재 현상학적 판단은 결코 '즉각적으로simultaneously' 퇴출될 수 없다는 사소한 주장에 집착하는 꼴이 된다. 일정 시점에서 즉각적으로 퇴출될 판단이 없기 때문에, 이러한 준거가 바로 모든 판단의 확실성을 보장해주며 또한 모든 내용의 확실성 문제를 해소해준다. 이와 같은 논의는 '체계적' 맥락에서 판단이 가능하게 하며, 물리적 진술이건 현상적 진술이건 모든 진술이 절대적으로 오류 가능성이 없지만 고립된 형태로 파악된다는 사실을 입증한다.[10]

지금까지 살펴본 현상학적 논의는 기껏해야 미약하거나 일시적인 확실성을 현상에 근거하여 인정할 수 있다는 것만을 입증한다. 그러나 이에 대한 반론을 살펴본 바에 따르면, 현상학의 미약한 입지마저 뒤흔들릴 수 있는 것은 그들의 최소한의 확실성마저 인정될 수 없다는 데 있다. 따라서 모든 경험적 진술이 오류가능하다. 한 마디로, 오류 없는 방법론적 입장을 취하건 판단 형식의 철저함을 수용하는 입장을 취하건 간에, 우리는 앎은 항상 확실성을 포함한다는 관점을 뒤집을 강력한 근거를 갖게 되는 셈이다.

오류가능성과 절대 진리

모든 진술이 시간, 장소, 사람이나 상황에 관계없이 명백하게 진위를 판별할 수 있다는 절대적 의미에서 앎의 조건으로서 확실성을 포기하는 만큼, 진리 또한 포기해야 한다고 최근 많은 철학자들이 주장한다. 이 문제를 논의하는 맥락이 매우 다양하고 복잡하지만, 공통점이라면 인식론을 과학적 맥락에 가져다놓고 인식론적 아이디어를 부정확한 가설로 삼아 과학적으로 검증하고자 한다는 데 있다. 과학이 어느 시점에서건 확실성에 확고한 주장을 펼 수 없으면 절대 진리가 없는 것과 같은 방식으로 도덕 문제도 다루어진다. 이론은 과학적 탐구 과정에서 급격하게 바뀔 수 있으므로, 이론의 진리 여부는 과학자 집단이 특정 시점에서 공유하는 자료와 합의하는 과정에 따라 상대적으로 결정된다.

이와 같은 생각이 채택되어 몇몇 철학자들에 의하여 논의되어 왔다. 과학자들도 이에 대하여 자주 의견을 표명하였고 이는 결국 여론으로 형성되었다. 하지만 논의를 확실하게 하려면 우리는 실용주의 학파가 형성된 연유에 집중할 필요가 있다. 왜냐하면 실용주의는 철학뿐만 아니라 교육문제에 있어서 그 영향이 지대하기 때문이다.

실용주의는 단일한 사고체계로 구성된 학파가 아니라 서로 다른 주제, 철학노선, 관심사를 가진 다양한 학자들이 모여 형성한 학파이다. 특히 우리는 비교적 단일한 해석을 하는 '의미'에 관한 실용주의적 접근 방식과, 그 진술 방식이 다양하게 드러나는 '진리'에 관한 실용주의 접근 방식을 구분해야만 한다. 우선 의미에 대한 실용주의적 입장은 철학적 사고가 습관화된 실험정신에 의하여 명백해진다고 주장하는 퍼어스C. S. Peirce[11]에서 찾을 수 있다.

퍼어스는 관념의 연합 작용operation과 관념의 관찰 가능한 결과consequences를 관념과 관련시켜 봄으로써 철학적 사고의 과정이 명료화될 수 있다고 주장한다. 그 결과 그는 "명백하고 분명한 관념"들이 작용하는 내관법introspection을 옹호하면서 우리가 믿는 모든 것을 애초부터 근원적으로 의심함으로써 확실성을 찾을 수 있다고 믿는 합리주의적 방식에 반대한다. 퍼어스는 이와 같이 모든 것을 보편적으로 의심하는 극단적인 방법은 불가능하며, 그것은 철학자들이 품고 있는 환상에 불과하다고 주장한다. 실생활에서 우리의 의심은 단편적으로 생겨나는 것이다. 그래서 특정 시간에 걸쳐 한 가지 또는 몇 가지 사안에 대하여 의심을 하는 것이며, 이 과정에서 일상적인 일련의 믿음을 견지하는 것은 당연하다. 과학 탐구에서 연구자는 특정 사안에 대하여 의심을 하고 이에 대하여 가설을 세우고 검증하고자 하지만, 이 검증의 과정 속에서도 폭 넓은 신념 체계를 견지하게 마련이다. 그리고 차후에도 새로운 문제가 생기면, 과학자는 그가 이전에 믿었던 가정들에 대하여 의심을 갖게 된다. 그렇지만 과학자가 결코 할 수 없는 한 가지 일이란 우리가 믿을만한 전제가 아무것도 없는 양 믿고 있는 모든 것을 동시에 의심해 버리는 것이다. 이 견해에 따르면, 우리가 가정하는 전제는 그리 확고한 기초를 갖지 못한다. 게다가 향후에도 그 확실성을 보장해주지 못한다. 그래서 퍼어스는 철두철미하게 오류가능성을 주장한다. 우리가 가정하는 전제가 수행하는 기능은 우리에게 임시방편적인 행동지침을 제공하고 항시 제기되는 의문을 해소하는 데 도움을 준다. 전제라는 것은 우리가 활용하는 도구일 뿐이며, 그 유용성은 그것이 얼마나 잘 활용되었는가 하는 데 달려 있다.

유추해보건대, '특정 관념들particular ideas'을 명료화할 때, 우리는 그 관념의 현실 적용을 전혀 고려하지 않은 채 내관법에만 전적으로 의존할 수는 없다. 최종적으로 관념이란 특정 상황에서 어떤 실용적인 결과를 가져오는 행동과 관련을 맺게 되어 있다. 퍼어스는 "어떤 것에 대한 우리의 관념은 그것이 어떤 실용적인 결과를 낳는가에 관한 관념이다."(p. 124)라고 말한 바 있다.

이 문장은 실용적 결과란 문제가 되는 사물에 우리의 마음이 작용한 것으로부터 나온다는 퍼어스의 생각을 여실하게 잘 드러낸다. 해결하기 어려운 일이라는 관념은 그 사물이 우리를 당혹스럽게 하거나 거슬리게 하거나, 그것을 처리해야 한다는 압박감을 갖게 하는 생각에서 비롯된다. 어려운 일이라는 일반적인 생각은 내 관법에 의하여 형성된 것이 아니다. 이를테면 어려운 일을 해결하는 데 있어서 적용할 수 있는 적절한 방법이 없다는 일반적인 생각을 형성하기 때문이 아니다. 어렵다는 어떤 일을 해결하려는 생각은 가설적 행위와 작용이 어떤 실용적 결과를 낳는가를 따지는 "조건문if-then" 형식을 띠게 된다. 그 해명 절차는 바로 조건-결과의 관계를 꼼꼼히 따지는 일이다. 돌이 지니는 단단함hardness[9]은 습관의 경우에도 유추가 가능하다. 말하자면 특정 상황에서 특정 방식이 실용적으로 반응하는가를 꼼꼼히 따지는 정도라고 할 수 있다. 습관과 달리, 돌은 주변 환경과 실익 없는 관련을 맺고 있어서 이미지에 의한 재현을 할 능력이 없다. 이와 같은 입장이 다른 경우에도 모두 일반화될 수 있을지 의문이 따르는 것은 사실이다. 이를테면 가시적인 효과를 지니는 '붉음redness'은 실익 없는 관련을 맺는다기보다는 특정한 특질을 상상할 수 있기 때문이다. 우리는 이러한 논점을 어느 경우에나 다 적용시키려고 할 필요는 없

---

9) 여기서 'hard'는 물체의 성질이 '단단함'을 뜻하기도 하지만, 일을 해결하기에 '어렵다' '까다롭다'는 뜻도 있다.

다. 경우에 따라서 엄청나게 큰 관념의 범주가 있으며, 이를 유목화하고자 할 때 그것은 우리의 상상력을 가지고 경험할 수 있는 특질로 설명할 수 없기 때문이다. 퍼어스 자신이 언급한 실용주의 방법상 금언을 살펴볼 필요가 있다.

"실천적 측면을 인식할 때 우리가 구체적으로 생각해야 할 것은 그것이 어떤 실용적 결과를 낳는가를 고려하라."(p. 124)고 말하면서 퍼어스는 이를 금언처럼 강조한 바 있다. 우리가 지니는 생각, 이를테면 어려움이라는 생각은 '까다롭다hard'라는 형용사에 의하여 재현된 것으로서, 까다로운 사물을 실제로 어떻게 다뤄야 상당한 효과를 거둘까 하는 생각에 불과한 것이다. '까다로움 hardness'은 일련의 행위를 규율하는 방식과 관련하여 도출되는 효과의 정도를 예증한 것이다. '까다로움'이라는 '관념'은 그 결과에 의하여 우연적으로 주어진 생각일 뿐이다. 따라서 이는 특정한 조치가 합당한 결과를 야기했는가를 개별적으로 진술하는 '조건-결과if-then'의 명제로 진술할 수 있다. 이러한 조건문 형식의 명제는 '조작적 정의operational definition'[12]로 알려져 있다. 이 정의를 광석의 단단함에 적용하여 진술하면, 표준 실체S에 대하여 다음과 같은 간단한 형식을 취하게 된다.

X는 단단하다. = 만약 X가 표준 실체S에 문질렀을 경우라면, X가 S에 자국을 낸다.

평균 이상의 지능을 갖는 것을 조작적으로 정의하면, 지능검사 T에 견주어 다음과 같이 말할 수 있다.

X는 평균 이상의 지능을 가진다. = 만약 X가 지능검사T를 받는다면, X가 110 이상의 점수를 획득한다.

'단단하다hard'를 '이 돌은 단단하다'처럼 일반적 진술로 전환하는 경우처럼 특정 관념을 유목화하는 문제로 돌아가면, 우리는 신념 차원에서 이 문제를 다뤄야 한다. 신념이란 동떨어진 어떤 특정한 관념이나 언어가 아니라 그것이 사용되는 진술이나 명제에 담겨져 있다. 이 돌을 단단하다고 믿는다는 것은 무엇을 의미하는가? 퍼어스에 따르면, 어떤 사람이 이를 믿는다면, 그는 돌과 관련한 일련의 행동 습관을 가졌다는 것이다. 즉 그 사람은 돌의 단단함을 나름대로 예견하면서 이에 맞추어 행동을 취한다는 것이다. 그 사람은 자기가 바라는 타당한 결과를 얻어내기 위하여 특정한 방식에 따라 기꺼이 행동할 각오가 되어 있다는 것이다. 만약 그 사람이 기준이 되는 물체S의 표면에 뭔가를 표시하고자 한다면, 그는 기꺼이 그 돌을 표시 도구로 사용하려 할 것이다. 퍼어스는 다음과 같이 말하였다. "사고의 기능은 전적으로 행동 습관을 도출해내는 것에 불과하다. … 그래서 습관이라는 것은 개연성 있는 상황은 물론 개연성 없는 상황에서도 결과의 가능성을 따지면서 … 실행 결과에 있어서 차이를 드러내지 않는다면, 거기서 아무런 의미도 찾아낼 수 없다."(p. 123)

어떤 진술이 신념을 표현하며, 그 신념은 지각할 수 있는 자극과 그에 상응하는 반응으로 연결된 행동 습관을 재현한 경우에 한하여 그 진술이 의미를 갖는다고 말할 수도 있다. 한 마디로 말하자면, 의미를 갖는다는 것은 실증적 검증을 통하여 결과를 예상할 수 있다는 것이다. 퍼어스조차도 올바른 신념만이 아니라 그릇된 신념도 의미를 갖는다고 인정하였다. 하지만 과학적 탐구는 그 과정에서 그릇된 신념을 끊임없이 제거해가면서 과학자로 하여금 진리에 수렴해 가도록 이끄는 것이다. 실제로 퍼어스는 진리를 이와 같은 최상의 상태로 끊임없이 수렴하는 것으로 말한 바 있다. "서로 다른 생각은 상호 반목하는 견해를 도출할 수 있지만, 탐구의 과정은 그들의 외부에서 작용하는 힘이 되어서 그들을 한 가지 동일한 결론으로 이끌어가게 한다. 예견된 지향점foreordained goal 을 향하여 수행하는 우리의 사고는 우리가 바라서가 아니라 마치 예정된 운명이 작동하는 것과 같다. 우리가 지닌 관점을 바꾼다거나 연구대상을 임의로 선정한다거나 마음이 이끄는 대로 한다고 해서 이미 결정된 [과학적] 입장을 인간이 피해갈 수 있는 것도 아니다. 이러한 위대한 법칙은 진리와 실재reality로 구현되어 있다. 이와 같은 [과학적] 입장은 과학적 탐구를 하는 모든 이들이 운명적으로 동의할 수밖에 없으며, 이를 우리는 진리로 받아들인다. 그래서 이 진리를 드러내는 실체를 실재라고 한다. 이것이 내가 설명하고자 하는 '실재'이다."(p. 133)

이러한 진리의 개념은 매우 이상적이며 절대적인 개념으로 의식적으로 제시된 것이다. 퍼어스는 "[과학적] 탐구 결과 최종적으로 도출된 견해는 어느 특정한 사람이 생각해낸 것에 의존하지 않는다."(p. 134)고 말하였다. 하지만 끊임없이 이루어지는 탐구를 넘어서 아주 오랜 시절부터 [진리로서] 영속되어 온 사실이 있다는 주장에 대하여, 퍼어스는 꾸준히 발전하는 과학이 밝혀내지 못한 사실은 실제로 하나도 없다고 반박하였다. 왜냐하면 과학은 과거에 알 수 없다고 여겨졌던 많은 사실을 이미 밝혀낸 바 있기 때문이다. 그러면 그의 이러한 견해는 과연 "실제 효과를 가져올 경우 의미를 갖는다는 원리"와 "동떨어진 사고remote consideration"에 기대고 있는가?(p. 135) 퍼어스는 실제로 그 요원함을 인정하기는 했지만 자신의 이론이 사물을 명백하게 파악하고 다루는 과학의 절차가 가능하게 한다고 주장하였다. 우리가 진리를 과학적 방법의 이상이라고 고정시켜놓고 본다면, 시간이 경과하면서 과학적 논쟁은 공적이며 객관적인 요인의 통제를 받으면서 끊임없이 이어진다고 퍼어스는 생각하는 듯하다. 퍼어스의 진리관은 자신이 제창한 "조작적 정의" 이론만으로 성립되는 것이 아님을 우리는 인정할 필요가 있다. 오히려 진리는 과학적 방법을 모색하려는 그의 욕망에 의하여 그리고 과학적 방법이 드러내는 한계를 예견함으로써 유발될 수 있어 보인다.

또한 퍼어스의 진리 이론은 그가 특정 관념을 명료화하는 방법이라고 주장한 것과 일치되지 않음을 인정할 필요가 있다. 이것 말고도 그의 진리관 자체에 독자적인 결점이 있어 보인다.[13] 우선 그가 진리를 아무도 거역할 수 없는 "예견된 지향점"(p. 133)이라고 한 것을 말 그대로 받아들이기 어렵다는 점을 지적할 수 있다. 다른 분야와 마찬가지로 근원적으로 의견 일치를 볼 수 있는 경우는 과학에도 있다는 점은 확실하다. 운명이 우리가 도달하게 될 궁극점이라는 것을 어떻게 알 수 있는가? "서로가 고집을 부릴 경우 의견 일치는 무한 연기될지도 모른다. 그 결과 인류가 존속하는 한 누구나 수긍할 만한 것으로 임의적인 명제를 만들어낼지도 모른다."고 언급한 바 있지만, 퍼어스는 다음과 같은 말을 이어 갔다. "그러나 그것조차도 끊임없이 수행하는 탐구의 결과로 형성되는 신념의 본질을 바꾸지는 못할 것이다. 그리고 인류가 멸망하여 다른 종족이 능력을 갖추어 탐구를 수행해 가는 한, 참된 견해는 탐구의 결과로 궁극적으로 도달하게 될 종착점이다. '진리는 또 현실 속에서 일어서게 되리라.' …"(pp. 133-134)

퍼어스는 왜 진리 문제의 해결이 진리 그 자체에 집중함으로써 가능하다고 확신하였는가? 그것은 분명 끊임없는 탐구를 통하여 고정 불변의 진리가 성립할 수 없다는 사실과 논리적으로 모순되지는 않는다. "충분히 수행되는 탐구"라는 그의 준거가 물론 의견 불일치가 존재하는 만큼 탐구를 수행하면 된다는 견해를 부정한다. 그러나 탐구를 충분하게 수행하기만 하면 합의가 뒤따른다는 견해는 '공허한' 주장이다. 왜냐하면 합의는 곧 합의를 도출할 만큼 충분한 탐구의 결과라는 주장으로 환원되기 때문이다.

퍼어스는 객관적 준거를 토대로 과학적 주장이 통제를 받아야 한다는 데 감명을 받았다. 여기서 그에게 감명을 준 객관적 준거란 다름 아닌 사람들이 개인적으로 어떻게 생각하건 관계없이 결국 진리에 도달할 수밖에 없다는 것을 말한다. 그러면서도 다른 한편으로 퍼어스는 모든 사물이 사고를 통하여 접근할 수 있는 것으로 환원되길 원하였다. 그 결과 그는 진리를 "일반적 생각"에 과학자 집단이 끊임없이 탐구함으로써 합의할 수 있는 대상으로 여겼다(p. 133). 그러나 완벽한 합의는 오류에 도달하고 결코 뒤집어질 수 없다는 가능성은 어째서 배제되어야 하는가? 예컨대, 오래 전부터 특정한 역사적 사실이 그릇되게 유포되고 고착화되어 끝

내 수정할 수 없는 지경에 이르렀다면, 그것이 과연 '참'임에 틀림 없고, 결과적으로 그것이 '실재'를 설명해주는 게 틀림없는가? 퍼어스의 논증은 우리가 이러한 의견이 수정되지 못한다는 것을 확신할 수 없지만 마찬가지로 그것이 곧바로 수정된다는 것도 확신할 수 없다는 입장이다. 실제로 그는 모든 경우 일일이 수정될 수 있는 가능성에 반대한다. 탐구가 "충분한 정도로 이행"(p. 134)되었다면, "충분한 정도far enough"라는 개념을 충족시킬 독자적 준거가 없어도, 그런 주장을 대수롭지 않은 것으로 여기게 된다는 것이다. 다른 한편으로, 탐구에 의하여 드러나지 않는 사실을 인식할 수 있음을 인정하는 것, 또는 기존에 알려진 것이 그릇된 것으로 드러날 경우 그것을 인식할 수 있음을 인정하는 것은 곧 탐구 자체가 진리의 최종적인 결정요인이 아니라는 것을 인정하는 것이다. 즉 탐구자들의 합의가 사실을 정확하게 진리로 표방할 수 있는 독자적인 조건을 만족시킬 수 있을 경우에 한하여, 그 합의는 유효하다.

진리의 절대성

진리 문제에 관하여, 실용주의자들 사이에 상당한 입장 차이가 있다. 퍼어스는 이태까지 살펴본 바와 같이 진리를 이상적이고 절대적인 관념으로 제시했다면, 윌리엄 제임스William James는 진리를 실제적이고 상대적인 것으로 해석하려 하였다. 그러나 역설적으로 퍼어스의 주장은 특정 아이디어를 명료화하는 자신의 실용주의 방법론과 상충하며, 제임스의 진리 이론은 바로 이 상충하는 방법에 의하여 특정 아이디어가 진리임을 증명하려는 데 있다. 그 결과, 제임스는 신념에 타당하게 부합하는 마음의 작용operation을 상술할 필요가 있었으며, '진리'라고 믿는 신념이 마음의 작용에 적용될 모든 경우에 예측 가능한 결과군群임을 지적할 필요가 있었다.[14]

이러한 맥락에서, 제임스는 신념에 작용하는 "마음의 작용"을 제안하였다. 그의 마음의 작용은 신념이 참인 한, 그 신념은 마음에 작용하여 눈에 띌 만큼 만족할 결과를 야기한다는 것을 가리킨다. 그러면 어떤 종류의 결과가 만족할 만한 결과에 상당하는 것인가? 제임스의 주장은 모호하다. 전형적인 어투로 그는 다음과 같이 말하였다.

우리가 기대어 행동하게 되는 생각, 이를테면 우리의 과거 경험이 전향적으로 수고를 덜게 하면서 일이 만족스럽고 확실하게 진전되도록 하는 생각이 진정으로 참이라고 여길 수 있는 생각이다. 그것은 그렇게 생각하는 만큼 '도구적으로 instrumentally' 참이다.[15]

불행하게도 위 인용문은 진리를 심리적 만족의 문제로 보는 한에서 편협하게 해석될 여지만 있는 것이 아니라 광의로 해석될 여지도 있다. 편협하게 해석하면, 신념은 경험에 의하여 만족되거나 확증될 때 잘 기능한 것이 된다. 광의로 해석하면, 만족스러운 기능은 결과적으로 신념의 만족스러운 결과가 행위자에게 미친 영향을 포함한다. 즉 행위자의 마음이 즐겁고 안락한 상태에 도달하였는지 삶에 긍정적 태도를 갖게 했는지, 유익한 버릇을 습득했는지를 포함하게 된다.

더욱이 만족을 넓게 해석하지 않으면 제임스의 말을 온전하게 파악하기 어렵다. 예를 들어서 제임스는 다음과 같이 말하였다. "신학적 아이디어가 구체적 삶에 가치 있으려면, 실용주의적 견지에서 그것은 좋은 결과를 많이 산출했을 경우에 참이다." 앞서 인용에서 "구체적 삶의 가치value for concrete life"라는 말은 "가장 모양새 좋은 마음의 유형에to a most respectable class of mind" "종교적 위안"을 주는 경우라고 지적한 바 있다(pp. 71-73). 절대자를 믿는 것과 관련하여 그는 다음과 같이 말하였다. "종교적 위안을 주는 한, 결코 그것은 보잘 것 없는 것이 아니라 상당한 가치를 지니며, 그 나름대로 구체적인 기능을 수행한다. 실용주의자로서 나는 '[그런 결과를 낳는] 그 만큼in so far forth' 절대자를 참으로 여기는 데 있어서 결코 주저하지 않는다(p. 73).

이어서 제임스는 절대자에 대한 신념이 다른 영역에서 "생생한 이익vital benefit"을 주는 다른 종류의 진리들과 갈등을 겪는다는 이유에서 절대자에 대한 신념을 비판하였다. 그러나 결정적인 논점은 그가 진리관으로 채택한 방식에 따라 종교적 위안을 "결정적 이익"의 한 가지로 간주한다는 점이다. 이를 일반화하여 그는 다음과 같이 말하였다.

우리가 해낼 수 있는 것보다 훨씬 나은 삶이 있다면, 그리고 그렇게 할 수 있도록 우리를 이끌어주는 생각이 있고, 실제로 그 생각을 믿고 있다면, 그러한 생각이 보다 좋은 결정적 이익과 상충한다고 여겨지지 않는 한, 그것이 존재한다고 믿는 편이 훨씬 좋을 것이다. "우리에게 믿는다는 것이 이것 이상 다른 무엇이 있겠는가!" 이것이 바로 진리에 관한 정의와 다를 바 없다(pp. 76–77).

확실히 제임스는 신념에 즐거움을 가져다주는 것이 다른 요인들을 압도할 수 있다는 입장을 취한 것은 아니다. 하지만 "참이라고 여겨진 모든 것은 우리에게 즐거움을 준다."고 한 실용주의 입장을 비판하는 데 동조하지 않았다(p. 234). 즉, 그가 기쁨 또는 위안을 진리의 '하나의' 증거로 여긴 것은 부정하기 어려울 듯하다. 그의 논점은 행위자가 믿는 바가 가져오는 결과를 그의 신념이 참인가 아닌가에 관련시키지 않은 상태로 비판한 것에 동의하지 않은 것이다. 고려해야 할 점은 사물이 진리인 것으로 믿는 방식으로 사물이 다루어지고 있는가, 즉 믿는 바에 따라 나온 심리적 결과와 관계없이 사물을 파악하는가에 있다. 제임스에 따르면, 진리를 "좋은 것의 일종one species of good"으로 파악하면, 이 종류의 좋음이나 만족은 매우 편협하게 한정된다. 실제로 제임스 이론의 편협한 해석 방식은 즐거움을 준다는 의미에서 만족스러운 결과를 심리적으로 수용하는 데 있는 것이 아니라, 경험에 의하여 도출되는 논리적인 귀결이라는 의미에서 만족스러운 결과를 수용한다는 데 있다.

후자는 제임스의 진리 이론을 반대하는 입장을 다소 완화시키는 토대가 된다. 참된 신념이 만족스러운가는 그 예견력의 충분함에 달려 있다. 즉 어떤 신념이 참이라는 조건 아래서, 만약 당신이 이러한 신념에 따라 행동할 경우 당신은 이에 부합하는 어떤 예견을 하게 된다. 그러면 경험은 당신이 심리적으로 만족하는가 여부에 관계없이 이러한 예견을 충족시키려 할 것이다. 경험에 의하여 예견을 충족하는 것은 예견의 근거가 되는 신념을 검증하는 것이다. 따라서 진리는 특정한 검증을 하는 데 있으며, 진리의 가치는 우리가 장차 당면하는 경험의 적합성 여부에 의존한다.

> [제임스에 따르면] 우리에게 진리란 단지 검증 과정에 총체적으로 붙인 이름일 뿐이며, 그것은 건강, 재산, 힘 등과 같이 삶의 과정에 필요한 개념 중 하나이다. 이러한 개념들은 경험의 과정에서 추구될 때 가치가 있다. 건강, 재산, 힘이 경험에 의하여 만들어지듯이, 진리도 만들어진다made.

검증 과정을 통하여 수립된 제임스의 이론은 진리의 잣대로 심리적 만족을 삼아선 안 된다는 비판을 피해간다. 하지만 인용문의 마지막 문장에서, 우리는 제임스의 이론이 향후 더욱 더 큰 논란을 일으키는 근본적 상대주의relativism에 입각함을 발견할 수 있다. 실제로 제임스는 진리가 "시간을 초월한 성질timeless quality"이 아니라 검증에 수반하여서concomitant 시간상 관련을 맺으며 형성되는 것과 같다고 주장하였다. 그래서 제임스는 "생각이란 곧 우리 경험의 일부일 뿐이며, 그 생각이 우리의 다른 경험에 만족할 결과를 가져오도록 했을 때만 그것은 진리일 뿐이다. …"(p. 58)라고 말하였다. 또한 그는 자신의 논점을 보다 직설적으로 다음과 같이 표현한 바 있다. "생각이 진리인가는 그 생각 안에 담긴 부동의 특질이 아니다. 진리는 생각에 따라 '발생한다happens'. 진리는 형성되며becomes, 사건에 의하여 만들어진다made. 진리의 실체verity는 사건에 있으며, 일의 과정에 있다. 그래서 진리의 실체를 확증하는verifying 과정을 일컬어 '검증veri-fication'이라고 한다(p. 201).

진리를 생각의 절대적 속성이 아니라 가변적 속성으로 보는 것은 당시 많은 철학자들이 공유했던 일반적인 생각이다. 즉 진리는 시간에 따라 그리고 사람에 따라 상대적인 것이다. 왜냐하면 진리는 시간과 사람에 따라 달라질 수밖에 없는 검증 방법과 확증 방식과 관련을 맺기 때문이다. 앞서 지적한 바 있지만, 절대적 진리관은 결국 독단에 빠지고 만다는 [실증]과학 정신에 입각한 현실에 비추어 진리를 파악하고자 하는 데서 그가 이렇게 보게 된 주요 동기를 찾을 수 있다. 제임스는 다음과 같이 언급하였다.

주지주의의 근본적인 가정은 진리가 본질적으로 무기력하고 정적인 관련 속에서 파악된다는 것이다. 당신이 스스로 어떤 것을 진리라고 파악한 것에는 반드시 어떤 결말이 있게 마련이다. 당신은 뭔가를 소유하거나 뭔가를 알거나 당신 스스로 생각한 것을 충족시킨다.

하지만, 절대 진리absolute truth와 확실성certainty 사이에 근본적인 혼란이 있어 보인다. 진리가 절대적인 것, 즉 생각과 믿음에 변하지 않는 속성을 지니고 있다고 여기는 것과, 우리가 진리를 확실하게 획득할 수 있다고 여기는 것은 전혀 다른 것이다. 따라서 확실성을 부정하면서 절대적 진리관을 주장하는 것은 논리적으로 충분히 가능하다. 과학의 정신과 현실은 독단주의에 반대하는 것이며, 독단주의는 확실성에 대한 확신이지 절대 진리에 대한 확신이 아니다. 우리는 이미 퍼어스가 과학적 탐구에 항상 제한이 따른다는 정신에 입각하여 진리의 개념에 오류 가능성을 결합하였음을 살펴본 바 있다. 주어진 시점에서만 '진리로 평가하거나 간주할 수 있는' 신념이나 생각을 가질 수 있다는 것은 분명하다. 이러한 신념과 생각은 우리가 경험하는 바에 따라 변하게 마련이다. 그러나 그것이 '진리 그 자체'가 변하거나 가변성을 지닌다는 사실을 뒷받침하지는 않는다. 모르기는 해도 제임스는 확실성을 공격하는 데 보다 근본적인 관심을 가진 것으로 보인다. 그래서 그는 자신이 절대 진리를 공격하려는 것으로 오해받았음에도 나름대로 자신의 입장을 고수하였다.[16]

더욱이, 진리의 상대적 입장을 검증이나 확증과 같은 개념으로 환원시키고자 하는 몇몇 '독자적인' 논의가 있다. 우리는 전형적으로 '배중률의 원리에 따라' 명제를 참 아니면 거짓으로 상정한다. 그러나 어떤 명제들은 특정 시점에서 특정인의 관점으로 볼 때 확증되지도 않고 전혀 부인되지도 않는다. 예를 들어, 오늘날 관점에서 시저가 루비콘 강을 건너던 그 날에 아침을 먹었는지 여부는 확증할 수도 없고 부인할 수도 없다. 그러나 그가 그날 아침을 먹었거나 안 먹었거나 둘 중 하나임을 인정할 수 있으며, 이에 따라 그가 아침을 먹었는지를 알 수 없을지라도 아침을 먹은 경우가 참이거나 안 먹은 경우가 참이라는 사실을 인정할 수 있다.

우리는 또한 '모순률의 법칙에 따라' 어떤 명제도 참이면서 동시에 거짓일 수 없음을 상정한다. 그러나 어떤 명제는 분명히 특정 상황에서 특정인에 의하여 확증되지만 동시에 다른 상황에서 또는 같은 상황일지라도 다른 사람에 의하여 확증되지 않을 수도 있다. 예를 들어서 나는 분명 치통을 앓고 있지만, 나의 식구들이 나의 고통을 눈치 채지 못하도록 내가 통증을 전혀 느끼지 않는 것처럼 능숙하게 대처할 수 있다. 그래서 나의 식구들은 내가 치통을 앓는다는 사실을 부정할 수 있지만, 나는 치통을 앓고 있음을 확증하는 명백하고도 고통스러운 근거를 지니고 있다. 그러나 내가 치통을 앓는다는 명제가 참이면서 동시에 거짓일 수는 없다.

이제 시간이 경과함에 따라 어떤 생각을 확증하는 정도에 '변화'가 있는 경우를 고려해 보자. 만약 과학이론이 특정 기간 동안 내내 타당한 이론으로 확증되었다가 나중에 가서 결정적으로 확증이 뒤집어졌다면, 우리는 그 이론이 처음에는 참이었다가 나중에는 거짓이라고 서술하지 않는다. 그보다는 그 이론이 한 때 참으로 '여겨졌으나' 나중에 거짓으로 '판명되었다'고 말할 수는 있다. 그렇지 않다면 자연 이치는 우리가 세운 이론을 바꿀 만큼 변하는 것이라는 가정을 마땅히 받아들여야 한다. 그러면 참과 거짓으로 여겨진 두 가지는 갈등을 야기하지 않는다. 뉴턴 이론이 만족스럽게 받아들여졌던 시절 자연의 이치는 뉴턴주의에 부합한 것이 참이었지만, 뉴턴주의가 무너지면서 자연의 이치는 뉴턴 방식을 접고 아인슈타인 방식에 부합한 것이 된다. 자연이 변하는 것처럼 보이는 것은 분명하지만, 자연이 변하는 것처럼 믿게 해버리는 새로운 물리학 이론이 두각을 나타내게 하는 근거는 어디에 있는가?

더욱이, 모든 물리학 이론은 자연의 상당 부분을 기술하려고 하지만, 동시에 이론이 '항구적'이며 '어느 곳에서도' 적용되도록 구안되기 때문에, 처음의 이론이 참이었다가 나중에 다른 이론이 참이라고 주장하는 것은 논리적으로 부합하지 않는다. 역사적으로 두드러진 예를 찾을 수 있다. 갈릴레오가 피사의 사탑斜塔에 철공iron ball을 떨어뜨렸다고 여겨진다. 그러나 오늘날 이 사실은 지어낸 이야기라고 한다. 갈릴리오가 피사의 사탑에서 철공을 떨어뜨린 것이 당시에는 사실이며, 그 이후에는 그가 공을 떨어뜨리지 않은 것이 사실이라고 상정할 수는 없다. 그가 공을 떨어뜨리거나 아니거나 둘 중 하나만 참이다. 진리에 관한 우리의 '견해'가 당연히 변할 수 있는 것이라고 하더라도 이 문제에서 진리는 변할 수 있는 것이 아니다.[17]

제임스는 이 논점과 관련하여 별로 일관되어 보이지 않는다. 한편에서 그는 과거 이론이 "경험을 수용하는 범위"(p. 223) 안에서 참이었으며, 그것이 현재 우리에게는 아니지만 그 이론 형성 과정이 "당시 사람들에게 진리로 작동하는 과정"(p. 224)이라고 말하였다. 그러나 다른 한편에서 그는 과거 이론가들의 생각과 관계없이 "회고적 관점에서" 현재 우리가 소급해 판단하여 '참이다'고 말할 것이다(pp. 223-224). 앞서 인용하였듯이 과거 이론가들의 "경험을 수용하는 범위"를 현재 능가할 수 있기 때문에 그는 과거 이론가들의 생각이 "절대적으로" 틀렸다고 여길 것이다. 실제 그는 '진리로 여겨지는' 것이 과학적 탐구가 이루어지는 시간에 따라 변한다는 점을 보여준 것뿐이다. 그렇지만 그는 '진리로 여겨지는' 것이 무엇이건 그것만은 절대적 진리로 파악된다는 입장을 견지하는 듯하다. 왜냐하면 이미 살펴본 바와 같이, 동일한 생각이 현재 참이면서 동시에 거짓으로 파악하는 데는 난점이 있기 때문이다. 한 마디로, 가변성은 진리 그 자체가 아니라 진리 여부의 '평가estimation'를 결정짓는다.

여기서 진리의 절대성과 자연 [변화] 과정의 고정성fixity은 상호 독립적이어서 이 둘을 구분하는 것은 중요하다. 진리는 진술, 신념, 명제, 관념의 속성을 갖는 것이지, 일반적으로 사물, [변화] 과정, 사건의 속성을 갖는 것이 아니다. 진리가 절대적이라고 말하는 것은 참된 것으로 진술하거나 생각한 것이 무엇이건 간에 그것이 무조건적으로 사실에 부합된다고 말하는 것이다. 참된 진술은 '항상성'과 '고정성'을 확증한다는 데 더 이상의 조건이 필요 없다. 변화라는 사실은, 그것이 어떤 것이건 간에, 참된 진술을 절대적 의미에서 참이게 한다. 유동적인fluid 역사 전개 과정이나 일시적인transient 역사적 사건은 그것들을 참으로 서술함에 있어서 유동성fluidity이나 일회성transiency을 요구하지 않는다. 우리는 이미 갈릴레오가 피사의 사탑에서 철공을 떨어뜨린 것이 당초에 참이었다가 나중에 거짓으로 생각하는 것이 부당함을 확인하였다. 반대로 제1차 세계대전이 1914년 발발하였다는 진술의 절대적 진리가 제1차 세계대전 발발이 시간과 무관하게 고정된 것이라는 것과 전쟁은 반드시 발단 지점이 있다는 것을 함의하지는 않는다. 모든 사건의 시간적, 공간적 특성들이 사건의 참된 진술에 활용되지만, 그렇다고 이것이 진리 자체가 이와 같은 방식으로 규정된다는 것을 함의하지는 않는다. 1934년 4월 7일 멕시코시티에 비가 왔다면, "1934년 4월 7일 멕시코시티에 비가 왔다"는 문장은 멕시코시티에서만 참이 아니라, 그 명제가 참일 뿐이다. 마찬가지로 그 문장은 1934년 4월 7일에만 참인 것이 아니라 명제가 참이라는 뜻이다. 그 결과 진리의 상대주의 입장이 역사의 "유동성"과 자연변화의 편재성을 강조하고 싶은 욕망에 결합된 것인 한, 진리의 절대주의 입장은 별다른 논리적 제약 없이 명제가 드러내고자 하는 바를 잘 드러내도록 수행한다.

이제까지 언급한 내용에도 불구하고, 시간, 공간, 사람에 따라 변할 수 있는 진리를 담은 명제가 있다는 주장에 반대가 있을 수도 있다. 다음 세 문장을 예로 들어보겠다.

(1) 오늘은 일요일이다.
(2) 이 도시는 3개의 일간지를 갖고 있다.
(3) 나는 공화당원이다.

명제 (1), (2), (3) 중 어느 것도 불변의 참이 아니다. (1)은 어느 날이건 그 날이 일요일일 경우에 한하여 참이다. (2)는 3개의 일간지를 발행하는 도시에 한하여 참이다. (3)은 공화당원이 언급한 경우에 한하여 참이다.

즉, 세 문장은 모두 원천적으로 [의미상] 불완전하며 불확정적 명제이다, 세 문장은 명확한 주장을 하지 못하며, 문법상 주어인 '오늘', '이 도시', '나'는 고정된 실체를 지칭하지 않는다. 문장에 담긴 속성이 어떤 것인지 명백하지 않을 경우, 그 문장이 어떻게 진리로 평가될 수 있겠는가? 누군가가 "X는 공화당원이다."라고 말했다고 하자. 이는 당연히 '도식schema' 이상 아무것도 아니다. 당연히 이러한 도식은 진리 여부를 확정할 수 없으며(즉 진리가truth-value를 산정할 수 없으며), "X"라는 변인이 특정한 이름이나 묘사로 대치되거나 "모든 X에 대하여" 또는 "이러이러한 X가 있다"는 접합어가 붙는다면, 특정한 진리가를 가진 무수한 진술들로 표현될 수 있다. 진리의 절대 이론은 '도식'이 진리의 측면에서 가변적이라는 점을 부정하지 않는다. 따라서 도식은 원래 진술이나 주장과 혼동되어서는 안 된다.

어떤 의미에서 보면, 문장 (1), (2), (3)이 물론 "X", "Y"와 같은 변인으로 된 도식보다 더 확정적이다. 이를테면 '오늘'이라는 말은 그것이 지칭하는 변수가 많음에도 불구하고 '언급되는 맥락에서' "X"라는 말보다 확정적 대상을 갖게 해준다. 즉 특정 인물이 "오늘은 일요일이다"라고 언급했다면, '오늘'이라는 말은 그 언명이 발생한 날짜를 지칭한다. 이와 마찬가지로, '이 도시'라는 말도 발언 시점으로 볼 때 언명이 발생한 도시를 지칭하면, '나'라는 말 역시 발언한 사람을 지칭한다. 그럼에도 불구하고, 문장 (1), (2), (3)은 여전히 언명과 동떨어져 있어서, 순수한 도식이 어떤 내용을 지칭하는지 알 수 없는 것과 마찬가지로 주장하는 내용이 무엇인지 파악하기 어렵다. 이러한 형태의 문장은 실제 '발언'을 확인하고 나서야 그 지칭 대상을 확정할 수 있으며 그 진리가를 확인할 수 있다. "오늘은 일요일이다"라는 언명은, 구체적인 시기가 주어졌을 경우에만, 그 진위를 명백하게 구분할 수 있다. 그 결과 그 발언을 다른 날에 하였다면, 똑 같은 문장이라도 상이한 내용을 담게 된다.

'오늘', '이것' '나'와 같은 가변적인 지시어[18]는 확실한 지시대상을 나타내는 구체적인 표현으로 대체할 수도 있다. 이 방식에 따르면, 확실한 진리가는 같은 형식의 문장이 다른 상황에서 반복되는 경우에 보장된다. "아이젠아우어는 공화당원이다."라는 문장이 "나는 공화당원이다."라는 아이젠아우어의 발언으로 대체된다면, 이 문장의 진리가는 발언 자체로 보장될 뿐만 아니라 반복적 형태에서도 보장된다. 논점은 명확하다. 발언이 실제 일어난 것을 확보하기만 하면, 그 진리여부는 확정된다.

절대 진리 개념이 갖는 독특함은 "명철성transparency", 즉 문제시될 어떤 것도 추가할 필요가 없다는 데 있다. "그렇지yes"처럼 "맞아That's true"라는 말은 동의 의사를 나타내도 맥락에 따라 이해가 달라지는 말이다. 이를테면 같은 말을 반복할 필요 없이 주장을 반복하는 표현 방식이다. 게다가 "콜럼버스가 아메리카를 발견했다는 것은 참이다"라는 문장은 '콜럼버스가 아메리카를 발견했다'는 것을 단지 말할 뿐이다. 끝으로 "문장 '콜럼버스가 아메리카를 발견했다'는 참이다" 또는 "브리태니커 백과사전 제7권 374쪽 첫 문장은 참이다"에서 진리의 '속성'이나 '단정'을 나타내는 말을 만드는 경우에, 그것은 우리가 진술한 문장에서 주장하고자 하는 바를 다시 강조한 것에 불과하다. 위의 두 문장에서 진리여부는 확실하다. (물론 브리태니커 백과사전의 경우에는 해당 면을 직접 찾아 확인하지 않으면 어떤 문장이 담겨 있는지 알 수 없지만.) 진리여부는 진리를 담고 있는 문장이 사실과 부합하는 것을 표현하기만 하면 확증된다. 두 번째 문장에서도 이 문장을 참으로 만드는 사실이 진리여부를 결정하는 요인이다.

절대 진리의 "명철성"은 비록 파악해내기 어려운 것이지만 근본적으로 논리적 난점은 없다. 논리학자 알프레드 타스키Alfred Tarski는 이 특징을 나타내는 진리의 준거를 설정하여 확증의 상대적 개념에 따라 진리기 변별된다고 논증하였다.[19] 타스키의 준거는 결정적 확증의 이상인 '확실성'을 포기하는 경우라 하더라도 우리는 '진리'의 절대 개념을 포기할 필요가 없다는 카르납R. Carnap의 명시적 논증[20]의 근거가 되었다. 타스키의 주장과 카르납의 논증을 검토하면서 이 장을 마치기로 한다.

타스키는 자신의 준거를 "진리의 의미론적 준거semantic criterion of truth"라고 하였다. 진리는 문장의 속성이며, 그것은 다시 문장이 기술하는 것과 연결된다는, 즉 언어와 실재가 관련을 맺는 의미가 진리의 준거라는 것이다. 그의 이론은 다음과 같은 아리스토텔레스의 영향을 받은 것이다. "사실이 아닌 것을 사실로 말하거나 사실을 사실이 아닌 것으로 말하는 것은 거짓이다. 반면 사실을 사실로 말하거나 사실이 아닌 것을 사실이 아닌 것으로 말하는 것은 참이다."[21] 타스키는 이 생각을 현실적인 진술로 전환하였다. "한 문장의 진리는 그것이 실재와 일치(또는 상응)하는가에 달려 있다."[22]

"눈은 희다"라는 문장과 관련하여, 타스키는 진리를 적절하게 정의하려 한다면 그것에 상응하는 대상을 표현해야 한다는 일종의 논리적 등가를 말하였다.

"눈은 희다"라는 문장은 오로지 눈이 휠 경우에 한하여 참이다.

이를 일반화하여, 그는 다음과 같은 논리적 등가 형식을 만들었다.

"_____"라는 문장은 오로지 _____ 경우에 한하여 참이다.

(물론 빈칸에 고정된 방식으로 해석되고 위의 형식에 부합하는 동일한 문장이 채워져야 한다.)

문장으로 어떤 내용이 삽입되건 간에 따옴표 안의 공난은 '이름'을 나타내지만, 다른 공난은 그렇지 않다. 따옴표 안의 문장이 참인 경우에 한하여 따옴표 없는 공난의 문장은 사실 관계나 사태를 표현한다. (지칭하는 기능을 수행하는 따옴표는 따옴표 안의 진술이 따옴표 없는 문장을 지칭하기만 하면, 제거될 수 있다.) 이것이 타스키가 주장하는 의미론적 준거이다.

이 준거는 진리에 대한 정의가 아니다. 왜냐하면 이 준거는 공난을 사용한 도식일 뿐이지, 그 자체가 진술이 아니기 때문이다. 반면에 공난을 채운 실제 진술은 충분하지는 않지만 일반적으로 정의로서 기능을 수행한다. 그럼에도 불구하고, 타스키에 따르면 이 준거는 진리의 정의 방식을 만족시키는 조건을 나타낸다. 다른 말로 하자면, 위의 준거에 따라 만들어진 모든 문장이 정의로부터 도출된 언명이라는 점에서 이 정의방식은 [진리에] 부합한다. 목하 논의는 타스키 자신의 '정의 방식'에 집중하는데 있는 것이 아니다. 그보다는 그의 준거가 진리의 필요조건으로 받아들여진다면, 진리가 심리적 확증과 독자적으로 성립할 수 있으며 진리로 작동하는 결정적 요인이 있음을 보여줄 수 있을 것이다.

그 결과로 [타스키의] 준거는 문장이 담고 있는 내용과 문장이 일치함으로써 그 문장이 진리임을 보여주기 때문에 앞서 언급한 '명철한' 문장이 되게 한다. 그러나 준거는 하나의 예증만으로 그 문장을 확증할 수 있는 방법을 제공하지 않는다. 예를 들어서, '눈이 희다'의 진위 여부를 말해주지 않는다. "관련 문장 "'눈이 희다'는 참이다"를 수용하거나 거부하고자 할 경우 그것을 가능하게 해준다."[23] 그렇지만 참된 명제가 이처럼 확증된다면, 진리를 확증하는 단일한 방법이 매우 어렵거나 불가능한 과제라는 의문이 제기되겠는가? 어떤 경우이건, 준거 그 자체는 여러 형태의 진술이 동시에 참일 수 없는 것처럼 진리에 어떤 의구심을 품을 수 없다는 점을 보여주는 데 충분하다. 콰인W. V. Quine이 말한 바와 같이, "예컨대 '눈은 희다'를 참으로 여기는 것은 눈의 속성이 '희다'임을 확인하는 것처럼 분명하다."[24] 비유적으로 말하자면, '진리'는 사실을 간접적으로 숙고한 결과이며, '진리의 절대성'은 특정인의 지식과 신념에 상대적으로 의존하지 않고 사실의 객관적 진술을 명료하게 파악하는 것이다. 우리는 "눈은 흰가?"라는 진술형태의 질문을 이해할 수 있지만, "눈은 누구에게 흰가?"라는 질문을 하지 않는다.

타스키의 이론을 토대로 카르납은 진리와 확증의 차이와 함께, 진리가 확실성 문제와 관련되지 않는다는 점을 강조하였다. (약간 형태를 변형시켜 보자면) 카르납의 논의는 다음의 세 문장으로 나타낼 수 있다.

(1) 특정시점 t에 병에 담긴 물체는 알코올이다.

(2) "특정시점 t에 병에 담긴 물체는 알코올이다"는 참이다.

(3) X는 "'특정시점 t에 병에 담긴 물체는 알코올이다'는 참이다'라는 문장을 믿는다(확신한다, 수용한다).

타스키와 마찬가지로, (2)가 참인 경우에 한하여 (1)을 주장할 수 있다. 그렇지만 (1)과 (3)이 언급하는 내용은 동일하지 않다. 특정시점 t에 병에 담긴 물체가 알코올일 수 있지만, X는 "특정시점 t에 병에 담긴 물체는 알코올이다"는 문장이 거짓이라고 믿을(확신할, 수용할) 수 있다. 반대로, 병에 담긴 물체가 알코올이 아니라 물인 경우에도 X는 그 문장이 참이라고 주장하는 것도 역시 가능하다. 이는 (2)가 (1)을 받아들인다는 전제에서 성립하기 때문에 (2)가 (3)으로 빗나갈 수 있다는 데 기인한다. 따라서 문장 "특정시점 t에 병에 담긴 물체는 알코올이다"는 참일 수 있지만, X가 참으로 믿지 않을 수 있고, 또 그 반대일 수도 있다. 따라서 진리는 참으로 믿는 것, 참으로 여기는 것, 참으로 확신하는 것과는 다르다.

카르납은 참이거나 거짓인 경험적 진술 S가 '확실성'을 지니는지 결정할 수 없기 때문에 많은 사람들이 진리의 의미론적(절대적) 개념을 포기해야 한다고 주장한다고 보았다. 그는 확실성을 이와 같이 파악해야 한다면 마찬가지로 진리도 허용할 수 없는 것이라는 입장을 받아들여야 하는가 반문한다. 이와 같은 추론은 다음과 같은 원리에 의거한 것이다. 즉 "어떤 술어가 적용되는 특정한 사례에서 절대적 확실성을 갖는다고 결정하지 못한다면 그 술어는 반드시 부정되어야 한다."[25] 그러나 카르납이 보기에 이러한 원리란 명백히 "어처구니없는 결과를 도출할" 뿐이다. 만약 문장 (2)를 확실하게 진리라고 판단할 수 없다면, 같은 논리로 문장 (1)에 진술된 알코올이 확실하게 그 병에 담겨져 있다고 판단할 수 없다. 반대로 문장 (1)의 '알코올'이라는 말을 확신할 수 없다면, 이에 따라 문장 (2)가 참임을 확신할 수 없다. '참'을 부정하는 위의 원리를 따른다고 하면, 우리는 모든 경험적 술어들을 부정해야만 한다.

따라서 위의 원리는 다음과 같은 변형된 형태로 바뀌어야 한다. "어떤 술어는 그 술어가 특정 사례와 함께 진술된 문장이 어느 정도 확증될 수 있는 경우에 한하여 … 합당한 과학적 용어이다."[26] 이 형태는 앞서와 같은 어처구니없는 결과를 더 이상 용납하지 않는다. 이 형태를 받아들여야 '알코올'이라는 말이 합당하게 사용되며, 같은 맥락에서 '참'이라는 말도 합당하게 사용될 수 있다.

이제까지 검토한 결과를 개괄하자면, 지식의 조건으로서 확실성을 부정한다고 할지라도, 우리는 절대 진리를 부정할 필요가 없다. 명제 Q를 안다고 하는 것은 명제 Q를 믿는다는 것만이 아니라 명제 Q를 확증한다는 것을 말한다. 그 결과 명제 Q가 그 명제를 절대적으로 수용한다는 의미에서 '참'이라는 것을 확증할 수 있다. 분명, 우리는 지식을 확증하는 과정에서 '오류불가능성'을 주장할 수 없다. 우리가 파악한 지식 중에는 그릇되게 파악한 것도 있을 수 있다. 그릇된 것으로 판명되는 것도 사실을 파악하는 노력이 잘못이 아닌 만큼 잘못된 것이 아니다. 우리가 진리를 탐구하려는 노력이 있는 한, 거기에는 오류가능성이 있다고 해도, 그것이 어찌 특정상황에서 앎을 추구할 우리 자신의 권리를 부정하는 것이겠는가?

일반적으로 우리는 우리가 할 수 없는 불가능한 일을 수행할 하등의 의무가 없기 때문에, 어떤 경험적 사실에 대하여도 확실성을 확보해야 할 의무가 없다. 그렇지만, 우리에게 획득 가능한 증거에 따라 진리를 추구해야 하며, 우리가 획득한 지식이 이와 반대되는 증거에 비추어 공적인 비판을 받고 수정할 수 있어야 한다.

'현재적 관점에서' 비추어볼 때, 이와 같은 수정 가능성은 우리의 탐구가 절대적인 것을 확증할 수 없도록 한다. 그러나 이러한 희박한 '가능성'이 '현재' 타당한 증거를 획득하는 데 논란이 되거나 판단을 저지하는 근거가 되지 않는다. 상반된 증거가 나온다면, 그것은 곧 우리가 현재 판단한 것을 수정할 수 있는 훌륭한 근거를 제공하며, 또한 나중에 또 다른 상반된 증거가 나온다고 해서 그것이 현재 수행하는 수정 작업을 막을 근거를 제공하지 않는다. 한 마디로, 지식의 속성은 경험적 사실을 다룰 때 요구하는 확실성의 속성과 다르지 않다. 우리가 수행할 임무는 오류 없는 진리를 가려내는 것이 아니라 탐구한 내용이 진리로 여길 만한가를 책임감 있게 평가하는 것이다.

이제 명제적 지식의 진리조건 논의를 벗어나서 증거 조건이 무엇인지를 고려할 차례이다.

제3장

지식과 증거
Knowledge and Evidence

제3장 지식과 증거

증거조건의 요구

제1장 끝부분에서 명제적 지식의 정의 방식을 예증하면서 X가 명제 Q를 안다는 조건의 하나로 명제 Q에 대한 적합한 증거를 가지고 있어야 한다고 하였다. 이 "증거조건"은 '엄격한 의미에서' 앎이 단지 참된 신념이라는 뜻을 넘어서 합당한 방법에 따라 자신이 믿고 있는 바를 정당화하거나 뒷받침한다는 생각에서 설정된 것이다.

증거조건의 의미는 역사적으로 보면 성 어거스틴St Augustine의 교수이론[1)]에서 그 예를 찾아볼 수 있다. 어거스틴은 교사가 말[言]

---

1) [역자 주] 본문에서 저자가 '어거스틴의 교수이론'이라고 지칭한 데에는 나름대로 근거가 있다. 쉐플러는 자신의 논문 "Philosophical Models of Teaching"에서 세 명의 전통철학자 로크J. Locke, 어거스틴, 칸트I. Kant의 이론을 교수이론 모형으로 소개하고 있다. 이들을 각각 인상모형impression model, 통찰모형insight model, 규칙모형 rule model이라 칭하고, 그 이론적 특징을 비교하여 설명하고 있다. 인상모형은 로크의 백지설을 토대로 하여, 교수행위는 백지 같은 정신능력을 도야하는 것이며, 교사는 이에 합당한 교육내용을 공급하는 역할을 담당한다. 기계론적 이론에 해당하는 이 모형은 행동주의의 교수-학습 이론과 보상 이론으로 이어진다. 인상모형은 수동적 학습자를 전제하는 데 비하여, 통찰모형은 능동적 학습자를 전제한다. 통찰모형에서 교육내용은 전달하는 것이 아니라 통찰을 통하여 획득된다. 플라톤의 『메논』에 나오

語]을 통하여 지식을 전달한다는 생각에 반대하였다. 그에 따르면 말은 실재와 관련된 기호에 불과하기 때문에 앎은 단지 말을 습득하는 문제가 아니다. 앎이란 말이 지칭하는 실재를 개인이 직면하게 될 경우 가능하다. 이처럼 개인이 직면하는 바가 없다면, 학생들이 기껏해야 획득할 수 있는 것은 신념이지만, 결코 지식을 획득할 수 없다. 따라서 교사는 자신의 말을 가지고 학생들에게 '지식'을 전달했다고 간주할 수 없다. 오히려 교사는 학생들로 하여금 지식을 습득하도록 하기 위하여 스스로 실재에 직면하도록 '촉구한다prompts'. 어거스틴에 따르면, 말의 취지는 "말을 통하여 전하고자 하는 모든 것을 진술하는 데 있다. 즉 말은 우리가 실재를 찾는 활동에 봉사하는 셈이다."(p. 154)[1] 누군가 나에게 명제 Q를 알려주었지만 "Q"가 지칭하는 실재를 내가 파악하지 못하였다면, 나는 기껏해야 명제 Q를 믿는 것에 불과하며 결코 명제 Q를 안다고 할 수 없다. 어거스틴은 "내가 믿는 모든 것을 안다고 할 수 없다. 바로 그 이유 때문에 내가 알지 못하는 많은 것을 믿는 것이

___

는 교수-학습이 원형이라고 할 수 있으며, 교사는 학습자가 경험을 스스로 조직하고, 특정한 경험에 의미를 부여할 수 있도록 역할을 수행한다. 규칙모형은 이성을 강조한 칸트의 입장에 근거하여 학습자가 합리적 사고뿐만 아니라 합리적인 판단과 행동을 선택할 수 있도록 하는 교수이론이다. 쉐플러 교수는 각 모형의 장단점을 모두 논의하고 있지만, 어거스틴의 통찰모형에 보다 많은 비중을 두는 듯하다. 그러나 통찰모형이 학습자의 내적 변화인 통찰에 초점을 맞추고 있어서 구체적 증거나 명제를 통하여 그것을 입증하는 데 난점이 있다. 구체적 증거를 논하는 제3장의 서두에 이 문제를 화두로 한 것은 이 때문이다. 이 논문은 저자가 당초 *Harvard Educational Review*, Vol. 35(1965), pp. 131-143에 발표되었으나, 뒤에 R. S. Peters(ed.) (1967), *The Concept of Education*, London: Routledge and Kegan Paul, pp. 120-134와 S. M. Cahn (ed.) (1970), *The Philosophical Foundations of Education*, New York: Harper & Row, pp. 385-409, 그리고 1973년 자신의 글을 모은 책, *Reason and Teaching*, London: Routledge and Kegan Paul, pp. 67-81에도 수록되어 있다.

과연 유용한 것인지 깨닫지 못한다."(p. 155)고 말하였다. 어거스틴에게 앎은 믿음보다 더 확고한 개념이다. 지식은 "귀에 들려오는 말을 통해서 오는 것이 아니라 진리의 내면적 가르침에 의하여 오는 것"(p. 154)이라고 하였다. "교사가 말을 통하여 자신이 가르치고자 하는 모든 교과에 관하여 설명한다는 것은, 심지어 도덕과 지혜를 가르치는 경우는 말할 것도 없지만, 학생은 자신의 입장에서 교사가 말로 설명한 바가 과연 진리로 받아들여질 수 있는가를 내면적으로 스스로 성찰해 보는 것이다."(p. 158)

어거스틴이 의도한 바는 학생이 '안다'고 하는 것은, 그 신념이 비록 성경에 기대어 최고의 권위에 의존한 것이라 할지라도, 단지 '참인 신념을 지닌다'는 점을 드러내는 데 있는 듯하다. 무엇을 아는 사람은 자기에게 가르친 내용이 참인지 여부를 자기 내면적으로 성찰해 보아야 한다. 아는 사람은 자신의 "내면적 진리interior truth"의 근원에 비추어 자신이 믿는 바를 개인적으로 '평가하는 evaluating' 과정에 몸 담아야 한다. 이와 같은 어거스틴의 교의를 그가 관련시킨 형이상학적이며 종교적인 해석과 분리시켜 수용하고자 한다면, 여기서 우리는 증거조건의 단초를 찾아낼 수 있다. 앎의 주체가 자신의 신념을 스스로 평가할 수 있는 준거를 마련할 수 있다면, 그것은 앎의 본질을 단지 참된 신념으로부터 구분하게 해준다. 한 마디로 앎의 주체가 자신의 신념을 문제 삼아 합당한 증거를 갖게 하는 것은 앎의 또 다른 강력한 교두보를 확보하는 셈이다.

증거의 적합성 평가

증거조건의 논점이 명확하다 해도, 그 해석상 명백히 해야 할 측면이 몇 가지가 있다. 이를테면, X에게 명제 Q에 대한 합당한 증거를 가졌는가를 요구하는 상황은 "Q"에 합당한 증거를 X가 사실적으로 취득할 수 있는 상황인가를 묻는 것으로 간주해도 되겠는가? "Q"를 X가 경험할 수 있는 구체적인 상황에서 확증할 만큼 수많은 실례를 일반화한 진술이라고 가정해 보자. 비록 X가 "Q"를 합당하게 뒷받침할 수 있는 충분한 증거를 수 없이 수집한 경우라 하더라도, 우리는 이 상황에서 X가 "Q"에 대한 합당한 증거를 당연히 가진 것처럼 여겨서는 안 된다. 오히려 우리는 X가 일반화를 '파기할rejecting' 근거가 되는 명확한 '부정적neagtive' 증거를 제시해야만 한다는 입장을 지녀야 한다. 실제로 "Q"를 거부할 반대 증거를 놓고서도 "Q"에 대한 자신의 신념을 견지하는 경우에, 설사 그 반대 증거가 차후에 철회되어 "Q"가 참임이 입증된 경우라 하더라도, 그가 애초부터 "Q"가 참임을 '알았다'는 것을 부인해야만 한다.

사정이 이럴진대, X가 "Q"에 대한 합당한 증거를 가졌다는 입장을 세심하게 논의해 볼 필요가 있다. 즉 X가 수집한 '모든' 증거가 "Q"를 뒷받침할 수 있는 것이어야 한다는 입장 말이다. 특정한 '그'가 수합한 모든 증거가 '우리'가 확보한 증거와 동일하다고 일반적으로 기대할 수는 없지만, "Q"에 대하여 그가 제시한 증거가 적합한 것인가는 '그'가 수합한 증거 하나하나의 적합성에 비추어 판단할 필요가 있다. 합당한 증거의 적합성이란 반대 증거를 수집할 가능성을 무시하면서 설정될 수는 없다. 게다가 X가 수합할 수 있는 증거의 총량은 시간에 따라 변화된다. 하지만 X가 명제 Q를 아는가 여부를 따지는 문제는 엄밀하게 말하자면 특정 시점에 비추어 파악되어질 문제이다. 시간이 쟁점이 된다고 하면, 그것은 X가 합당하다고 여기고 증거를 수집한 '특정 시점'이다.

논의를 요구하는 증거조건의 두 번째 측면은 '기준standards'이 함의하고 있는 근거이다. 적합성이란 판단의 기준이 세대에 따라서, 문화에 따라서, 또는 사람들의 개인차에 따라서 달라질 수 있는 일종의 평가 문제이다. 하지만 기준이 변할 수 있다는 것이 지식의 여부를 판단하는 평가가 자의적이거나 실제 가능한 평가가 모두 무력화되어야 한다는 것을 의미하지는 않는다. 평가자는 특정 시점에서 자신이 할 수 있는 범위에서 최선의 기준에 따라 평가할 필요가 있지만, 자신의 평가가 변할 수 있는 것임을 인식해야만 하고, 또한 자신의 판단이 차후에 평가 기준을 수정하는 원인을 제공한다는 것을 인정해야 한다. 이러한 상황은 여타의 평가가 이루어지는 상황과 원리상 다를 바가 없다.

물론 이와 같은 모든 상황은 맥락이 달라진다고 하면 기존에 설정된 기준을 적용하는 데 있어서 상당한 유예의 여지를 남겨놓아야 한다. 어떤 경우에는 보다 엄격한 잣대를 적용하는 것이 적절하다는 것을 알 수 있으며, 또 어떤 경우에는 보다 느슨한 자세를 취할 필요가 있다. 어린 아이의 지식을 평가할 경우, 우리는 어른에 비하여 평가 기준을 다소 느슨하게 적용해야 타당하다. 특히 교육적 견지에서 볼 때, 우리 자신이 견지해야 할 기준을 말한다면, 그것은 어린 아이 스스로의 신념에 대한 자율적 평가 능력을 길러가고 있는가에 있다. 그러나 아동의 역량은 스스로를 이러한 평가 기준에 합치하도록 하는 데에는 한계가 있다. 학교교육의 맥락에서 아이들의 지식을 평가하는 것은 전형적으로 발달상 아이의 역량 범위 내에서 지식이 얼마나 '향상'되었는가에 집중된다. 이러한 목적에 비추어 보면, 당초부터 기준을 상대적으로 느슨하게 적용하는 것은 적합한 일처럼 보인다.

아동이 성장하고 이전 지식이 쌓임에 따라 아동의 수용능력 capacity도 증가하는 만큼, 아동의 현재 실행능력을 측정하는 데 적용되는 기준도 이에 따라 엄격해질 필요가 있다. 아동의 현재 역량을 넘어서는 엄격한 잣대가 오히려 실제 상황에서 아동의 진보 여부를 잴 수 없게 하듯이, 아동의 현재 역량을 넘지 않는다고 해서 그 안에서 너무 느긋한 평가 잣대를 마련하는 것도 같은 이유에서 적절하지 못하다. 지식의 평가가 지식의 향상을 타당하게 재도록 하는 것이라면, 적용될 기준의 엄격성은 아동의 역량 증가 수준에 맞추어 조절될 필요가 있다. 아동의 역량 증가는 정도에 따라 얼마나 알 수 있는가를 엄격하게 잴 수 있다는 견지에서 앎의 문제가 다루어져야 한다.

반복적 발생recapitulation과 주기적 발달 원리는 교육과정을 계획하는 교사와 교육과정 개발자에게 있어서 중요하다. 여기서 우리는 교육과정 계획을 아동의 역량과 연계시켜 보았지만, "교육의 리듬"[2]에 체계적으로 접근하기 위하여 또 다른 중요한 요인으

---

2) [역자 주] '교육의 리듬the rhythm of education'은 저자가 미주에서 밝힌 것처럼 화이트헤드A. N. Whitehead가 주장하는 개념이다. 그의 유명한 「교육의 목적과 그 외

로서 아동의 태도와 성숙도를 고려할 필요가 있다.[2] 또한 아동의
역량을 재는 척도로서 연령도 느슨하게나마 고려해야 하지만, 이
것은 오로지 개인차를 염두에 두고 조절해야 한다는 목표에 비추
어 타당한 것이다.

우리 관심사는 우리의 기준을 학생들의 실행에 어떻게 다양하
게 적용하는가에 달려 있다. 적용의 다양성은 교사로서 '확고한
관점'을 갖는다는 기준을 확고하게 설정한다는 당초 의도를 배제
하지 않는다. 이상적인 기준 설정의 관점에서 우리는 이러한 기준
을 진보적 활동에 접목시키고 자율적으로 활용함으로써 아동교육
의 전반적 과정을 볼 수 있다. 또한 이 관점을 견지해야만 아이들
의 지식수준을 정상적인 성인의 지식에 견주어 볼 수 있다.

요약하면, '적합성' 개념은 '앎'이 복합적으로 해석되는 경우에
도 보다 합당하고 엄격하게 우리가 앎의 문제를 가늠할 수 있는
기준이 된다. 이러한 복합성을 인식하고 있어야만 우리는 우리에

논문들The Aims of Education and Other Essays」의 제2장 제목이기도 한 교육의 리
듬은 실증적 심리학 원리를 일률적으로 교육현장의 아동에게 적용하는 교육원리에
대한 반론으로 나온 것이다. 이를테면 심리학 이론을 연령별로 적용한다는 전제 아래
몇 세 이하 아동에게 특정 교육내용을 일률적으로 가르쳐선 안 된다 또는 그것이 불
가능하다는 주장은 교육만이 아니라 아이들을 황폐화시킨다는 것이다. 아이들의 성
장 발달에는 "다양성을 전달하는 반복적인 틀 속의 '리듬'"(p. 27)이 존재하며, 교수-
학습은 이를 존중해야 한다는 것이다. 화이트헤드는 이러한 리듬을 헤겔의 변증법적
正-反-合에 빗대어, '낭만의 단계', '정교의 단계' 그리고 '일반화의 단계'로 변화하면
서 꾸준히 반복된다고 주장한다. 이어지는 화이트헤드의 설명을 보면, 이는 마치 암
묵의 단계가 명제화되고, 이것이 다시 확장되는 과정과 유사하다. 이 순환 과정이 지
속적으로 반복되면서 아이들은 성장 발달한다는 것이다. 쉐플러가 그의 이론을 인용
하는 것은 본문에서 알 수 있듯이 아동의 역량 증가는 연령과 같은 일률적 척도에 비
추어 고려되어서는 안 된다는 점을 강조하기 위한 것이다. 그래서 적합성의 기준을
학생들의 실행 역량에 따라 다양하게 적용하도록 해야 한다고 주장하는 것이다.

게 필요한 합당한 해석이 무엇인지를 명백하게 이해할 수 있다. 지식의 속성에 해당하는 적합성의 기준을 만족시키는 것은 지식이 서술적 기능만이 아니라 규범적 기능을 수행한다는 것을 의미한다. "Q"에 담긴 '신념'이 무엇인지 파악하는 것이 "Q"가 진리임을 확증해주지만, 동시에 그것은 주어진 기준에 비추어 그 신념의 근거를 평가할 수 있게 해준다. 따라서 앎의 속성이란 화자가 타인에게 자신의 신념에 공감하게 하는 것만 아니라 그것이 올바른 근거를 가진 것인지를 평가할 수 있는 증거를 가늠할 기준을 제시해준다.

증거의 한계와 확신할 권리

이제 앞 절에 설정한 증거조건을 보다 정확하게 살펴보기 위하여 좀 더 획기적인 문제를 다루어보기로 하자. 사실 이제까지 살펴본 방식으로 지식을 정의하면 장애가 발생하는, 증거의 개념에 담긴 중요한 '한계'가 몇 가지 있어 보인다.

우선 수학적 지식과 도덕적 지식의 경우를 살펴보자. (1) X가 피타고라스 정리가 참임을 안다. (2) X가 특정한 행동은 그릇된 것임을 안다. 증거조건은 X가 각 경우에 적합한 해당 증거를 가질 것을 요구하는 것이다. 그러나 기하학 수업 시간에 X에게 요구된 것은 증거가 아니라 '증명proof'이다 일반적으로 수학은 수학적 주장의 찬반을 가리는 증거를 수집하는 것이 아니라, 증명을 해내는 활동을 말한다. 도덕적 사고의 경우에도 도덕적 행위자는 자신의 도덕적 판단의 근거를 댈 것을 요구받는다. 행위자에게 증거를 요구하는 도덕적 이유가 있기는 하지만 증거를 구성하는 이유를 대도록 요구하지 않는다.

'증거'의 일상적 용법에 비추어 볼 때, 지금 이 논의는 부정하기 어려운 설득력을 지닌다. 하지만 수학적 증명과 도덕적 이유처럼 특별한 경우에 이 용어는 명백하게 예외적으로 수용되는 경우도 있다. 증거조건에 비추어 '증거'의 개념은 대략적으로 '좋은 근거' 또는 '좋은 사례'의 뜻에 상응한다. "Q"에 합당한 증거를 가졌다는 것은 "Q"를 지지하는 좋은 사례 또는 좋은 근거가 있다는 것이다. 물론 논의되는 주제에 따라 좋은 사례로 해석할 경우 다양한 것이 요구되는 것으로 파악된다. 실증과학에서는 경험적 증거가 요구되지만, 수학에서는 증명이 요구되며, 도덕적 사고에서는 도덕적 이유가 근거로서 역할을 제대로 하는가가 검토되어야 한다.

또 다른 제한점은 앞서 든 예에서처럼 '증거'를 포괄적으로 설정하면 현상학적 지식을 제시할 경우 증거 자료로서는 부적절해 보인다. 첫 번째 예로서, 두통을 앓는 것이 겉으로 드러나는 사람의 경우를 보자. 이 경우 우리는 자신이 고통을 겪고 있음을 이 사람이 '안다'고 말할 수 있다. 그러나 이 사람에게 "당신은 고통을 겪는다고 믿을 뿐이오. [당신이 앓고 있음을 안다는] 그 증거는 무엇이오?"라고 하든가, "당신이 고통을 겪는다는 믿음을 뒷받침할 근거는 무엇이오?" 또는 "당신이 고통을 겪는다는 가정을 뒷받침하는 경우는 무엇이오?"라고 그에게 묻는 것은 사리에 맞지 않게 말을 뒤집어 사용한 것이다. 이러한 질문들이 부적절한 것은 감정이나 기분의 경우에도 적용된다. "나는 오늘 매우 슬프다"라고 한 사람에게 슬픈 감정을 느끼게 한 전반적인 증거를 대라고 요구하지 않는다. "오늘은 하늘이 내게 어두워 보인다."라는 감각적 진술을 뒷받침하는 사례가 무엇인지를 상정하지 않는다. 그럼에도 불구하고 어떤 사람이 느끼는 것을 안다든지 하늘이 자신에게 어두워 보인다는 사실은 '안다'고 하는 것은 부정하기 어렵다. 여기 진술된 그의 '언명'은 서술적인descriptive 것이 아니라 표현적인expressive 기능을 한다. 그래도 그가 타당한 지식을 가지고 있는 '사실'은 부정하기 어려워 보인다. 하지만 이 모든 경우에 증거조건을 적용할 만한 '논리적 여지logical room'는 없어 보인다. 결과적으로, 누군가가 자신이 고통을 느끼고 있다고 '믿는다면'(즉 신념조건을 만족시킨다면), 그리고 그가 고통을 느끼는 것이 '사실'이라면, 이에 적용할 만한 증거가 없다고 하더라도 그는 자신이 고통을 느낀다는 명제를 아는 것이다. 같은 맥락에서 감정이나 지각경험에 대하여 이와 유사한 결론을 내릴 수 있을 것이다.

이러한 진술들이 증거조건을 적용할 수 없어서 확신할 증거를 내놓지 못한다는 비판을 견디어낼 수 있기 때문에, 현상학적 진술의 확실성을 보장하는 또 다른 논거를 마련해야 할지 모른다. 설사 이러한 비판을 견디어낼 수 있다고 해도, 목하 문제 삼는 해당 진술이 일체의 잘못이 없다는 것을 말하는 것이 아니다. 애초에 뒷받침했던 근거를 받아들이지 않고서도 이러한 진술을 부정하는 강한 근거가 별도로 존재한다. (앞 장의 네 번째 절에서) 이미 밝힌 바 있듯이, 신념이 그 자체로 일관되게 수용되려면 이에 수반되는 여러 신념들이 현상학적 판단을 수정할 힘을 발휘해야 한다. 단순 진술은 특정 시점에서 즉각적 직관에 의하여 어떤 증거를 요구할 필요 없이 신뢰할 수 있을지 모른다. 그렇지만 원래 진술과 상충하는 또 다른 진술이 보다 확실한 직관에 의하여 뒷받침된다면 그 진술을 뒷받침하는 근거는 철회되어야 마땅하다.[3]

우리가 검토했던 현상학적 진술을 뒷받침하는 증거에 대하여 "논리적 여지"가 없다고 말하는 것은 경우에 따라 오해의 소지가 있다. 이에 해당하는 모든 경우는 특히 "1인칭first-person" 상황이다. 우리가 두통을 앓는 사람에게 자신이 앓고 있다고 믿는 증거를 대라고 요구하는 것은 어색한 일이다. 이와 마찬가지로 "나는 슬프다" 혹은 "하늘이 내게 어두워 보인다."는 언명을 한 사람에게 그 증거를 대라고 하는 것도 어색한 일이다. 그러나 제3자 입장에서 이들 언명에 대하여 같은 질문을 제기하는 것은 전혀 어색한 일이 아니다. 예컨대, 제3자로서 의사가 환자가 두통을 겪거나 슬픔을 느끼는 경우 또는 하늘이 어둡게 보이는 경우 이를 입증할 근거를 얻어내려 할 수 있다. 더욱이 환자가 자신의 고통이나 심리 상태를 의사에게 진술하거나 번복하는 것을 증거로 제시를 할 수 없다는 이유에서 금지시킬 수 없다. 그러므로 논점은 이 경우에 "증거"가 논리적으로 적용할 수 없는 데 있는 것이 아니라, '알다'라는 말을 사용할 모든 경우에 그 사람에게 증거를 제시해달라고 요구할 수 없다는 데 있다.

어떤 사람이 무엇을 '아는 입장position to know'을 놓고 적절한 탐구 절차에 입각하여 그 사람이 아는 것에 대한 증거를 수집할 '필요'가 없이 일상적인 것으로 여기는 것은 의심할 여지가 없다. 증거 수집 방법이 일상적으로 요구되는 상황과 관련해보면, 우리는 증거 수집 방법이 엄밀하게 요구되는 경우를 운 좋게 추측만으로 타당한 결론에 도달한 경우와 구분해야 할 필요가 있다. 우리는 환자의 통증을 제거하는 의사의 처방이 단순히 추측에 의한 것이 아니라 의학적 단서에 입각한 타당한 진단에 따른 것이어야 한다고 여긴다. 그러나 환자의 통증을 놓고 보면, 의사의 입장과 환자의 입장이 항상 일치하는 것은 아니다. 환자는 의사의 처방이 의사 자신의 문제가 아니라 환자 자신의 통증 해소에 "일차적으로 directly" 관심을 기울여야 한다고 여기며, 이에 따라 의사에 대한 신뢰를 표명한다. 그 결과 우리는 환자가 자신의 질병 문제와 관련하여 결정할 수 있는 "일차적" 권리를 가졌다고 여기며, 환자의 권리가 타당하다면, 우리는 환자가 아는 입장에 놓였다고 인정할 수 있다. 이 상황에서 우리는 환자에게 보다 일반적인 근거를 대라고 할 수 없기 때문에, 환자가 그저 운 좋게 상황을 파악한 것이라고 잘라 말했다고 단정한다고 해도 문제될 것은 없다.

사람이 겪는 상황을 '일차적으로' 판단할 권리가 자신의 통증이나 기분 그리고 감각적 경험에 한정되는 것은 아니다. 논점은 현상학에서 파악하는 것보다 더 광범위하다. 누군가 어떤 사람의 이름이 '로버트'라고 했다고 하더라도, 법률적 문제가 아니라면, 그에게 증거를 대라고 요구하는 것은 적합하지 않으며, 또한 그가 방법상 일반적 절차를 따르지 않고 운 좋게 그 사람의 이름을 맞추었다고 해서 놀랄 만한 일도 아니다. 그리고 누군가 창밖을 보며 "우편집배원이 이리로 걸어온다."고 말했다고 해서, 우리는 그에게 "그 말에 대한 증거가 무엇인가?"하고 묻지 않는다.

참임을 입증할 증거를 요구하지 않는 경우에도 그것이 오류에 빠지지 않는다고 보장할 수 없다는 점을 명백히 하는 것이 중요하다. 앞서 제시한 모든 예증에서, 오류는 늘 있을 수 있으며, 따라서 오류불가능성은 배제된다. 사람은 자기 자신의 이름을 대는 것에서 잘못을 저지를 수 있으며, 자신의 통증이나 기분, 그리고 특이하게 느껴졌던 상황에서도 잘못을 저지를 수 있다. 우리가 해야할 일은 명제적 지식의 경우에 요구되는 증거가 없어도 누구든 자신이 직감적으로 내리는 신뢰에 따라 어떤 결정을 할 수 있는 권리를 보장하는 것이다. 이러한 경우를 통하여 결과적으로 우리는 어떤 사람이 '아는 입장'에 놓여 있다고 충분히 말할 수 있다. 우리는 자신이 참이라고 믿는 것을 안다는 문제에서 신념과 관련하여 그 자신이 권위를 지닌 입장에 놓여 있다는 것을 보장해야 한다.

이제까지 검토 결과, 증거조건은 명제적 지식에 매우 강하게 요구되는 기본 요건으로 보인다. 방금 살펴본 경우처럼, 사람은 명제 Q의 합당한 증거 없이도 명제 Q를 알 수도 있다. 그러나 증거조건을 너무 강하게 요구하면, 우리는 일반적으로 파악하는 '앎'의 조건을 '참으로 믿는 것believing truly' 이상으로 추가적으로 요구하는 것이 된다. 한 마디로, '안다는 입장'에 놓였다는 말이 충분히 성립하고 '증거'가 요구되는 모든 경우를 포괄할 수 있도록 하려면 증거조건보다 더 추상적이면서 보다 느슨한 조건을 설정해 볼 필요가 있다.

이러한 설정이 가능하도록 오스틴J. L. Austin은 '권위' 또는 '권리'의 개념을 제시한다. 오스틴은 언어의 인식론적 측면과 도덕적, 법적 언어 간의 유사성을 밝힌 바 있다.[3] 예를 들어, 약속의 경우

---

3) [역자 주] 본문에서 저자는 오스틴의 이론을 끌어들이면서 '권리right'와 '권위 authority'를 동일한 개념으로 간주하고 있다. 하지만, '권리'와 '권위'는 구분해서 사용

를 보자. 만약 어떤 사람이 "나는 이 책을 다음 화요일에 돌려줄 것을 약속한다."고 말했다면, 그의 말은 책의 반환을 '기술'한 것이 아니다. 오히려 그의 말은 약속 행위를 '성립시킨다constitute'. 오스틴의 용어로 하자면, 그의 언명은 '서술적인' 것이 아니라 '실행적인performative' 것이다. 그의 언명은 어떤 것을 서술한 것이 아니라 말 그 자체가 문장에 들어있는 동사와 관련된 행위를 '성립시키는 것'이다. 그 행위는, 이를테면 "그는 책을 돌려주기로 약속했다." 와 같이, 제3자적 관점의 동사로 '서술'될 수는 있다. 그러나 원래 일인칭적 진술은 약속 이외의 아무것도 드러내지 않으며, 오로지 '진술 그 자체'가 약속을 성립시킬 뿐이다. 어느 상황에서 "나는 약속한다."는 말은 화자에게는 의무를 부여해주며 이에 상관적으로 그 약속이 이행되는 사람에게는 권리를 부여한다. 따라서 "나는 ~을 의도한다."는 말은 의무와 권리를 창출하지 않기 때문에 이 말과 질적으로 상이하다.

내가 "나는 약속한다."고 말했을 때, 새로운 상황에 돌입하게 된다. 나는 나의 의도를 공언한 것에 그치지 않고, (약속 이

해야 한다. 그럼에도 이 두 가지가 애매하게 사용되는 경우가 있다. '교권'이라는 말이 대표적인 예이다. 이 말은 두 가지 의미를 다 포함하지만, 교사의 권리와 교사의 권위는 상이한 의미를 지닌다. 왜냐하면 정치철학적 개념으로서 두 가지는 동의어도 아니며 동일한 개념적 속성을 지니는 것도 아니기 때문이다. 이를테면, 생존할 권리, 보호받을 권리는 분명히 권리임에는 틀림없지만, 그 권리들을 '권위'로 볼 명백한 근거는 없다. '권위'는 명백하게 사회적 관계를 전제한다. 반면에 권리는 '권위'보다는 '인간존엄성human dignity'과 관련된다. 하지만 바닐라 아이스크림 대신에 초콜릿 아이스크림을 선택할 개인의 권리, 또는 배우자를 선택할 권리는 그 개인 스스로가 지닌 '권위'에서 비롯된 것으로 볼 수도 있다. 이 점에서 '권리'와 '권위'는 상호 관련을 맺고 있다. 본문에서 말하는 논점은 이러한 측면을 지칭하는 듯하다.

행의 관행 속에서) 이 언어 형식은 나 자신을 다른 사람과 엮이게 하며, 내 명예를 문제 삼는 새로운 상황을 마련한다. 이와 비슷하게, "나는 안다"고 말하는 것도 새로운 상황에 직면하게 된다. 그러나 이 말은 "확실한 어떤 것이 존재하며 그것의 확증할 증거가 없더라도 내가 확실하게 믿고 있다는 인지적 역량을 결정적으로 발휘하겠다."는 말이 아니다. 확실하게 존재한다는 것을 빼놓으면 실행되는 어떤 것도 '존재'하지 않는다. '약속하다'는 '바라다', '의도하다' 또는 '마냥 의도할 뿐이다'와 같은 의미로 평가되지 않는다. 내가 "나는 안다"고 말했을 때, 그것은 '나는 내 말을 다른 사람에게 전달한 것'을 가리킨다. 즉 '나는 "S는 P이다"라는 말을 통해서 나의 권위를 다른 사람에게 전한다.'는 것이다.[4]

오스틴의 주장은 다소 잘못되었다. 분명히, 어떤 상황에서 "나는 약속한다."는 언명이 곧 약속하는 실행'임'을 가리키는 것처럼, 그는 어떤 상황에서 "나는 안다"는 언명이 곧 아는 실행'임'을 의미한다고 하지 않았다. 그의 논점은 다음과 같은 것이다. "나는 의도한다."에 비하여 "나는 약속한다."는 말은 단순히 기술하는 데 있는 것이 아니라 의무를 부여하고 특정 상황에 얽매이게 한다는 강제적 속성이 있다는 것이다. 다른 말로 하자면, "나는 안다"는 말은 관례화된 행동에 따라 특정한 제약을 가한다는 것이다. 오스틴의 다음 글은 이와 관련하여 좀 길게 인용할 만하다.

내가 확신한다고 했으나 그것이 잘못인 경우를 언급한 경우에는 "나는 안다"고 말한 경우와 같은 방식으로 다른 사람이 제기한 의문에 대하여 답할 의무가 없다. '나의 소신에 따라for my part' 내가 확신하는 경우에, 당신이 이를 받아들이거나 받아들이지 않을 수 있다. 어떤 경우든 그것은 당신의 소관이다. 그러나 "나의 소신에 따라"가 무슨 뜻인지 내가 모르는 경우가 있다. 그리고 "나는 안다"고 말할 경우, 이는 당신이 어느 결정을 내리든 그 결정에 책임져달라는 뜻이 아니다. 같은 방식으로, 나는 무엇을 의도했다고 말한 경우, 나는 나의 소신으로 의도할 수 있다. 당신이 나의 결정과 의도를 어떻게 평가하는가에 따라 당신은 나의 의도를 따를 수도 있고, 그렇지 않을 수도 있다. 하지만 내가 약속했다고 말한 경우에, 당신이 어떤 결정을 내리든지 관계없이, 당신은 약속에 따라 내가 응분의 행위를 수행할 것을 보장받는다. 만약 내가 안다거나 약속했다고 말했다고 하면, 내가 안다거나 약속한 내용을 거절한 데 대하여 특정한 방식으로 나를 공격할 수 있다. 우리 모두는 심지어 "나는 절대적으로 확신한다."고 말하는 경우와 "나는 안다"고 말하는 경우의 차이가 크다는 점을 느낀다. 이는 심지어 "나는 확고하고 일관되게 의도한다."는 말과 "나는 약속한다."는 말의 차이와 유사하다(p. 68).

"나는 안다"는 언명은 문제 상황에서 내가 실체적으로 주장을 할 수 있도록 하는 권위를 요구하고, 또한 나의 주장이 그릇되었을 경우에 타인이 그 책임이 내게 있다고 요구할 수 있는 근거와 권리를 획득함으로써 나의 권위가 타인의 권위로 이전되도록 한다. 여기서 오스틴은 일인칭적 관점에서 "나는 안다"의 실행 작용에 관심을 가진 것이지만, 제3자적 관점에서 "그는 안다"의 서술적 작용을 설명하지 않았다. 그러나 분명한 점은, "그는 안다"고 말하는 것은 화자가 "나는 안다"의 실행을 공표했다는 것을 확증하는 것이 아니다. 이 점에서, 이미 암시한 바 있듯이, "그는 약속한다."는 말이 이와 같은 해석을 낳으면 안 되기 때문에, 약속한다는 것과 같은 말은 오해의 소지가 있다. 이와는 대조적으로, 앎의 경우에는, 화자가 "나는 안다"라는 말은 전혀 하지 않은 상황에서도 "그는 안다"라고 말을 기꺼이 할 수 있다.

더욱이 화자가 "나는 안다"라고 '말한' 상황에서도, 그 말을 자신 있게 할 권위를 가지면 또 그 말에 대하여 책임을 수용하는가 하는 문제에 대하여 우리는 의문을 제기할 수 있다. 따라서 그가 안다고 말하는 것은 자신이 한 말에 대한 '보증을 표명한다'는 사실에 국한되는 것만이 아니라, 그 자신이 어떤 제약 없이 알고 있는 내용에 '상응하는 권위'를 지니며, 이에 따른 '권리'를 청구할 수 있다는 것이다.

이와 관련하여, 에이어A. J. Ayer는 "확신할 권리의 보유having the right to be sure"라는 개념을 제안한 바 있다.[5] 제3자의 기술적 관점에서 우리의 관심은 X가 명제 Q를 아는가 여부에 있으므로, 해결해야 할 관건은 그가 "나는 명제 Q를 안다."고 말하는 데 있는 것이 아니라, X가 명제 Q를 확신할 권리를 지니고 있는가에 있다. "나는 안다"는 X의 언명은 오스틴이 설명하는 것처럼 X가 실행능력을 가진 것으로 볼 수도 있다. 그러나 X의 언명은 자신이 어떤 권리를 지니고 있다는 형태를 갖게 되며, 이에 따라 자신의 말을 보증한다는 책임을 지는 것이다. 그럼에도 불구하고, 과연 X가 실지로 알고 있는가 여부를 별도로 물어볼 수는 있다. '그'가 안다고 말하는 것은 그가 아는 것에 대한 모종의 권위를 지닌다는 사실이

'합당함'을 '우리'가 인정해 주는 것이다. 이로써 확신할 그의 '권리'는 인정된다. 오스틴의 권위와 권리를 뜻하는 언어의 인식론적 용법의 근거를 제공하는, 에이어의 이러한 설명방식은 증거조건을 대신할 대안처럼 보인다.

확신할 권리란 따지고 보면 증거조건에 비하여 매우 추상적이고 포괄적인 조건이다. 그 결과 이 권리는 지식의 조건이 되지 못할 뿐만 아니라 지식의 조건으로서 증거조건이 요구하는 모든 경우를 포함한다. 현재 논의에서 '권리'를 권리가 요구하는 '상황 circumstances'과 구분되어야 한다는 점은 매우 중요하다. 권리가 요구되는 상황이란 여건에 따라 변할 수 있으며, 시간이 흐르면서 새로운 지식이 도입되거나 요구되는 목적이 바뀌면 변하게 마련이다. 따라서 확신할 권리가 관련 주제, 적용기준의 엄격함, 그리고 교육목적이 변하는 여건에 따라 모두 수용되기 때문에 그 권리가 성립하는 데에는 문제가 없다. 이 입장에 비추어 보면, 앞서 강조한 바 있는 지식의 규범적 기능 또는 평가적 기능을 하는 속성도 같은 처지에 놓이게 된다.

하지만 "확신할 권리"에도 조건을 충족시켜야 하는 난점이 하나 있다. 일반적으로 [~을] 할 권리가 없는 어떤 것을 실행하면 누구나 비난을 받는다. 즉 [~을] 할 권리가 없는 것을 해서는 안 된다. 따라서 자신이 확신할 권리가 없는 문제에 대하여 확신하게 되면 비난 받아 마땅하다. 그러나 이러한 비난의 의미를 지식을 가늠하는 문제에 적용하는 것은 적합하지 않다. 어떤 아이가 명제 Q를 모르는 데도 이를 확신하는 경우, 그 아이는 자신의 신념에 적합한 근거를 가지고 있지 않기 때문에, 그 아이를 항상 비난할 수는 없다. 이 경우 비난의 기준은 그 아이가 이미 그 명제를 배운 바 있는가와 우리가 그 시점에서 그 아이에게 그것을 가르친 바 있는가에 달려있다. 이 기준을 충족시키기 이전 상황에 있었다면, 그 아이는 자신이 확신한 바에 대하여 결코 책임질 필요가 없다. 그 아이가 "Q"를 확신할 권리가 없다고 말하는 것은 그 아이가 확신한 바에 대하여 모두 비난 받을 수 있다는 식으로 잘못 해석될 여지가 있다. 이와 마찬가지로, 문명 초기 단계의 사상가를 언급하면서 그가 부당한 신념을 가졌다고 비난하지 않으면서 그의 주장을 뒷받침하는 근거가 부적합하다고 말할 수는 있다. '그 사상가가 처한' 상황에 비추어 보면, 그의 확신은 비난 받을 사안이 아니다. 당시 그의 동기나 상황은 우리가 현재 가지고 있는 엄격한 기준에 의하여 재단될 수 없기 때문이다.

따라서 '신념의 적합한 근거adequate grounding of a belief'와 '신념을 가진 사람의 평가appraisal of the believer'를 별개의 문제로 구분하는 것은 매우 중요하다. 객관적 관점에서 본 '행위'와 동기와 의도를 담은 '행위자의 행위'를 구분하는 것이 중요하듯이, 우리는 신뢰할 준거로서 '[객관적] 신념belief'을 평가하는 것과 상황과 여건을 고려한 특정인의 '[주관적] 믿음believing'을 평가하는 것을 구분할 필요가 있다.

이 논의의 맥락에서, 확신할 권리를 언급하는 것은 곧 우리 자신의 유리한 입장에서 그 신념이 '신뢰할 만한가credentials'를 평가하는 것이다. 즉 그 신념이 신뢰할 만한 것인가에 대하여 우리가 가진 기준을 하나하나 따져보는 것이다. 이것이 신념을 가진 사람을 기계적으로 판단해주지는 않는다. 구체적으로 말하자면, 특정 상황에서 그 신념이 우리의 기준에 어긋나 비난받을 것인가를 결정짓지 않는다. 같은 맥락에서, 법률을 위한 특정인의 행위가 비난받을 만한가를 언급하지 않고도, 우리는 법률의 관점에서 일반적으로 권리를 언급할 수 있을 뿐이다. 한 마디로, "확신할 권리"는 어떤 난점도 발견할 수 없는 "객관적 해석objective interpretation"이라고 부를 수 있는 조건을 요구한다. 이하에서 그 객관적 해석을 검토해 보겠다.

이제 원래의 증거조건을 "X는 명제 Q를 확신할 권리를 갖는다."는 형식의 조건으로 대치해 보도록 하자. 이를 원래 설정한 정의방식에 대입해보자.

"X는 명제 Q를 안다."

이 정의는 다음을 필요충분조건으로 한다.

(ⅰ) X는 명제 Q를 믿는다.
(ⅱ) X는 명제 Q를 확신할 권리를 갖고 있다.
(ⅲ) 명제 Q[가 참]이다.

주관적 확실성과 소심한 학생

"확신할 권리"라는 새로운 조건을 가지고 신념조건도 'X는 "Q"를 확신한다.'라는 명제로 바꿀 수는 없는가? 이 생각에는 당연한 측면이 있다. 즉, 확신하는 것이 '합당한' 경우에 앎은 '확신함being sure'를 포함한다. 그 결과 앎은 확신할 권리를 행사함을 포함한다. 이 방식에 따르자면, 우리는 확실성에 요구되는 객관적 차원이나 오류불가능성을 거부하고 확실성을 '순수하게 주관적인 purely subjective' 의미에서 받아들여야 한다. 에이어는 이러한 주장을 하면서 다음과 같이 말하였다. "어떤 것이 참임을 아는 것에 대한 필요충분조건은, 첫째 어떤 사람이 참이라고 알고 있으며, 둘째 그것을 확신하고 있으며, 셋째 그 사람이 확신할 권리를 갖는다는 데 있다."[6]

이러한 "주관적 확실성"의 요구는 나름대로 규정하면 가능한 일이지만, 그렇다고 "확신할 권리"만을 채용한다고 해서 성립하는 것은 아니다. 지식의 주관적 확실성이 성립하는 데 반대로 작용하는 요인이 특히 교육상황에서 존재한다. 우리는 이를 '소심한 학생timid student'의 경우를 통하여 생각해 볼 수 있다. 즉 우리는 이 학생이 명제 Q에 대한 강한 확신strong conviction을 갖고 있지 않더라도 명제 Q를 '안다'는 점을 어렵지 않게 인정할 수 있다. 이를테면 이 학생은 일반적으로 자신감이 없거나, 관련 과목에서 좋은 성적을 내지 못했거나, 아니면 명제 Q를 배우는 과정에서 좋지 못한 경험을 할 수도 있다. 이 외에도 이 학생의 소심함을 설명할 수 있는 사례는 많을 수 있다. 이러한 상황에서도 이 학생은 이 교과의 본질을 제대로 파악하고 관련 지식을 완파했을 수도 있다. 이 소심한 학생은 "나는 알아"라고 말하지는 않지만, 수줍은 가운데서도 일관되게 정답을 말하고 문제를 해결할 수도 있다. 그래서 우리는 그 학생이 알고 있다는 사실을 확신하도록, 그리고 그 학생이 수줍어할 게 아니라 확신할 권리를 가졌음을 깨닫도록 마음을 돌려야겠다는 강한 느낌을 받을 수도 있다.

이러한 방식에 비추어보면, 우리는 앎을 확신할 권리의 '행사exercise'가 아니라 이 권리의 '소유possession'로 파악해야 할 것이다. 이 경우가 아니더라도 현실적인 사람들은 자신이 실제 행사하지 않는 권리와 자신이 실제 인식하지 못하는 권리를 소유하고 있다. 그래서 우리는 이 소심한 학생에게 자신의 확신할 권리를 행사하라고 권장할 필요가 있을지도 모른다. 이렇게 함으로써 그 학생이 '안다'는 것을 인정한다는 것은 결과적으로 관련 명제와 그 근거를 모르는 다른 학생과 이 학생을 구분해 준다.

이 명제를 모르거나 배우지 않은 학생은 교사에게서 관련 내용과 증거를 배우거나, 아니면 적어도 관련내용과 증거를 접할 수 있는 기회를 제공받아야 할 것이다. 이것은 교사에게 요구하는 전형적인 과업이다. 그러나 관련 명제를 그 합당한 근거와 관련 내용과 함께 이미 배운 이 소심한 학생은 그럴 필요는 없지만, 이 소심한 학생에게 필요한 것은 용기이다. 따라서 그에게 필요한 교육적 조치는 안정감과 자신감을 불어넣어주는 일이다. 이는 교사가 수행해야 할 또 다른 과업이다. 제시하였던 신념조건을 제대로 파악한다는 것은 거기에 주관적 확실성을 요구하지 않는다는 것이며, 이 두 가지는 명백하게 구분되어야 한다. 따라서 우리는 X가 명제 Q를 '확신하다be sure'는 것으로 확장할 필요가 없으며, 주관적 확실성의 정도에 관계없이 단지 X가 명제 Q를 '믿는다believe'는 입장만으로 신념조건이 충분히 성립된다고 판단할 수 있다.

적합한 증거의 소유

일반적 조건으로 제시된 증거조건이 너무나 엄격한 요건으로 제시되기 때문에 우리는 원래 증거조건을 "확신할 권리"로 대체해 보았다. 그러나 확신할 권리는 증거가 요구되는 명제적 지식은 물론 그렇지 않은 모든 지식을 포괄한다. 그래서 전자의 경우를 검토해 보자. 이 장의 두 번째 절에서, 우리는 증거의 적합성에 관한 질문을 제기한 바 있다. 여기서 그 질문은 "적합한 증거를 소유한다는 것은 무엇을 의미하는가?"가 된다.

두 번째 절의 논의에서, 우리는 X의 증거가 총괄적으로 적합하지를 물었으며, 적합성의 기준이 맥락에 따라 달라진다는 것을 확인하였다. 여기서 X가 "Q"를 지지할 수 있는 적합한 증거를 보유하고 있는가는 X가 보유한 증거가 "Q"에 대한 모든 증거를 총괄하는가에 달려 있으며, 적합성의 기준이 맥락에 따라 합당하게 적용된다는 전제 아래 X가 보유한 증거가 부분적이지만 "Q"에 대한 증거로 적합하다는 데 근거한다.

적합한 증거의 기준이 무엇인가를 정하는 데 있어서 매우 작지만 중요한 파격digression이 있음을 지적할 필요가 있다. 앞서 이 기준을 적용하는 데 '관대함leniency'과 '엄격함stringency'의 문제가 있음을 언급한 바 있다.[4] 수업 현장에서는 앎의 증거의 종류가 질적으로 제한된다는 점을 반드시 상기해야만 한다. 예를 들어서 학생이 산술 문제를 풀어 답을 구하는 경우를 보자. 이 학생은 친구가

---

4) [역자 주] 저자가 제1장에서 지식의 성립 조건으로 '느슨한 의미'와 '엄격한 의미'를 검토해야 한다고 한 것을 가리킨다.

풀어낸 답안을 보고, 또 이 친구의 수학 실력이 믿을 만하다는 것을 알아차리고 나서, 그의 답안을 베낀 결과 정답을 맞히게 되었다. 또 이 학생은 수업시간에 교사가 이전에 풀어준 문제를 기억해내서 그 답이 748이라고 믿는 경우를 보자. 이 학생이 참이라고 믿는 내용의 증거는 오로지 산술문제에 관하여 교사가 가장 신뢰할 만한 존재라는 것뿐이다. 이 경우, 이 학생은 확신할 권리를 갖고 있지 않은가? 아니면, 이 학생은 답을 모르는 것인가? 분명 이 학생은 확신하고 있으며, 무엇인가를 알고 있는 것으로 보인다. 그러나 이 학생에게 자신의 답을 정당화하는 데 요구되는 적합한 증거가 요구된다면, 그가 안다고 하는 것을 인정할 수 없다.

이 학생의 증거는 권위에 의존한다는 점 때문에 부정된다. 우리가 살펴본 바와 같이, 어거스틴은 권위에 의존하면 그것은 신념에 불과하며, 결코 안다고 하는 지식이 성립되지 않는다고 주장하였다. 이 점에 비추어 파악해 보면, "확신할 권리"의 조건과 증거 조건은 모두 성립근거가 빈약하다. 왜냐하면 이 두 가지는 권위에 의존한 논증을 허용했기 때문이다. 그러나 이 두 가지는 매우 타당한 것으로 여겨지기도 한다. 우리 모두는 페니실린이 폐렴 치료에 유효하다는 것, 비유클리드 기하학이 성립한다는 것, 워싱턴이 미국의 초대 대통령이라는 것, 커피가 브라질에서 생산된다는 것을 안다고 여긴다. 하지만 이러한 사실들을 안다고 할 증거는 전문가의 의견 또는 권위에 의존한다는 데 있다. 앞서 학생의 경우에도, 우리는 이 학생이 안다고 여기는 증거로 학생 스스로가 인정하는 권위체가 '수업 장면 밖에outside the classroom' 있다고 보아야만 한다. 이 논의가 시사하는 바는 앎의 증거로 어떤 권위자에 의존하는 것을 배제할 것이 아니라 수업장면이라는 맥락을 별도로 고려해야 한다는 것이다.

'수업장면 안에서' 학생에게 아무리 끌리는 합리적인 권위자라 해도 우리는 이 학생이 권위에 의존하지 않기를 바란다. 우리가 이 학생에게 바라는 것은 교과 속에 담겨져 있는 증거를 찾아내는 것이다. 우리는 이 학생이 답을 단지 '아는 데' 있는 것이 아니라, 산술학의 근거에서 그 답을 아는가에 비추어 판단하고자 한다. 따라서 우리는 이 학생이 특정 개인의 권위에 의존하는 것이 아니라 관련 교과의 적합한 내용과 방법이라는 권위에 의존하기를 기대한다. 그러나 현재 단계에서 권위를 지닌 개인과 직접적인 실체적 증거를 엄격하게 구분할 필요는 없다. 왜냐하면 교과는 이를테면 과학적 실증이나 역사적 고증을 할 수 있는 교과전문가 개인의 권위에 의존하여 구현되는 것이기 때문이다. 그럼에도 불구하고, 가르치는 교과에 내재적으로 담겨져 있는 증거와 그 교과전문가의 권위에 의존하는 것을 엄격하게 구분해야만 한다. 수업 장면에 원칙상 요구되는 적합성의 기준은 전형적으로 교과 자체의 증거에 국한되지만, '수업 장면에서 앎'은 '일상생활에서 앎'보다는 한정된 장면에서 이루어진다. 왜냐하면 교육은 항상 교과의 내용과 방법을 학생이 내면화하는 것을 의도하기 때문이다.

원래 문제였던 적합한 증거의 소유 문제로 돌아가서, 우리는 수업이라는 특별히 한정된 상황을 논리적으로 전제하면서, 동시에 교과 자체에 내재된 증거에 관심을 갖지 않으면 안 된다. 기하학적 증명을 포함하여 의미를 확장하여 여러 증거를 사용한 앞서 예시한 기하학의 경우를 보자.

학생이 유클리드 기하학의 공리와 공식을 안다고 하자. 그리고 그는 명제 S가 유클리드 기하학에서 나온 정리임을 참으로 믿고 있다고 하자. 이 학생은 적합한 증거를 보유한 것인가? 그 결과 S가 유클리드 기하학의 체제 안에서 S를 연역할 수 있는 모든 필요한 자료를 수집했기 때문에, 그 학생이 S가 유클리드 기하학의 정리임에 대한 가장 확실한 증거를 확보하고 있다고 말할 수 있을지도 모른다. 그러나 그가 확보한 자료는 아직까지 적합한 증거가 아니다. 이 학생은 단지 공리와 몇 가지 공식을 알고서 우연히 S가 유클리드 기하학의 정리임을 추측해낼 수 있기 때문이다. 특히 이 학생은 S를 증명할 수 없기 때문에 S가 유클리드 기하학의 정리임을 확신한다고 말하기 어렵다. 비록 정리와 공식들이 S를 입증하는 데 적합하고 이 학생이 이 정리와 공식들을 암기하고 있다고 해도, 그는 S가 유클리드 기하학의 정리임을 증명하는 적합한 증거를 소유한 것이 아니다. 그러면 이 논거에 모순이 있는가? 그렇지 않다. 논점은 주어진 명제에 대한 적합한 증거를 갖는다는 것은 그 명제를 증명하는 데 요구되는 자료를 단지 확보하는 것이 아니라는 점이다.

증명의 과정을 일일이 '점검하는 일checking'은 한 번 해 보기만 하면 판에 박힌 일이라고 하여도, [기하학적] 증명을 '해내는 것 finding'은 판에 박힌 과정이 아니다.[7] 오히려 증명해 보이는 일은 재치와 운이 따른다. 그래서 증명은 규칙을 주어진 항목에 적용하는 방법적인 일이 아니라 "창의적인" 결과일 뿐이다. 항목별로 공식을 암기하는 일은 증명을 해내는 일보다 훨씬 더 수월하다. [기하학적] 증명은 단순한 입증이 아닐 뿐만 아니라, 판에 박힌 절차에 따라 검산이 요구되는 상황에서 기계적인 검산을 하는 것도 아니다. 따라서 우리는 검증 절차 형식에서 요구하는 적합한 증거를 갖는다는 것과 검증에 요구되는 공식과 항목을 암기하는 것을 명백하게 구분할 필요가 있다. 한 마디로 말하자면, 공식과 항목을 소정의 검증절차에 맞게 조직하고 정교하게 해야 한다. "Q"에 대한 적합한 증거를 갖는다는 것은 일반적으로 "Q"에 요구되는 적합한 자료를 소유하는 데 있는 것이 아니라, 이 자료들을 논의의 형식에 합당하게 사고할 수 있도록 '소유'하는 데 있다.

이제 수학의 경우로부터 실증적인 일상 사례까지 모든 경우를 보더라도, 같은 결론은 피하기 어려워 보인다. 탐정소설에 나오는 경우를 보자. 사건이 상당히 진전된 상황에서 탐정이 단서를 확보한 경우, 탐정은 집사가 사건의 용의자임을 정확하게 예감한다. 그러나 탐정은 그가 사건의 범인임을 안다고 할 수 없다. 즉 탐정은 그가 범인임을 확신할 권리를 갖지 못한다. 무엇이 빠져서 그럴까? 이 상황에서 우리는 연역적 증명을 기대하지도, 요구하지도 않지만, 탐정이 합당한 결론에 도달할 수 있는 결정적 단서가 되는 일련의 '[결론을] 입증할 논의evidential argument'를 요구한다.

전형적으로, 위의 경우 다른 사람을 용의선상에서 배제하고 집사가 범인임을 입증할 수 있는 적합한 증거를 찾아내는 것처럼, 우리는 범죄를 이론적으로 재구성하기를 기대한다. 탐정이 입증할 증거를 제대로 확보한다면, 그 집사가 용의자라고 확신할 권리를 어떻게 갖는다고 할 수 있는가? 우리 입장에서 보더라도, 탐정에게 범인임을 입증할 어떤 근거도 없다고 하면, 그가 어떤 단서를 갖고 있다든지 단서를 "가진 것으로 보인다."는 것을 우리는 어떻게 알 수 있겠는가? 이와 같은 실증적 사례에서, 아무리 이론적으로 정교하게 맞아떨어진다 해도, 그 증거가 결정적 단서로 결정될 만한 논의 패턴은 단서로부터 기계적으로 도출되는 것이 아니다. 다시 말하지만, 적합한 증거를 '갖는다'는 것은 해당 추론에 합당한 여러 증거를 단지 소유하는 데 있는 것이 아니다. 그 증거가 추론에 합당하게 적용되어야 하는 것이다.

더욱이, '증거를 갖는 것having evidence'은 그 자체로 애매한 말이다. 우리는 증거가 되는 단서를 확보하는 것 이상의 독창적인 논의가 중요함을 강조하였다. 증거가 되는 단서를 갖는다고 했을 경우 두 가지 의미를 구분할 필요가 있다. 엄격한 의미에서, 증거를 갖는다는 것은 단서의 확보가 쉽지 않을지라도 그것이 반드시 증거로 성립하도록 해야 한다는 것이다. 느슨한 의미에서, 단서가 곧 증거로 성립되지 않는 상태, 즉 단서가 적합한 추론에 합당한 결정적 증거로 배타적으로 채택되어야 할 확증단계는 아니지만 여전히 혐의 입증 가능성이 숨어 있을 경우이다. 탐정 소설의 전개 과정에서 독자에게 인지되는 결정적인 단서는 주인공인 탐정이 인지하고 있는 모든 단서, 즉 문제 해결에 필요한 모든 증거를 독자에게 제공한다. 하지만 분명한 점은 독자가 증거라고 여기는 인식이 아무래도 범죄를 이론적으로 재구성하는 데 요구되는 증거에 비추어보면 다소 뒤처진다는 점이다. 따라서 범죄의 이론적 재구성은 독자의 입장에서, 두 가지를 동시에 상상하게 된다. 하나는 사건의 정황에 숨어 있는 '합당한 단서를 찾아내는 것'이며, 다른 하나는 그 단서를 가지고 추론하는 패턴이다. 이러한 추론을 이론화할 수 있는 기계적인 방식은 없다. 더욱이 독자 입장은 여전히 사건 전개 초기 단계의 탐정 입장에 머물러 있으며, 또한 수학적 검증 방식이나 과학적 탐구 방식에 사건의 본질을 파악하려 한다. 어떤 증거가 확신할 권리를 갖게 하는 모든 경우에, 앎은 적합한 증거자료를 갖는 것만이 아니라 소정의 논의 패턴에 비추어 증거 자료로서 가치를 갖는지를 평가하는 일을 포함한다.

그러면 '소정의 패턴에 따라 논의에 한다는 것'은 무엇인가? 그렇게 논의를 하기만 하면 그것이 증거를 재생해내기라도 하는 것인가? 과거의 수식을 기억해내지 않고서 수학적 증명을 해낸 소년의 경우를 보자. 그는 증거에 해당하는 증명을 재생해낸 것이다. 그렇다면 이 소년은 증거조건을 모두 만족시킨 것인가? 이 소년은 자신이 증명했던 과거의 수식을 동일한 물리적 상태에서 똑같은 것을 재생하는 것 이상의 일을 수행하였다. 이 소년은 분명히 '증명을 이해한 것'이며, 수학의 '논점을 파악한 것'이다.

하지만 이와 같은 수학적 이해가 어떻게 설명되는지를 말하기란 쉽지 않다. 이 소년은 증명에 동원된 언어를 이해한 것임에 틀림없지만, 이것만으로 충분하지 않다. 우리는 논의에 사용된 증명 방식이 무엇인지 확인하지 않고도 그 방식을 통하여 증명해낸 경험을 갖고 있다. 탐정소설로 다시 돌아가서, 모든 독자가 그 소설을 한 번 읽고 나서 탐정이 지속적으로 추궁해왔던 내용을 이해했다고 할 수 있겠는가? 무엇이 빠졌기에, 소설을 다시 읽거나 설명을 더 들어야 하는가?

아마도 다음과 같이 말할 수 있다. 우리는 논의의 '위력force'을 인정해야 할 것이다. 즉, 우리는 논의를 통하여 결론을 이끌어내는 논점을 이해할 수도 있으며, 논의를 일관되게 이끌어가는 전략을 파악할 수도 있다. 그러나 이는 경험상 논의의 매 단계마다 적용되는 일반적인 사항이어서 이에 의존하다보면 논의 전반을 잃어버리는 것은 아닌가? 또한 일반적인 것을 너무 강하게 요구하면 아마도 논의의 매단계마다 요구되는 규칙은 물론 논의 전반을 이끄는 전략을 놓치게 될지도 모른다. 그러나 우리가 여기서 관심을 가져야 할 것은 증명하는데 요구되는 논점이 무엇인가를 파악하는 것이다. 일반적인 논점은 독자적으로 확보해야 할지 모른다.

자신의 논문 "수학적 정의와 교육"[8]에서 앙리 푸앵카레Henri Poincaré는 이와 관련된 내용을 논의한 바 있다. 그는 다음과 같이 의문을 제기하였다. "수학적 정리를 증명하는 일은 정리에 포함된 논증을 일일이 검토하는 일이며, 그 정리가 정확하여 공식을 만들어갈 수 있는가에 달려 있다고 할 수 있는가?"(p. 118) 그가 보기에 일부 사람들은 이러한 절차만으로도 충분하다고 생각하는 것으로 여긴다. 하지만, 그는 "대다수 사람들이 보기에는 그렇지 않다"고 하였다.

대부분의 사람들은 더욱 더 엄격하다. 그들은 증명의 논증들이 모두 정확한가를 아는 데 그치지 않고, 그 논증들이 왜 특정한 한 가지 순서로 연결되어 있는지 알기를 원한다. 그들에게 그 논증들이 한 가지 체제에 맞추어 일관되게 파악되지 않고 일시적인 것으로 보이는 한, 그들은 그것을 이해했다고 생각하지 않는다. 그들이 어김없이 그 논증들이 요구하는 것을 완전하게 파악하지 않아서 만족스럽지 않다고 할 것이다. 만족스럽지 않다면, 암암리에 무엇인가가 더 필요하다고 생각할 것이다. 그러면 어떤 일이 벌어지는가? 우선 합당한 증거가 자신의 눈앞에서 파악되기를 바란다. 그렇게 되면 앞과 뒤를 논리적으로 연결하는 논점이 약화되어서 머릿속으로 반드시 거쳐야 할 단계를 건너뛰게 되어, 논점을 상실하게 된다. 일시적인 것을 밝히려다가 논제가 영원히 미궁에 빠지게 된다. 아무리 논의를 진전시켜 보아도, 결국은 이 일시적인 것조차 해결하지 못하게 된다. 왜냐하면 정리는 논리적으로 상호 의존하고 있으며, 그들이 원하는 정리는 이미 잊혀 있기 때문이다. 이것이 그들이 수학을 이해할 수 없는 이유이다(pp. 118-119).

푸앵카레는 마음속에 단일화된 이미지를 갖는 것이 중요하다고 생각한다. 그래서 그는 수학의 증명을 전체적으로 파악할 수 있는 직관력의 역할을 강조한다. 그는 수학교육에 있어서 학생들이 갖게 되는 최초의 이미지와 직관력을 존중해야 한다고 역설한다. 만약 우리가 이러한 이미지와 직관력을 조급하게 부정하고 전제로부터 연역적으로 도출되는 형식적 논법을 강조한다면, 다음과 같은 결과가 벌어진다고 하였다.

결론조차도 확실해보이지도 않는 전제에 급급하다보면, 이 불쌍한 아이들이 무엇을 생각할 수 있겠는가? 이 아이들은 결과적으로 수학공부라는 것이 미묘하게 쓸데없는 것들을 모아놓은 것에 불과하다고 생각할 것이다. 그래서 수학에 대한 흥미를 잃게 되고, 수학을 오락용 게임처럼 깔보게 될 것이다. 기껏해야 아이들은 고대 그리스의 소피스트들이 지녔던 생각에 머물게 될 것이다(p. 128).

푸앵카레는 학생이 애초에 갖고 있는 이미지와 직관력을 권장한 것이다. 그렇게 되면, 학생들은 애초 가졌던 자기 자신의 사고의 부적합성을 깨닫게 되고, 그 결과 증명이나 형식적 추론이 왜 필요하며 어떤 도움이 되는지를 알게 된다.

방법론적 측면에서 보면, 그의 권고는 교사들에게 유익해 보인다. 하지만 그는 직관 능력이 순수 수학자 자신들에게도 필수적 능력이라고 주장하였다.

논리학은 우리에게 이러이러한 길을 따르면 [수학적] 장애를 만나지 않는다는 점을 가르쳐준다. 그러나 논리학은 우리가 추구할 바람직한 목적이 무엇인지 말해주지 않는다. 그렇기 때문에 우리는 목적을 반드시 먼발치에 떨어져서 파악해야만 한다. 이렇게 보는 능력이 직관력이다. 직관력이 없다면, 기하학자는 창의 정신이 결여된 문법에만 익숙한 작가와 같은 존재가 된다. 그러면 직관력이 보이는 순간부터, 그것을 마냥 추구해야 하는 것처럼 여기거나 수학적으로 규정하려고 하면, 이 직관력은 어떻게 길러질 수 있겠는가? 직관에 의하여 무엇이 좋은 것인지 충분히 알아낼 수 있음에도, 우리는 그것을 불신하고 있지 않은가?(pp. 129-130)

푸앵카레의 주장에는 가치 있는 논점 몇 가지가 있다. 그는 상상력과 직관력이 증명을 이끌어내는 바탕이 되며, 직관력이 수학적 발견의 밑거름이라고 생각한다. 그래서 교사가 학생들의 직관력을 의도적으로 기른다는 관점을 재치 있게 비판하고 있다. 그럼에도 불구하고 학생들이 이미지를 갖기 위한 노력이 마음의 특징이라고 주장함으로써 그는 모순에 빠지게 된다. 그러면서 창의적인 수학자에 관하여 다음과 같이 언급하였다. "우리는 창의적인 수학자도 이를테면 바이에르스트라스[5]와 같은 논리학자와 리만[6]과 같은 직관론자로 구분하여 살펴볼 필요가 있다."(p. 120) 하지만 만약에 수학자들의 비직관적 사고능력이 일관된 증명을 가능하게 하고 고도의 창의력을 발휘하게 한다면, 그것은 '직관'이라는 능력이 필수적이라는 설명을 뒷받침하지 못한다.

그럼에도 불구하고 이해는 논리 전개의 전체를 파악하는 것을 가리키며, 이러한 파악을 탐구 또는 발견과 연계시킨 점에서 푸앵카레의 주장은 타당해 보인다. 아마도 우리는 논의의 첫 단계에서 문제의 까다로움을 파악하고 나서 논의 전체를 다룰 전략을 생각해낼 수 있다. 우리는 결론을 도출할 근거를 먼저 밝혀야 한다고 이미 지적한 바 있다. 첫 단계에서 파악해야 할 점은 곧 학생이 문제를 다루는 데 있어서 타당한 근거를 도출해주는 '일반 원리general principle'를 지니고 있어야 한다는 것이다. 그리고 더 나아가서 학생은 다른 논의 상황에서도 동등하게 유추할 수 있는 상당한comparable 이유를 파악할 능력을 지녀야 한다는 것을 뜻한다. 실제 상황에서 일반 원리를 갖는다는 것은 그것이 언어로 '진술된다stated' 데 있는 것이 아니라 특정 범위 안에서 일반 원리가 적용되는 다른 유사한 상황 속에서도 실행력을 갖는가에 달려 있다.

---

5) [역자 주] Weierstrass, Karl Theodor(1815~1897): 해석학의 기초를 확립한 독일의 수학자로서, 그는 수학적 엄밀성으로 유명하다. 그는 이후 수학의 엄밀화에 커다란 영향을 끼쳤다.

6) [역자 주] Riemann, Bernhard(1826~1866): 독일의 수학자로서, 기하학의 기초를 논하면서 리만공간의 개념을 도입하고, 리만공간의 곡률曲率을 정의하는 등 직관적 사고가 요구되는 여러 업적을 남겼다.

이유와 원리는 상호 결합하는 개념이다. 그래서 이해는 그 자체가 일반적인 특징을 가진다. 따라서 첫 단계를 이해한다는 것은 차후 끊임없이 이어질 단계를 파악한다는 뜻이다.

학생이 특정 상황에서 어느 관점을 지니고 있는지 여부를 우리는 실제로 어떻게 파악할 수 있는가? 우리는 의례적으로 학생이 동일한 논법을 제대로 인식하여 상이한 상황에 적용할 수 있는가를 검증한다. 그래서 우리는 그에게 새로운 영역을 개척하였는지, 아니면 적어도 동일한 논증을 상이한 상황에 적용하였는지를 물어본다. 이와 같이 다른 상황에 직면하게 되면 새롭게 대두된 문제는 이와 동시에 요구되는 이해력을 그 학생이 지니고 있는지를 검증하게 되고, 또 그 학생의 이해력을 증진시키게 한다. 더욱이 그 문제는 이 학생으로 하여금 전혀 새로운 상황을 맞이하게 하며, 자신이 원리를 이해한 바에 비추어 유추도 하고 과감하게 추측도 하게 한다. 이것은 발견을 하는 데 있어서 충분조건이 되지는 않지만, 교육적으로 분명 바람직하다.

푸앵카레가 표현한 대로 "목적을 반드시 먼발치에 떨어져서 파악해야만 하는", 즉 논의의 전체 전략 문제로 돌아가 보면, 우리는 반드시 추론 단계를 밟아가며 원리를 정당화하지는 않는다. 오히려 '동기'의 본질에 초점을 맞추어 원리를 정당화한다. 전략을 파악한다는 것은 논의를 끌어가는 사람이 결과적으로 성취하고자 하는 목적이 무엇이며 '동시에' 그것을 달성하기 위하여 어떤 수단을 강구하는지를 이해하는 것이다. 그의 전략은 단계별 추론을 정당화하는 것이 아니라, 그가 정한 방향을 정당화한다. 즉 논증을 타당하게 이끌어간다는 점에서 그의 전략은 특정 단계에 제공되는 증거 확보에 그치는 것이 아니라, 왜 그 문제에 착수하였으며 자신이 선택한 전략을 조리 있게 적용할지를 결정하는 증거 확보라고 할 수 있다. 우리가 그의 전략을 안다고 한다면, 그것은 그가 세운 장기적인 목표를 알고 있다는 것이며, 그가 현 단계에서 어떤 성과를 도출할 것인지 예측할 줄 안다는 것이며, 또한 그가 자신의 성과가 원래 설정한 목표에 부합하는지 이유를 따질 수 있는가를 안다는 것이다.

전략이 비록 추론의 원리를 정당화시켜주지는 않지만, 추론이 어떤 방향으로 설정되어야 하는지 정당화시켜준다. 그리고 전략은 일반적 원리와 유사하게 다양한 경우에 구체적인 사례를 다룬다. 따라서 학생이 특정한 전략을 가졌다고 평가하기 위하여, 우리는 그 학생이 이전에도 유사한 전략을 인식한 경우가 있는지 또는 이와 유사한 경우에도 전략적으로 새롭게 적용했는지를 확인해야 한다. 물론 이전의 전략의 실행 여부도 여전히 확인될 수도 있다. 현재 우리의 검증 과정에서 동시에 새로운 상황을 찾아내는 습관이 머릿속에서 전략적 사고로서 작용할 수도 있다. 후자의 습관이 발견의 관점에서 보면 더욱 더 바람직한 조건이 된다.

구체적인 전략을 파악하는 과정에서 발견은 강력한 증거를 제공해주기는 하지만, 실제로 발견이 이해의 조건으로 요구될 성질은 아니다. 발견의 논법을 따라가는 것이 발견하는 것보다 쉬운 일이다. 그렇다고 해서 아인슈타인의 발견과정을 재현하지 못하는 사람이 아인슈타인의 이론을 이해하지 못한다고 말하는 것은 부당하다. 이해한다는 것은 전략이 실제로 어떻게 적용하는지를 파악하는 것이며, 전략이 어떻게 구체화되며 어떤 가설 상황을 만들어내는가를 파악하는 것이다. 이러한 분석이 타당하다면, 적합한 증거를 갖는다는 것은 모종의 일반능력을 확보한다는 것, 즉한 가지 상황을 벗어나 문제를 새롭게 취급하는 능력을 확보하는것을 뜻한다.

앞서 밝힌 바 있듯이, 전략과 원리는 주어진 자료를 논의에 맞게 유형화하는 방식을 말한다. 하지만 전략과 원리가 그 자체로발견의 기제로 충분하다고 할 수는 없다. 교수활동의 기본 문제는가르치는 사람 스스로가 이전에 결코 예견해내지 못했던 [학생들의] 창의적이고 생산적인 사고를 가로막지 않고 전략과 원리를 전수할 수 있는가에 달려있다. 우리는 교수방법이 모두 교육적 조치로 일률적으로 수용될 수 있는 것처럼 여기면서 가르치는 일에 종사해서는 안 된다.

요약하면, 누군가 적합한 증거를 가졌다고 판단하고자 한다면,우리는 그 스스로 이해하는 방식에 적합한 증거를 제시할 수 있는가를 판단할 수 있어야 한다. 어떤 사람이 [무엇을] 안다고 우리가말할 수 있으려면, 우리는 단지 그가 참된 신념을 지니고 있는지를 파악하는 데 그치는 것이 아니라, 자기 스스로의 '힘에 의하여설정한' 신념을 입증할 수 있는가에 집중해야 한다. 이에 따라 우리는 어떤 능력이 상이한 상황에도 적용되는지, 그리고 새로운 상황에도 혁신적으로 적용할 수 있는 일반적 능력인지를 검증할 수있어야 한다.

지식과 신념
Knowledge and Belief

제4장 지식과 신념

신념의 해석 문제

이제 명제적 지식의 정의 방식에서 설정한 '신념조건'을 다룰 차례이다. 신념조건은 X가 명제 Q를 안다면 그는 명제 Q를 믿는다고 규정할 수 있다.

제3장 세 번째 절에서 다룬 '알다'의 실행적 용법에서 비롯된 논점을 상기할 필요가 있다. 이 용법은 일인칭적 관점에 해당하며 "그는 안다"는 진술의 삼인칭적 관점에서는 "나는 [~임을] 안다"는 진술이 담고 있는 실행성을 전달할 수 없다. 이를 유추해보면, "그는 [~임을] 믿는다"라는 삼인칭적 관점은 앎의 주체를 거부하거나 주관적 '확실성'을 부정하기 때문에 "나는 [~임을] 믿는다"는 일인칭적 관점을 전달하지 않는다. 따라서 어떤 사람이 "나는 [~임을] 믿는다"고 '실제 말할 수 없는' 상황이라고 하더라도 그는 명제 Q를 '진짜' 믿을 수도 있다. "나는 [~임을] 믿는다"는 '발언'이 화자가 그 믿음에 대한 지식을 포함하지는 않을 수는 있지만, 화자의 '실제 믿음'은 자신의 지식과 완벽하게 양립하는 것이다. 따라서 신념조건은 X가 명제 Q를 안다고 할 경우에 그가 명제 Q를 실제로 믿고 있

다는 주장과 일관되지 않는 측면이 없다. 우리는 "나는 [~임을] 믿는다"는 발언과 실제 믿음을 혼동해서는 안 된다.

그렇다면 X가 명제 Q를 실제로 믿는다고 기술할 경우 X의 어떤 속성을 고려해야 하는가? 신념이란 어떤 특성을 가진 개념인가? 이러한 질문은 인식론에서 가장 다루기 까다로운 문제임을 말해준다. 제2장 두 번째 절에서 다룬 바 있듯이, 우리는 앎을 정신의 실행 작용mental performance으로 본 관점을 비판한 라일의 입장을 상기하면서 현재의 논의를 다루어야 할 것이다. 우리는 라일의 입장이 믿음의 문제에도 똑같이 적용된다고 지적하였다. 예컨대, "당신은 지금 무엇을 하고 있는가?"라는 질문에 우리는 "내일 비가 올 것으로 믿지 않는다."라고 대답하지는 않는다. 또한 그 순간 어떤 것을 믿도록 '활동 중인 상태engaged'를 말하지 않으며, 어떤 것을 믿는데 '너무 몰두하여too busy' 걷지도 못할 정도가 되었다고 말하지도 않는다. 실행이나 활동의 범주는 실제로 믿음을 설명하는 데 적절해 보이지 않는다.

특별한 정신적 경험이나 정신작용 또는 정신현상의 발생 등은 믿음을 설명하는 듯해 보여도 결코 그렇지 않다. 우리는 세월이 흘러도 $3 \times 6 = 18$임을 확고하게 [참으로] 믿어왔다. 그러나 우리는 이 수식을 처음 배울 적에 지녔던 신념과 연관되어 있던 특정한 정신활동이나 경험을 계속적으로 지니고 있지는 않다. 이 경우에 비교적 추상적 '상태'로서 형성된 믿음을 그럴듯하게 지니기는 해도, 이 수식을 믿게 된 구성요인을 어떻게 일일이 해석하고 다니겠는가?

퍼어스가 의심과 신념을 대비시킨 경우를 보면 목하 문제가 예

증될 수 있을 듯하다. 퍼어스는 양자 간의 질적인 차이를 강조한
바 있다. 즉 의심은 "우리가 독자적으로 신념의 상태에 이르도록
노력하였으나 결국에는 그러지 못하고 어색하고 불만족스러운 상
태에 처한 경우"이며, 반면에 신념은 "우리가 피할 수 없을 만치
차분하고 만족스러운 상태에 처한 경우"이다(p. 99). 의심은 특정
한 자극이어서, "신경을 자극하여 이에 대한 반응행동을 우리에게
야기하는 것"인 반면에, "신념은 우리를 단숨에 행동하게 하지는
않지만, 우리가 주어진 일련의 상황에서 어떤 방식으로 행동해야
하는지에 대한 조건을 제시해준다." 신념을 분석하는 데 있어서,
신경증적 자극에 유추하는 것보다는, 우리는 "예컨대 복숭아 향이
군침을 돌게 한다는 습관적인 신경 작용과 같은, 신경의 연합이라
고 하는 것에 주목할 필요가 있다(p. 99)."

그렇게 되면, 특정 상황 아래서 특정 방향으로 행동하는 경향
성, 민첩성, 습관의 본질에 비추어, 신념은 곧 추상적인 것임을 상
정할 수 있다. 그러나 이 경우에도 '어떤' 방향과 '어떤' 상황이 바
로 문제가 된다. 복숭아 향이 군침을 돌게 하는 것과 연합한다는
것은 조건과 반응이 함께 결합하는 특성을 충분히 보여준다. 신념
은 특정 상황에서 반응이 연합한 것이라는 가정에서 신념의 특성
으로 여길 만한 어떤 것이 있을까?

신념의 언어이론과 그 난점

목하 제기된 문제에 답하기 위하여, 많은 학자들이 이른바 신념

의 '언어이론verbal theory'이라고 하는 것을 제안한 바 있다. 현 시점에서 가장 우세한 이 이론의 여러 주장들을 살펴보자.

먼저 카르납의 주장을 보자.[1] 카르납은 다음 문장을 들어 설명한다.

(1) 존은 *D*라는 명제를 믿는다.

이를 분석하면:

(2) 존은 "*D*"에 근접하게 번역된 언어를 가진 문장에 대하여 긍정적인 반응을 보이는 경향을 띤다.

이는 카르납이 언급한 내용을 인용한 것은 아니지만, 현재 다루는 문제와 관련하여, 그의 논점을 잘 드러내준다.

(3) 존은 대수학이 어렵다고 믿는다.

이 문장은 곧:

(4) 존은 "대수학이 어렵다"에 근접하게 표현된 문장에 대하여 긍정적으로 반응하는 경향을 띤다.

(존이 영어를 모르는 경우 문장 (4)의 번역이 문장 (3)을 확증해준다. 따라서 (4)는 "대수학이 어렵다"는 말을 확증하는 것이 아니라 그 말에 등가로 담긴 존의 발언 내용을 확증하는 것이다.)

따라서 신념은 일반적으로 적절한 조건 아래서, 이를테면 체계적 질문systematic questioning[2]이 나오는 조건 아래서, 어떤 문장에 긍정적인 반응을 하는 경향이다.

교육원리의 중요성을 논의하면서 헤어R. M. Hare는 [이러한 경향에] 필적할 만한 언어이론을 제안한 바 있다. 그에 따르면, "원리가 없이, 모든 종류의 가르치는 행위는 불가능하다. 왜냐하면 교육내용은 대부분의 경우 원리를 담고 있기 때문이다. 특히 우리가 무엇인가를 '행함to do'을 배우고자 할 때, 우리가 배우는 것은 항상 원리이다."[3] 이어서 헤어는 사실을 배우는 것도 동일하게 설명하고 있다. '심지어 (펀자브1) 지방의 다섯 개 강 이름과 같은) 사실을 배우거나 가르칠 경우에도 질문에 대답하는 방법을 배우는 것이다. "펀자브 지방의 다섯 개 강 이름은 무엇인가?"라고 물었을 때, "젤룸 강, 체나브 강 …"으로 대답할 수 있다'는 원리를 배우는 것이다.[4] 추측컨대, 이러한 사실을 배우는 것은, 달리 말해서 불가결한 신념을 갖게 되는 것은, 요구된 질문에 적합한 이름을 대는 경향성을 갖는 것, 또는 요구된 질문에 긍정적인 대답을 하는 경향성을 드러내는 것이다. (이것은 카르납의 입장에서 느슨한 조건에 해당한다.)

---

1) Punjab : 인도와 파키스탄 사이에 위치한 인도반도 서북부 지역의 이름. 파키스탄이 인도로부터 독립할 때 펀자브 지역이 분할되어, 인도 펀자브, 파키스탄 펀자브가 있다. 본문에 나오는 다섯 개 강은 인더스 강의 5개 지류인 젤룸강The Jhelum, 체나브강The Chenab, 라비강The Ravi, 베아스강The Beas, 수틀레지강The Sutlej을 가리킨다. '펀자브'는 힌디어로 '5강의 유역'이라는 뜻이다. 이 말은 페르시아어로 다섯을 뜻하는 'punji'와 물을 뜻하는 'aab'의 결합에서 유래한다. 저자가 이 예를 드는 것은 펀자브 지방을 흐르는 다섯 개 강 이름을 암기하는 학습도 이 지역 이름이 생성된 이치와 관련된다는, 즉 일종의 원리를 포함한다는 뜻이다.

자신의 책 『언어행동*Verbal Behaviour*』을 통해서 스키너B. F. Skinner는 언어이론의 전형을 제시한 인물로 보인다. 그는 지식이나 사실의 상호소통을 화자가 자주 언어적으로 확인할 수 있는 새로운 반응을 생성하는 과정으로 해석하고 있다. 이 견해에 따르면, 사실을 믿는 것은, 그 상황이 장면 장면마다 달라진다 해도, 언어적으로 확인 가능한 반응을 확보하는 데 달린 문제이다. 스키너는 "역사학 분야에서, 교육적 효과는 학생들의 장차 드러낼 '언어' 행동을 전적으로 수정하는 데 달려 있다"고 하였다.[5] 역사적 사실에 관한 신념을 획득함으로써 학생은 독특한 언어적 경향성을 획득하게 된다. 학생이 획득한 경향성이란 자신이 구사할 수 있는 새로운 형태의 언어 반응을 가리킨다. 질문에 대한 반응은 질문이 요구하는 사실을 구성할 수 있거나 긍정하는 형식에 달려 있다.

여기서 우리가 이해하는 방식으로, 신념의 언어 이론은 신념을 묻는 조건 속에서 특정한 언어 반응을 하는 경향성으로 파악된다. 이 이론은 의심의 여지없이 상당히 그럴듯해 보이지만, 우리가 당장 밝힐 수 있는 난점이 있다.

한 가지 명백한 난점은 동물과 어린 아이들은 언어 반응을 제대로 할 능력이 결여되어 있기 때문에 이 이론이 이들의 신념을 부인한다는 것이다. 어린 아이들의 경우에 신념의 문제는 동물과는 별개의 문제가 되기 때문에 이 난점은 치명적인 것이 아닐지도 모른다. 더욱이 어느 경우이건 간에 이 이론의 범위는 유기체의 신념이 언어에만 명백하게 국한된다는 제한점도 지적할 수 있다.

이러한 제한점을 당연하게 인정한다고 해도, 우리는 바로 언급한 보다 더 복잡한 문제에 직면하게 된다. 무엇을 놓고 그것을 한 문장을 진술하거나 명확하게 말하도록 하는 경향성이라 할 수 있는가? 대수학이 어렵다고 믿는 상황에서, 존은 주어진 대수 문제에 적절한 답을 낼 수 있는 '수용능력capacity'을 지녔다고 할 수 있는가? 펀자브 지방의 다섯 개 강 이름을 배운 상황에서, 학생들은 누가 물었을 경우 강 이름을 대거나 기억해낼 '수용능력'을 지녔다고 할 수 있는가? 이러한 예에서, 우리는 학생들이 적절한 언어 반응을 한 것을 가지고 학습자가 새로운 수용능력을 획득한 것이라고 말할 수 있는가?

이러한 해석은 분명히 잘못되었다. 단순히 언어를 아는 것과 발언하는 데 물리적 장애가 없다는 것은 '긍정할 수용능력'(이를테면 "예"라고 대답하는 것)이나 문장을 '재생하는 수용능력'(이를테면 발음을 제대로 하는 것)을 지니는 전제가 된다. 영어를 알고 아를 명시적으로 말할 수 있다는 것으로 인하여 존은 "대수가 어려운가?"라는 질문에 "예"라고 말한 수용능력을 지닌 것은 사실이다. 이와 비슷한 모든 경우에도 마찬가지이다. 하지만 존은 자신에게 주어진 질문에 대한 모든 것을 믿고서 답을 한 것은 아니다. 펀자브 지방의 다섯 개 강 이름을 제대로 발음할 수 있는 것만으로도, 그 학생은 언어 반응으로서 강 이름을 댈 수 있는 역량을 가진 것이다. 그러나 그 학생은 여전히 어떤 합당한 준거에 비추어 볼 때 그 강 이름을 안다고 할 수는 없다.[6]

이 경우, 그 학생에게는 문제가 제시된 적절한 상황에 비추어 강 이름을 '기억recall'해 낼 수용능력이 요구되는 것인지도 모른다. 그러나 다른 조건에서 다른 종류의 다섯 가지를 기억해서 되널 수 있다는 근거에서, 펀자브 지방의 강 이름 다섯을 모두 기억해서 말을 할 수 있다는 것이 합당한 신념에 요구되는 모든 것이라고 한다면, 우리는 펀자브 지방의 다섯 개 강 이름이 창세기, 출애굽기, 레위기, 민수기, 신명기라고 믿는 학생을 합당한 경우로 받아들일 수 있다.

새로운 반응이 가능하다면서 반응의 "연출목록repertoire"이 증가한다는 스키너의 개념은 "수용능력" 개념에 기대는 것이다. 이에 대하여 촘스키는 다음과 같이 비판하였다.

> 우리가 실험쥐에게 특정 행동을 하도록 훈련시켰다면, 이것이 쥐가 반응하는 연출 목록을 증가시킨다는 점에서 의미가 있다. 그러나 인간 의사소통의 경우 이와 같은 방식으로 의미를 부여하는 것은 곤란하다. 만약 A가 B에게 전혀 새로운 정보, 이를테면 철로가 붕괴할 것이라는 정보를 제공했을 경우, '철로가 붕괴할 것이다'에 대한 반응은 무슨 의미가 있는가? 그것은 B가 이전에는 알 수 없는 사실이 아닌가? 확실하게 B는 그것을 몰랐을지라도 이미 말로 표현할 수 있었을 것이며, 그것을 문장 형태로 알고 있었을 것이다. 이 경우 반응의 증가를 이유로 보기 어려울 것이다. 사실적으로 볼 때, B는 이 사실에 전혀 관심이 없거나, 그런 일이 일어나지 않기를 바랐을 것이다.[7]

자, 이제는 특정한 언어 문장을 되뇌거나 말할 수 있는 경향성을 단순한 '수용능력'이 아니라 주어진 질문에 대하여 적절한 언어 반응을 하도록 하는 능동적 '성향tendency'이나 적극적 '습성

propensity'이라고 생각해보자. 예를 들어서, 만약 존이 대수학이 어렵다고 믿는다면, 존이 이해하는 범위에서 "대수학이 어려운가?"라는 질문에 대하여 확실하게 "예"라고 또는 이와 유사하게 답하는 습성을 가진 것이다. 그가 펀자브 지방의 다섯 개 강 이름을 배웠다면, 그는 그것을 답하는 성향을 가진 것이다. 즉 어떤 능력을 가진 것이 아니라 묻는 것에 대하여 자신이 배운 이름을 쭉 열거하는 반응을 할 따름이다.

이러한 방식은 이전 방식보다 명백하게 도움이 된다. 왜냐하면 습성을 지녔다는 것은 단지 언어를 알았다든지, 말대답할 때 신체적 장애가 없다든지, 기억해내는 능력만 가지고 설명할 수 없기 때문이다. 그럼에도 불구하고 이 방식도 그 자체로 몇 가지 심각한 난점을 지니고 있다. 무엇을 믿는다는 것은 주어진 질문에 대한 믿는 바를 '표현하거나 확신하는' 성향을 지닌다는 것과 같지 않다. 우리는 실제로 이 차이를 이미 지적한 바 있다. 반복적 연습을 통하여 습관이나 습성을 기를 수 있지만, 반복적 연습을 통하여 어떤 것을 믿도록 할 수는 없다. (이에 관하여 제1장 두 번째 절과 제2장 두 번째 절을 보라.)

더욱이 사람은 명제 Q를 믿는 상황에서도 "Q"를 단언하거나 표현하고, 달리 전달하는 습성이 없을 수도 있다. 오히려 그러한 표현이나 단언을 회피하는 반대 성향을 가질 수도 있다. 가장 극단적인 반대 사례는 적국에 침투한 스파이에서 찾을 수 있다. 그는 특정 상황에서, 적어도 자신의 임무 수행에 따른 보안 유지의 상황에서, 자신이 진짜 믿고 있는 바와는 정반대로 언어 반응을 해야 한다. 이처럼 극단적이지는 않지만 이와 같은 반대 사례는 많이 있다. 왜냐하면 언어 반응에 대한 습성은 믿는 바에 의존하는 것만이 아니라 동기 요인과 사회적 분위기에도 의존하기 때문이다. 예를 들어서 자신의 믿는 바를 표현하거나 단언하지 않는 것은 두려움이나 반항심 때문에, 또는 당황해서, 아니면 남에게 인정받고 싶은 마음에 때문일 수도 있다. 이러한 경우를 살펴볼 때, 어린 아이가 언어적 반응 습성을 나타내지 않는 것은 합당한 신념이 없어서가 아니라, 어른들 눈치를 보거나 어른들의 칭찬을 받고자 하여 나타나는 언어 자제 심리 때문일 수도 있다.

반대로, 사람은 자신이 결코 믿지 않는 사실에 대하여 그것을 어떤 언어를 표현하고 단언하고자 하는 적극적 습성을 가질 수도 있다. 앞서 제시한 사례들은 이러한 우연적인 경우에만 해당한다는 점을 유념할 필요가 있다. 적국에 침투한 스파이는 실제로 자신의 본심을 드러내지 않지만, 거꾸로 자신의 본심과 상반되는 언어 반응을 하도록 하는 강력한 습성을 지니고 있다. 이와 달리 일상적 상황에서 체계적으로 거짓말하는 동기는 두려움, 적개심, 당혹감, 이익에 대한 열망, 인정받고 싶은 마음 등이 있다. 어른들 눈치를 보며 칭찬 받고자 하는 아이들은 언어 자제만이 아니라 왜곡된 어떤 것을 자초하기도 한다. 이를테면, 자신이 믿지는 않지만 그것이 어른들에게 칭찬 받을 것이라는 생각에서 적극적인 습성을 드러내기도 한다.

학생들은 종종 시험을 잘 치르기 위하여 모범 답안에 용이하게 언어 반응을 하는 습성을 획득하려 한다. 그렇게 하는 이유는 자신이 외우는 답안을 믿지 않는데도 불구하고 그것이 시험관의 자신에 대한 입장과 평가에 영향을 미친다고 생각하기 때문이다. 시험 답안을 평가함에 있어서 학생들이 낸 결과물과 그들이 믿고 있는 바를 혼동하지 않는 것이 교육적으로 가장 중요하다. 따라서 교육 상황에서 학생들이 실제로 갖고 있는 믿음을 시험지에 쏟아내는 언어 반응과 구분하는 것은 매우 중요한 과제이다.

마지막으로 고려해볼 사례는 정치적 제재가 가해지는 상황에서 작용하는 여론의 경우이다. 전체주의 사회체제에서 이루어지는 정치적 제재는 이른바 "위험한" 신념의 표출에만 가해지는 것이 아니라 전체주의 체제의 정통성을 되뇌는 적극적인 습성을 형성하도록 가해진다. 전체주의 국가에서 공식적으로 표출된 정치적 견해는 국민들의 본심이 반영된 것이 아니다. 정치적 제재 속에 표출된 발언들은 그 제재에 의하여 왜곡된 내용들이다. 전체주의 체제 속에서 공인된 여론은 공공 영역에만 그치는 것이 아니라 심지어 사적 영역에서도 공포정치에 의하여 조장된 만장일치 형태의 언어적 습성이다.

사정이 이럴진대, 우리가 합당한 경향성을 수용능력으로 보건 성향으로 보건 간에, 신념의 언어이론은 실패한 것으로 보인다. 그래도 이 이론은 다소 수정의 여지가 있다고 보는 것이 나을 듯하다. 특히 언어적 습성을 갖게 하는 조건이 어떤가를 한정시켜볼 수 있다. 즉 질문이 제기된 상황을 규정하는 것이 아니라 관련 당사자의 동기를 유발하는가 따위를 추가적으로 상술하는 것이다. 앞서 예시한 문장을 들어보기로 하자.

(3) 존은 대수학이 어렵다고 믿는다.

이 문장은 다음과 같이 분석된다.

(5) 존이 해당 질문에 반응하기로 '작정'하였다면, 그는 "대수
학이 어렵다"에 근접하게 표현된 문장에 대하여 긍정하는
'반응'을 하는 습성을 지닌다.

이러한 분석은 앞의 해석에 따라붙는 난점을 해결해줄 수 있
다. 하지만 모든 신념에 대하여 해당 사안에 일반적으로 긍정하는
습성을 드러낸다고 볼 수는 없다. 따라서 이 분석은 앞서 언어적
금지verbal inhibition에 해당한다고 한 몇 가지 경우에 적용될 것이
다. 왜냐하면 '반응하기로 작정'하지 않을 경우에, 이에 합당한 긍
정적인 습성이 동기화될 필요가 없기 때문이다.

그럼에도 불구하고 이러한 분석은 어떤 사람이 해당 사안에 반
응하기로 마음 먹을 수 있지만 반대로 자신이 믿지 않는 것을 밀
고 나가려고 하는 상황에서는 설명력이 떨어진다. 체계적으로 거
짓말을 늘어놓거나 언어적 일탈이 일어나는 경우가 그러하듯이,
앞서 예시한 포로로 잡힌 스파이의 반응은 이 분석에 대한 반대의
예를 제공한다.

합당한 언어적 습성을 야기하는 조건을 규정하기에는 또 다른
요인이 요구되어야 한다. 반례에서 알 수 있듯이, 언어 반응을 하
기로 작정했다고 해서 항상 진실하게 반응하는 것은 아니기 때문
이다. 따라서 (3)은 다음과 같이 분석할 수 있을 것이다.

(6) 존이 해당 질문에 '진실하게 응답하기로 작정하였다면',

그는 "대수학이 어렵다"에 근접하게 표현된 문장을 긍정 도록 반응하는 습성을 지닌다.

이러한 분석은 앞서 제기된 반증을 일거에 제거할 수 있는 것처럼 보인다. 왜냐하면 반례에서는 진실하게 반응하고자 작정한 바를 찾을 수 없기 때문이다. 따라서 언어적 금지나 언어적 일탈 어느 것도 위의 분석에 반대할 결정적 근거가 되지 못한다.

문제는 오히려 현재의 틀 속에서 분석이 순환론에 빠지는가 여부에 있다. 존이 진실하게 믿는 바를 말할 작정을 하지 않았다면, 자신이 진실하게 반응하기로 작정하고 나서 그가 해야 할 일이란 과연 무엇인가? 진실하게 반응하기로 하였다면, 그가 믿는 바에 관한 분석은 믿음 개념 자체에 달려 있는 것이어서, 분석의 틀 자체가 순환론에 빠지는 꼴이 된다.

하지만 순환론은 그리 치명적인 반론이 아니다. 신념의 분석에 해당하는 어법의 정확한 형태는 그 어법이 설사 '신념'이라는 말로 표현되었다고 해도 분석 자체에 그대로 드러나지 않기 때문에 명백하게 순환론이라고 할 것이 없다. 우리가 예시한 "존은 대수학이 어렵다고 믿는다"는 문장 형식은 "X는 명제 Q를 믿는다"에 속한다. 한편으로 '신념'을 떼어놓고 분석해 볼 때, 앞서 논증한 것은 "만약 존이 자신이 참으로 믿는 바를 말함으로써 해당 질문에 반응하기로 작정한 경우에 등"으로 표현해야 마땅하다. 이 문장은 "X는 자신이 참으로 믿는 바를 말음으로써 반응하기로 작정하였다"는 형식을 취하게 된다. 후자의 문장 형식은 행위자 X가 명제 Q에 대한 기능을 표현하는 "X는 명제 Q를 믿는다"로 반드시 해석해야 함을 전제하지 않는다. 이 문장 형식은 오히려 행위자 X를 특징짓는 조건을 드러내며, 이를테면 X의 진정성과 같은 행동양식을 특징지어준다.

더욱이 '신념'이라는 말이 문장의 분석과정 표현에서 제거될 수도 있다. 진실하게 반응하기로 작정한 것은 단순히 참된 것을 말하려고 노력하기로 작정한 것으로 여겨지기 때문이다. 따라서 명제 Q를 믿는다는 것은, 해당 문제에 대하여 참되게 답을 하려고 작정한다는 전제 아래 "Q"에 근접하게 표현된 내용을 확증함으로써 해당 문제에 적합하게 반응하는 습성으로 분석된다. (물론 행위자의 이러한 작업은 명제 Q 자체에 대한 신념이 없는 상태에서도 가능하다는 것을 가정할 수는 있다.)

이렇게 분석하면 순환론의 난점은 피할 수 있을 듯하며, 동시에 언어적 금지와 언어적 일탈의 반증 예도 피해갈 수 있어 보인다. 하지만 이러한 분석은 또 다른 난점에 직면한다. 이 난점은 참인 것을 말하려는 진정성을 가진 경우에도 언어적 금지와 일탈이 일어나는 상황에서 비롯된다.

논점을 간략하게 말하자면, 자신의 신념을 표현하는 것은 믿는 바의 실행 여부에 의존하지 않는다. 사람은 경우에 따라 자신의 신념에 대한 식견이 결여될 수도 있다. 또는 의지박약이나 기타 성격상의 문제로 자신이 믿는 바가 결과적으로 자기 자신을 속이는 것인데도 불구하고 그것을 맹신하면서 추진할 수도 있다. 이러한 상황에서 그는 자신이 참인 것을 말하려 노력한다고 여길 수 있을지 모르지만, 그것은 자신의 신념을 표현하는 것이 결코 아니다. "나는 이러이러한 것과 관련하여 무엇을 믿는가?"라는 질문을 스스로에게 던지는 사람이 "나는 도대체 무엇을 믿어야만 하는가?"를 묻는 것이 아니라 단순히 서술적 의미 또는 자기 성찰적 의미에서 묻는 것이라면, 그는 이 질문이 깊은 사려를 요구한다는 것을 깨달아야 한다. 즉 그는 의도의 진정성만 가지고서는 결코 오류에 빠지지 않도록 보호받을 수 없다는 것이다.

오류는 자신이 어떤 신념을 지니고 있는지 스스로 인식할 수 없는 사람에게서 일어난다. 사회적으로 용인되지 않거나 위험한 것이라고 스스로 판단하거나 이를 반성적으로 사고하는 사람에게 일어나지 않는다. 역으로, 자신의 신념이 마음 속 '심층'에서 비롯된 것인가를 숙고하지 않지만 그것이 사회적으로 용인된 것인지를 반성하고 판단해 보는 사람도 있을 수 있다. 전자의 경우는 인종차별적 신념의 잔재가 스스로에게 배어 있지만 겉으로는 이를 부정하는 사람에게서 찾아볼 수 있다. 후자의 경우는 실제로 특정 종교를 제대로 믿지도 않는 그 종교를 진지하게 믿고 있다고 표명하는 사람에게서 찾아볼 수 있다. 결과적으로, 사람들의 신념을 표명하는 것이 사실에 부합하지 않는 것이거나 거짓임을 알 수 있다. 따라서 이 경우에 우리는 사람들이 자신이 믿는다고 말한 것이 아닌 별개의 것을 믿고 있다고 판단하게 된다. 이와 유사하게 우리는 종종 액면 그대로 형성된 신념을 마냥 부정하지만은 않는다. 그 결과로 이 견해가 신념을 '명시적' 언어 반응에 대한 습성으로 보는 것만이 아니라 자기표현이나 회상과 같은 "내면적inner" 언어 반응 습성으로 보는 것에도 상치된다.

전형적인 상황에서 사람이 믿는다는 것이 무엇인지에 관하여 우리는 언어 반응을 넘어서는 어떤 근거를 기대한다. 그래서 그 믿는 바가 행동으로 어떻게 드러나는 방식에 주의를 더 기울인다. 이 논점은 체계적으로 받아들인다면, 우리는 신념의 언어 이론을 포기해야 한다.

일반적 경향성 이론의 난점

이후 논의하겠지만, 퍼어스는 신념을 경향성disposition으로 간주한다. "신념은 우리에게 어떤 조건이 주어졌을 때 특정 방향으로 행동하는 상황으로 우리를 몰아간다."(p. 99) 돌은 단단하다고 믿는 사람은 어떤 합당한 결과가 나오기를 바라는 한 돌과 관련하여 특정한 방향으로 행동하도록 결정지어진다. 사고에 의한 "행동습관habit of action"은 "당연히 일어날 것 같은 상황뿐만 아니라 전혀 일어날 개연성이 없는 것이 일어날지도 모를 상황에서조차"(p. 123) 사람들이 특정한 방향으로 행동하도록 이끌어간다.

퍼어스가 "복숭아 향이 군침을 돌게 하는 신경계 반응"(p. 99)에 빗대어 신념이 경향성이라고 보았듯이, 우리가 이미 검토한 바 있는 언어이론도 사실은 그러한 경향성의 한 형태이다. 그러나 언어이론에 대한 우리의 비판적 관점에서 볼 때 퍼어스의 일반적 진술이 그가 제시한 특정한 예보다 표적이 될 듯싶다. 만약 신념이 경향성이라면, 신념은 이런저런 반응에 대한 경향임에 틀림없다. 신념은 우리로 하여금 특정한 행위를 하게 하기 때문에, 틀림없이 특정한 형태의 '발언'을 하게 할 것이다.

라일은 단일한 형태의 행동을 유발하는 단일한 경로를 가진

"경향성"(p. 43)[8]만이 아니라 "이질적인 형태의 행동이 무한 표출 되는 상위 수준의 경향성"(p. 44)을 함께 염두에 두어야 한다고 역설한 바 있다. 라일이 보기에 단일한 경로를 가진 경향성은 파이프 담배 습관에서 그 예를 찾을 수 있다. "파이프 담배 흡연자가 되는 것은 특정 상황에서 파이프에 담배가루를 채우고 불을 붙이며 빨아대는 행동 습관을 갖는 것이다."(p. 43) 라일은 상위 수준의 경향성에 관하여 다음과 같이 말하였다.

> 제인 오스틴Jane Austen이『오만과 편견』에서 묘사한 여주인공의 오만함을 보여주고자 할 때, 그녀는 수천 가지 장면에서 여주인공의 행동, 말, 생각, 감정들을 재현해야만 했다. 제인 오스틴이 "작품 속 각각의 장면이 드러날 때마다 나의 여주인공이 지닌 오만함은 바로 이러한 성향을 띠고 있다"고 말한 것을 놓고 딱히 끄집어낼 한 가지 행동 유형이나 반응 형태가 있다고 할 수 없다(p. 44).

라일은 이어서 지식과 신념을 "인지적 경향이 드러나는 한 가지 형태의 지적 과정"이라고 규정하는 인식론자들을 비판하였다. 그의 비판은 다음과 같다.

> 경험적 증거들을 일체 거들떠보지도 않으면서, 이를테면 지구가 둥글다는 명제를 믿는 사람은 상황에 관계없이 단일한 인지과정, "판단", 또는 "지구는 둥글다"라는 확신감에 젖어 같은 것만 반복적으로 되뇌어야 한다고 그들은 단정해 버린다. 그러나 사람들은 실상 이러한 방식으로 명제를 되뇌지 않는다.

설사 이렇게 명제를 되뇌는 상황과 우리가 그래야 한다고 아는 상황에서조차, 그들이 지구는 둥글다는 명제를 믿고 있다고 생각하지는 않는다. 그보다는 우리는 그 명제를 믿는 사람들이 그 명제 이외의 수많은 다른 것을 짐작하고, 상상하고, 이야기하고, 조치를 취하는 것을 빼고서 그 명제를 믿는다고 보기 어렵다고 여긴다. 만약 우리가 그들이 수많은 것들을 짐작하고, 상상하고, 이야기하고, 뭔가를 조치를 취하는 것을 발견하는 순간, 우리는 그들이 지구가 둥글다는 명제를 되뇌기를 반복하지 않아도 그 믿음의 근거로 지구가 둥글다고 믿고 있음을 확인할 수 있다. 아무리 능란한 스케이트 선수가 빙판이 단단하다고 단언하여도, 그는 다음의 경우에 꺼림칙한 마음을 지니고 있어야 한다. 아이들이 못 한가운데가 아닌 못의 가장자리로 유도해야 하고, 생명 띠는 착용했는지 살펴야 하고, 또한 얼음판이 깨질까 하는 우려를 가지고 끊임없이 관찰해야 한다 (pp. 44-45).

명제를 되뇌는 것에 관한 라일의 비판적 논증은 우리의 논의에 적합하지 않다. 언어 이론은 이러한 되뇌임을 요구한 것이 아니라 주어진 문제의 특정한 조건에서 요구되는 적절한 성향을 갖는가에 맞추어져 있다. 그럼에도 라일은 신념의 경향성이 언어 이론이 규정하는 성향의 확증성보다는 다양한 양태의 행동, 즉 짐작하기, 상상하기, 이야기하기 그리고 모종의 조치를 취하는 행동을 드러낸다고 주장한다. 더욱이 그는 스케이트 선수의 예에서 사람은 자신의 신념을 평가하는 데 실수를 저지를 수 있음을 암시하였다. 그래서 라일은 스케이트 선수가 못의 빙판이 단단하다고 단언함에도 불구하고 자신이 믿는 바와는 딴판으로 여러 가지 조치를 취하는 행동을 보이고 있음을 보여주었다.

같은 책의 다른 곳에서 라일은 앞의 예에 상응하는 사례를 들면서 모순되어 보이는 입장을 취하기도 하였다.

> 빙판이 위험할 정도로 얇다고 확신하는 경우 주저하지 않고 자기 주변의 타인에게 빙판이 얇음을 알리는 것이다. 그러한 결과를 초래한다는 타인의 주장을 묵인하고, 빙판이 단단하다는 주장에 반대하고 원래 입장에서 결론을 도출하는 등의 조치를 취하게 된다. 그러나 이 입장에서도 스케이트를 주의 깊게 타야 하며, 어떤 재앙이 올 수 있다고 상상하면서 몸에 전율을 느끼며 타인에게 경고를 하게 되어 있다. 이것은 이론적인 움직임이 아니라 모종의 감정이 동반된 상상 가능한 실행을 야기하는 습성이다(pp. 134-135).

뒤의 인용문에서 라일은 행위자가 서슴없이 표현하는 것을 신념의 조건으로 본 듯하지만, 앞의 인용문에서 그는 신념이 행동에서 명백하게 확인되고 행위자의 표현과 일치하지 않는 것으로 기술하고 있다. 라일은 뒤의 인용문에서도 신념의 표현이 필요조건임을 주장하려는 것이 아니었으며, 전체적으로 파악할 수 있는 많은 신념의 징후군 가운데 하나를 끄집어낸 것으로 볼 수 있다. 어쨌거나 라일은 언어행위가 신념의 충분조건임을 부정하고자 한 것이다.

경향성을 보다 포괄적으로 보는 견해는 다음과 같은 것이다. 신념은 여러 복합적 상황에서 다양한 것을 행하는 경향성의 묶음 cluster of dispositions이다. 행해진 것에는 여러 종류의 반응과 행위가 포함되며, 언어적 확언에 국한되지 않는다. 이러한 경향성은 엄밀하게 말하자면, 문제가 되는 신념의 필요조건이나 충분조건이 아니다. 요점은 경향성의 묶음이 충분하게 드러나야 한다는 것이다. 특히, 언어적 경향성은 신념과 동렬로 놓일 아무런 이유가 없다.

우리는 신념을 상황에 맞게 수행해야 할 행동 이상으로 서술해야 할 필요가 있기 때문에, 이렇게 파악하는 방식도 충분하다고 볼 수 없다. 신념에 대한 포괄적인 서술이 '다양한 반응', '다양한 경우' 특히 '언어적 반응에 국한되는 것이 아니라는 점'에 비추어, 우리는 다른 충분한 측면에 보다 세심하게 집중해 볼 필요가 있다.

분명한 점은, 경향성을 형성하는 데 영향을 주는 사항을 정교하게 고려할 필요가 있다. 그것은 다름 아닌 사안과 반응 사이에 통상 제한적인 관련이 있다는 점 외에도 개연적 상관성이 느슨하게 존재한다는 점이다. 하지만 그보다 더 중요한 점은 어떤 사람의 신념이란 곧 자신의 내적 요인, 이를테면 그가 의도하는 바와 그의 태도 간의 미묘한 상호작용에 의하여 얽혀 있음을 인식해야 한다는 것이다. 따라서 경향성이 여러 양태로 표출된다는 점에서, 어떤 사람의 한 가지 신념을 떼어내서 그 사람이 반응하는 특정 양태로 귀속시켜서는 안 된다. 그 사람의 한 가지 신념은 자신의 다른 신념이나 목적하는 바에 비추어 부분적으로 판단할 수 있지만, 다른 신념이나 목적이 특정 반응이 일어나는 상황에 영향을 줄 수도 있다. 따라서 명시적으로 드러난 상황과 관련지어 볼 경우, 우리는 그 사람이 믿는 바와 목적하는 바를 한데 묶어서 고려할 필요가 있다. 더욱이 신념과 목적하는 바가 복합적으로 얽히는 데는 행위자의 명시적 반응이 결정적으로 영향을 준다고 보기 어렵기 때문이다. 그래서 여러 각도에서 신념과 목적의 복합체를 고려해 보아야 한다. 하지만 우리가 어떤 결정을 할 경우, 그것에 압도적으로 영향을 미치는 요인이 무엇인지를 파악해야 한다. 한 마디로 신념의 속성을 설명하자면, 그것은 인간의 상대적으로 저급한 신체적 특성으로 파악하기보다는 마치 과학 탐구에서 이론적 가설을 설정하는 것과 비슷한 [고차적] 양상을 띠게 된다.

그 결과 퍼어스와 라일이 주장하는 일반 경향성 이론은 이처럼 복잡하게 얽혀 있는 신념을 파악하는 데에 설명력이 부족하다. 퍼어스는 실제로 이론의 대강에 있어서 적중한 듯하지만, 그것을 구체적으로 명시하지는 못하였다. 그의 실용주의적 노선이 적용되어서, 우리가 살펴본 바와 같이, 일반 용어를 "조작적으로 operationally"으로 구축하려 하였다. 즉 어떤 타당한 효과를 내고자 사물에 어떤 조치를 가했을 때 드러나는 경향성을 파악하려고 하였다. 사물의 단단함이란 다름 아닌 검사물을 가지고 그 사물을 문질렀을 경우 드러나는 일종의 성질을 뜻한다. '신념'의 경우에도, 퍼어스는 이와 똑같은 방식으로 분석을 하여, "사고의 전반적 기능은 행동 습관을 야기하는 것"(p. 123)이라고 주장하였다. '행동습관'을 돌의 경우에는 단단한 습성 또는 성질과 같은 종류로 파악했기 때문에, 그는 인간의 의식적 반응을 이와 같은 일체의 반응 작용과 동일하게 연결시켜 버렸다. 그 결과 퍼어스는 "서로 다른 활동 간의 차이를 드러낼 만큼 세심하게 구분되는 의미상 차이란 존재하지 않는다"(p. 123)고 결론지었다.

그럼에도 불구하고 같은 책에서, 그는 주어진 신념과 연합한 행동 습관을 야기하는 상황을 상정하여 다음과 같이 말하였다. "습관이 무엇인가는 그것이 우리에게 '언제' 그리고 '어떻게' 행동하게 하는가에 달려 있다. '언제'와 관련하여 행동의 모든 자극이 지각 작용에서 비롯될 때이며, '어떻게'와 관련하여 행동의 모든 의도가 합당한 결과를 내는 데에 있다."(p. 123) 그리고 그는 이어서 다음과 같이 말하였다. "행동이 일어나는 상황이란 합당한 지각 작용일 수 있으며, 또 그것은 합당한 결과를 내고자 하는 동기이다."(pp. 123-124) 여기서 우리는 색다른 점을 찾아낼 수 있다. 즉 합당한 지각 작용과 더불어 '의도purpose'와 '동기motive'를 끼워 넣은 것이다. '제3자'의 합당한 지각 작용, 즉 '그 자신'이 지각하는 바는 '우리'의 관점에서 명시적으로 '파악되는' 것이 아니라는 점을 그냥 지나쳐서는 안 된다. 더욱이 퍼어스가 끼워넣은 '의도'와 '동기'는 더 문제가 되는 바, 그가 이들을 어떻게 다룰 것인가는 전혀 언급하지 않았기 때문이다. 앞서 인용한 첫 문장에서 알 수 있듯이, 퍼어스는 신념을 합당한 자극만이 아니라 '의도'에 의존하는 습관으로 설명하려고 하였지만, 그 다음 문장에서 바로 동기는 '상황에 종속되는 것이 아니라' 합당한 반응을 야기하는 독립적인 요인으로 간주하였다.

어떻게 규정짓든 간에, 의도와 동기의 요소는 우리가 파악할 수 있을 정도로 확실하게 규정되어야 한다. 어떤 사람이 한 물체가 딱딱한 것이라고 믿는다면, 그가 지각하여 파악한 의도에 맞추어 그는 그 물체에 대하여 특정한 방식으로 행동을 취할 것이다. 제2장 다섯 번째 절에서 들었던 예로 돌아가서, 그는 외관상 뭔가를 제시해야 한다는 생각에 돌을 대표적인 예로 삼았다. 그러나 동기와 의도를 구성하는 요인은 돌의 딱딱함과는 근본적으로 다르다. 왜냐하면 의도란 그 자체로 명시적인 것이 아니며 "조작적인" 성질이 아니라, 추상적인 것이며 습관과 유사한 것이기 때문이다. 그럼에도 신념을 조작적인 것으로 분류해야 한다는 생각에서 의도 역시 조작할 수 있는 것으로 볼 필요성을 가졌던 것이다. '습관'과 '상황'을 모두 포괄하는 말은 존재하지 않으며, 또한 신념을 '관행practice'으로 바꾸어 설명하려는 것은 근거 없는 주장이다.

신념 속성의 이론적 탐구

이 주제와 관련된 논점은 헴펠C. G. Hempel이 합리적 행동과 관련된 자신의 글에서 개진한 바 있다.[9] 헴펠은 합리성을 규정하면서 "폭넓은 경향 습관broadly dispositional trait"이라는 개념을 도입하고, 이를 신념에 적용하려고 하였다.

> [폭넓은 경향 습관은] 경향성의 복잡한 다발을 포함하며, 그 각각의 경향성은 주어진 상황에 따라 특정한 방식으로 행동하는 성향을 말한다. (이 때 상황이라는 것은 행위자의 목표나 신념, 그의 생리적, 심리적 상태, 그의 환경 등에 관한 정보를 포함하여 설정된다.) (p. 13)

헴펠은 괄호 안에 표기한 논점을 알레르기 반응과 같은 상대적으로 낮은 차원의 특질에 대하여 대비시켜 강조하였다. "[어떤 사람이] 돼지 풀 꽃가루에 알레르기 반응을 나타낸다고 말하는 것은 다른 어떤 것을 지칭하는 것이 아니라 바로 그 사람이 꽃가루에 노출되면 곧 코감기 증상을 보인다는 것을 뜻한다.ᅟ"(p. 14) 이와는 반대로, '폭넓은 경향 습관'의 경우에 해당하는 상황은 "단순히 환경 조건이나 외적 자극에 의하여 기술될 수 없다. 오히려 폭넓은 경향 습관은 자신의 신념에 타당하게 설정된 행위자의 특정 목표를 포함한다.ᅟ"(p. 14)

헴펠은 신념의 속성이 그 사람의 "명시적" 경향성을 포함하지만, 그 경향성과 동일시되는 것은 아니라고 주장하였다. 그는 물체에 끊임없이 전하電荷가 걸리는 것을 반응경향의 특징으로 유추하였다.

전하, 자기화magnetization 등의 개념은 여러 물리적 개념이 상호 관련된 이론적 원리 망에 의하여 규정된다. 이론적 전제들은 물체의 속성이 어떻게 구성되어 있는가를 근본적으로 규명하는 데 공헌한다. 실제로 어떤 물체에 전하가 걸리는 것을 일련의 경향성으로 파악할 수 있는 것은 그것의 이론적 배경에 깔린 전제들을 함께 고려할 수 있는 경우이다. 반면 행동 경향성의 진술은 전하와 동일한 진술은 아니지만, 그 기본 가정만은 같은 것으로 유추해 볼 수 있다(p. 15).

이와 같은 유추를 신념에 적용하는 것은 배경에 깔린 기본 가정을 서로 서로 연결하는 데에 있어서 엄밀성과 명백성을 찾아보기 어렵다. 그럼에도 불구하고 헴펠은 일종의 "의사擬似 이론적 관련 quasi-theoretical connection"이 있다고 주장한다.

예를 들자면, 특정 '목표'를 추구하는 어떤 사람의 명시적 행동은 그의 신념에 의존한다. 그 반대도 성립한다. 헨리가 길거리가 질척인다는 신념을 갖는다는 것은 그가 고무장화를 신고 나가서 자신의 신념에 따라 자신이 목표한 바를 행할 수 있다는 것을 함의한다. 그리고 밖에 나가서 발이 젖지 않게 되면 고무장화가 목표 달성에 도움이 된다는 당초의 신념은 곧 고무장화를 구태여 신고 나갈 필요를 느끼지 않게 바뀔 것이다. 이 예는 심리적 개념들이 문제 상황에서 복잡하게 상호 관련되어 있다는 것을 보여준다. 심리적 버릇이 특정한 상황에서 명시적 행동으로 드러나도록 기대할 수 있는 것은 이러한 가정을 받아들였을 경우이다. … 논점은 목하 문제가 되는 심리적 특징을 파악하기 위하여 우리는 한 개인의 신념과 행동목표를 조작적으로 나타내는 경향성만을 고려할 것이 아니다. 여기에 더하여 이들을 연결시키는 의사 이론적 가정을 고려해야만 한다. 이와 같은 기본 가정이 심리적 개념이 어떻게 사용되는지를 결정하게 된다. 그러나 그 가정들을 관련된 경향성들이 모여서 나타난 논리적 산물로 보아서는 안 된다(pp.15-16).

마지막으로 헴펠은 '신념'과 '목표goal'의 속성으로 "인식의 상호의존성epistemic interdependence"를 강조한다. 우리는 애초 길거리가 질척인다는 헨리의 '신념'이 자신이 목표한 바를 이루기 위하여 자신으로 하여금 고무장화를 신게 한다는 예를 언급한 바 있다. '목표'를 설명하려고, 헴펠은 헨리가 물을 마시고 싶어 하는 예를 추가하였다. 헨리가 물을 마시지 않아야 할 또 다른 이유가 없는 한, 그는 자신이 마셔야 할 액체가 병에 담긴 물임을 '믿어야' 한다(p. 16). 헴펠은 다음과 같이 결론짓는다. "따라서, 엄격하게 말하자면, 행위자의 행동을 검토하는 것은 그의 신념을 검토하거나 그가 목표한 바를 검증해 내는 데 도움이 되지 않는다. 단지 두 가지[신념과 목표]를 짝으로 할 경우에만 … [도움이 된다.]"(p.16)

이러한 견해가 맞다면, 우리는 신념을 특정한 명시적 행동 반응 경향성에 한정하여 설명해서는 안 된다. 우리는 잠정적이나마 한 개인이 지니는 일련의 신념과 설정된 목표에 관심을 기울여야 한다. 물론 이것이 명백하게 진술되지는 않지만, 이 견해를 일반적이고 단순하게 받아들여야 한다. 실제 상황에서 이론적으로 설명하기 어렵다고 해서 그것이 우리의 판단을 마비시키지는 않는다. 헴펠은 다음과 같이 진술하였다.

우리가 상호 관련된 사항 중에서 한 가지에 관련된 정보를 얻게 되는 경우가 종종 있다. 그래서 그것을 토대로 가설을 세우고, 그것을 어떻게 실행할 수 있는가를 검증한다. 예컨대, 우리가 부하 직원이 매우 정직하다는 근거를 갖고 있다면, 우리 물음에 대한 그의 대답은 그를 충분히 신뢰할 만한 근거가 된다. 반대로 신뢰하기 어려운 상황에서도 한 개인이 합당한 신념을 가졌다는 근거를 파악할 수만 있다면, 우리는 그 사람의 행동을 검토함으로써 그의 목표를 가설처럼 검증할 수 있다 (pp. 16-17).

우리는 어쩌면 당초에 가정했던 합리성, 진정성, 그리고 공동 목표의 공유 등을 채택해야 할지도 모른다. 우리는 지식의 사회적 맥락에 비추어 어떤 사람의 언행에 포함된 신념을 판단해야 할지도 모른다. 이 두 가지[언어와 행동]가 서로 갈리게 된다면, 의지 박약, 불합리성, 상규에 어긋난 목적, 무지, 괴기한 신념, 위선 등의 여부를 결정할 필요가 있다. 그러나 그 결정이란 쉽지 않다. 어느 경우에도 단순하게 고려하여 임시방편으로 결정될 공산이 크다. 그렇지만 어느 경우에도 신념을 언어 반응의 문제로 간주하는 것은 결코 합당하지 않다. 오히려 신념은 한 개인이 나름대로의 미묘한 방식에 따라 세상을 온전하게 인식하는 것을 "이론적으로" 특징짓는 것이라고 해야 할 것이다.

교실 상황에서 신념을 언어적 경향성으로 간주하는 잘못을 피해야 한다는 점은 매우 중요하다. 이와 관련하여 볼 때, 우리는 신념이 행동과 여러 갈래에서 맞닿아 있으며 동기화에도 밀접하게 관련된다는 점을 인식해야 한다. 만약 우리가 학생들에게 언어적 행동을 형성하는 것이 아니라 신념을 갖게 하는 것을 목적으로 한다면, 우리는 학생들과 '대화'할 수 있도록 조치해야 한다. 이것이 가능하려면, 안심하고 대화할 수 있는 분위기를 조성해야 한다. 그래야 언어로 표현된 바가 신념 형성으로 이어지게 된다. 이러한 분위기 자체가 제한이 없고 교조적 선동이 없는 합리적 토론을 강조하는 것이다. '교수활동'의 가장 표준적 의미는 이것을 토대로 성립한다.[10]

제5장
지식과 기량
Knowledge and Skill

명제적 지식과 규범 진술

할 줄 안다[방법적 지식]와 할 수 있다[능력]

역량, 능숙함, 정통함

비판적 기량과 "실천"의 애매성

제5장 지식과 기량

명제적 지식과 규범 진술

앞서 세 개의 장은 '~임을 알다'로 표현되는 '앎'의 명제적 용법과 관련된 문제를 논의하였다. 우리는 '명제적 지식'을 규정하는 데 어떤 요건이 충족되어야 하는가를 알아보기 위하여 신념조건, 증거조건, 그리고 진리조건을 살펴보았다. 증거조건을 수정하였을 뿐만 아니라 제 조건 각각을 여러 각도에서 분석하여 논점을 검토하였다. 전반적으로 볼 때, '명제적 지식'의 충분조건이라고 할 만큼 완벽한 논의를 했다고 할 수는 없지만, 당초 규정한 정의를 뒷받침할 만한 논의를 진행하였다. 그 결과 명제적 지식의 속성은 적어도 엄격한 의미에서 볼 때, 신념과 진리, 그리고 그 신념을 합당하게 뒷받침할 증거에 관한 적합한 주장을 그 필요조건으로 삼아야 할 것이다.[1]

이 장에서 초점을 맞추고자 하는 '알다'의 절차적 용법을 검토하기에 앞서, 또 다른 이유에서 우리가 설정한 정의 방식이 들어맞지 않는 특정한 경우를 간략하게 살펴볼 필요가 있다. 그것은 '~임을 알다'는 진술이 "규범"을 지칭하는 경우로서, 예컨대 "X는 자신의 급우들에게 예의를 갖추어야 한다"는 진술에서 찾을 수 있다. 맥락에 따라서 이와 같은 진술이 "행위적active"이라고 해석할 수도 있다.[2] 이 해석에 따른다면, 이와 같은 진술은 이제까지 살펴본 세 가지 조건 이외에 또 다른 조건을 요구해야 할지 모른다. 왜냐하면 이 해석은 행위자 X 자신의 행동에 특정 규범을 끌어들인 것, 즉 "자신의 급우들에게 예의를 갖추어야 한다"는 것이다. 그가 자신의 행위에 규범을 결부시키지 않는다면, 그의 이러한 태도는 그가 자신의 급우들에게 예의를 갖추어야 한다는 명제를 '알지 못하는' 것으로 해석될 수밖에 없다. 이와 같은 행위적 해석 방식을, 달리 말하자면, X가 급우들에게 예의를 갖추어야 한다는 것을 안다면, 예의를 갖추는 여러 다른 요인이 요구되기는 하겠지만, 그는 곧 예의를 갖추어야 한다는 것이 필요조건임을 배웠다는 것을 뜻한다. 그렇지만 이제까지 규정한 정의 방식에 따르자면 이 행위적 해석 방식이 신념조건 자체에 포함되어 있는 것처럼 보인다.

어쨌거나 행위적 해석방식만이 그런 것이 아니라, '비행위적 nonactive' 해석 방식도 규범이 관련된 앎의 조건에 포함된다. 양자 간의 애매성이 중요한 문제이지만, 나는 이를 교수-학습의 개념과 관련하여 다른 데서 이미 상론한 바 있다.[3] 우리가 시도한 해석 방식과 설정한 정의 방식에 합당하게 논의를 끌어가기 위하여 현재의 맥락에서 '~임을 알다'와 '~임을 믿다'의 잠재적 애매성을 밝히는 것이 중요하다고 본다.

할 줄 안다[방법적 지식]와 할 수 있다[능력][1]

이제 '~할 줄 알다' 즉 '방법적 지식' 문제를 다루기로 한다. 명제적 지식과 대조적으로 방법적 지식은 진리, 증거, 이유, 신념 등과 '엄격한 병렬 방식으로strictly parallel ways' 분석할 수 없는 지식이다. "X는 _____임을 알다"는 진술은 신념 상태, 진위 여부, 증거의 좋고 나쁨에 따라 전형적인 명제 형태로 완성된다. 반면에 "X는 _____할 줄 알다"는 진술은 위와 같은 문장 형태로 완성되지 않는다. 설사 "X는 운전을 할 줄 안다"는 문장 전체가 신념, 진위, 근거 여부 등으로 표현된다고 하더라도 그 의미가 그들로 인하여 유추되는 것은 아니다.

'~할 줄 알다'는 특정 기량, 잘 훈련된 능력, 역량, 기술 등을 소유하는 것을 뜻한다. 제1장 두 번째 절에서 이미 논의한 바와 같이 기량은 감상이나 이해처럼 모종의 능력 습득 상태와도 구분될 뿐만 아니라 버릇, 습관, 습성과도 확연하게 구분된다. 분명 기량을 갖고 있다는 것은 그 기량이 이러이러한 것이라는 명제를 아는 것과는 확실히 다르다. 어떤 사람이 특정 기량이 없는 데도 그

---

1) [역자 주] 이 절의 제목인 'knowing how'와 'being able' 두 가지 용어는 동의어가 아니다. 게다가 두 용어는 두 가지 다른 의미를 드러낸다. 즉 'knowing how'는 '할 줄 알다'와 '방법적 지식'으로, 'being able'은 '할 수 있다'와 '능력'으로 번역할 수 있다. 이하 본문에서도 알 수 있듯이, 대부분의 사람은 어떤 제약이 없는 한 간단한 요리를 '할 줄 알지만', 그것이 최고급 와인의 제조법과 같은 '방법적 지식'을 지닌다는 것을 뜻하지 않는다. 이는 'knowing how'를 번역하는 두 가지 다른 경우에 해당한다. 한편 운전을 할 '능력'(이를테면, 경제적 능력, 신체적 능력, 법적인 면허 소지 등)이 있지만, 팔이 부러져서 운전'할 수 없는' 경우는 'being able'을 번역하는 두 가지 다른 경우에 해당한다. 그래서 논의가 그렇게 간단하지 않다. 제1장 [역자 주] 7)과 이하 진행되는 본문을 참조하라.

기량에 관한 유용한 정보를 갖고 있을 수 있으며, 물론 일체의 정보를 전혀 갖지 않고 기량을 발휘하는 경우는 가능해 보이지 않지만, 정반대로 어떤 사람은 그 기량에 관한 상당한 정보를 갖고 있지 않음에도 능숙하게 기량을 발휘할 수도 있다.

방법적 지식과 할 수 있음being able의 관계는 매우 복잡하다. 따라서 여기서는 이 중에서 일부만을 밝혀보고자 한다. 첫째 두 개념은 분명히 등가equivalent가 아니다. 어떤 사람이 운전을 할 줄 알지만 운전할 수 없는 경우가 있다. 이를테면 그의 다리가 부러졌다든가 그의 차가 완전히 부서진 경우가 그렇다. 반대로 우리는 신참 직원이 어떤 업무를 수행할 수 없는 경우에도 그 업무에 능력이 있다고 판단할 수 있다. 더욱이 어떤 일을 할 줄 안다고 합당하게 여겨지는 경우가 곧 그 일의 수행능력이 있는 경우로 합당하게 여겨질 수 있지만, 그 반대는 성립하지 않는다. 예컨대 어떤 사람이 마약의 유혹을 뿌리칠 수 있는 인내력을 '가지고 있지만', 그가 유혹을 뿌리치는 방법을 '알지 못할' 수도 있다. '~할 줄 알다'는 적어도 '훈련'이 합당하게 요구되는 경우에 한하여 적합한 것처럼 보인다. 즉 반복적 연습이 합당하게 행해진 경우 적합해 보인다. 물론 뒤에 논의하겠지만 반복적 연습이 최소한 지적인 이해를 요구하는 경우도 관련이 된다.

할 수 있음의 여부를 명백하게 파헤쳐낼 수 없다는 것은 그것이 맥락에 따라 파악되기 때문이다. 앞의 신참 직원 예를 다시 들어보자. 신참 직원은 해당 직업 능력, 이를테면 은행 출납업무 능력이 있는 것으로 평가될 수 있다. 지점장은 취업 면담 이후에 실제 출납업무를 수행할 줄 모르는 데도 불구하고 그녀가 업무 능력이 있다고 판단할 수 있다. 이와는 다르게 그녀가 고용되어서 은행 출납업무 연수과정에 참가할 때, 지점장은 연수과정을 마치고 나서 그 업무를 할 줄 안다고 평가받은 다음에야 그녀가 출납업무를 볼 능력을 갖추었다고 판단할 수도 있다. 이렇게 달리 설명되는 까닭은 무엇일까?

모름지기 일반적으로 전개되는 사정은 다음과 같다. 어떤 과정이나 실행은 가변적 상황에 의하여 방해받을 수 있다. 주어진 맥락에서 '능력'이 파악되는 것은 그 맥락에서 매우 두드러진 특징을 지닌 사건에 장애가 되는 상황이 야기되기 때문이다. 자동차 엔진을 수리한 다음에야 내가 다시 운전할 능력이 있다고 말할 수 있는 것은 결함이 있었던 엔진이 더 이상 나의 운전에 장애가 되지 않은 탓이다. 부러진 내 팔이 완쾌된 다음에야 내가 다시 운전할 능력이 있다고 말할 수 있는 것도 부러진 팔이 더 이상 운전에 장애가 되지 않는 탓이다. 후자의 경우 논박의 여지가 없는 것은 아니다. 예컨대, 내 차가 완전히 부서진 경우 내 팔이 치료되었다고 해도 내가 운전할 수 있다고 여기지 않는다. 그래서 어떤 장애가되는 상황이 야기된다는 것이 능력 여부를 가름하는 것은 사건의맥락에 비추어보아야 할 것이다.

능력을 파악하는 데 있어서 철학자들이 관심을 갖는 제약 요인이 틀림없이 있다. 여기서 "절대" 능력은, 모든 장애되는 상황을 뒤집고 실행에 필수적으로 요구되는 방법에 의존하여 실행한다는점에서, 그 능력을 발휘하여 실행하는 사람과 관련되어 있다. "절대" 능력을 면밀하게 분석하게 되면 고질적인 난점이 발견되는 것은 사실이지만, 여기서는 이에 초점을 맞출 필요가 없다. 절대 능력에 한정되는 경우가 어떤 것이며 의도적으로 사용한 "절대"라는 말이 앞서 검토한 "맥락"이라는 용법에 맞지 않게 혼동되는 경우를 파악하기만 하면 우리의 논의 목적에 크게 벗어나지 않는다. 부러진 팔이 내 운전을 더 이상 방해하지 않는다는 의미를 포함하여, 내가 운전할 수 있다고 할 경우, 그것은 내가 "절대적으로" 운전할 수 없음을 배제하지 않는다. 능력의 '맥락상' 의미와 '절대적' 의미가 제한적으로 사용되는 경우 그 차이를 인정한다면, 두 가지 주장은 양립한다.

어떤 사람이 무엇인가를 '할 줄 안다'고 말하는 것은 능력을 맥락에 비추어 파악해야 가능하다. 즉 훈련을 전혀 받지 않았다면 아예 능력을 구성하지 못하겠지만, 훈련을 받지 않아도 무엇을 하지 못하도록 막지 않는 '특별한 경우'가 있기 때문에 무엇을 할 줄 안다고 말할 수 있다. 달리 말하자면, 어떤 종류의 일은 훈련 부족이 그대로 장애의 조건이 되지만, 이러한 장애의 조건이 달리 적용하는 맥락에서는 '할 줄 알다'라는 진술은 장애 조건을 부정한다.

이제, 무엇인가를 할 줄 아는 사람을 설명하는 데에는 그 사람이 (적어도 특정한 상황에서) 그것을 할 수 있는 사람임을 설명하는 것으로 가능하지만, 그 반대가 왜 성립하지 않음을 알 수 있다. 장애가 되는 상황이 그 사람에게 어떤 일을 할 수 없게 하는 "절대적인" 근거가 되기는 하지만, 특정한 일을 할 줄 아는 사람에게 훈련 받지 않는 것이 전혀 장애가 되지 않는다. 그럼에도 불구하고, 논박의 여지가 남는 것은 자신이 어떤 일을 할 수 있다고 말할 만큼 그 일을 할 줄 아는 경우에도 무엇을 할 줄 아는 훈련을 제대로 받지 못한 경우가 있어서이다. 상황이 장애가 되는 다른 맥락에서, 할 줄 알도록 훈련을 제대로 받지 못한 것은 맥락에 따라 요구되는 능력과도 관련된다는 것은 두 말할 나위도 없다. 다른 한 편 어떤 사람이 주어진 일을 '할 수 있다'는 것이 사실이라면, 이것을 그 상황에서 장애 요인이 따라붙지 않았다는 것을 말해줄 뿐이다. 무엇을 할 수 있다는 것은 훈련을 제대로 받지 않은 것이 이 경우에 필연적으로 장애 요인이 된다는 것을 전제하지 않는다. 훈련을 받지 않았다고 해서 그것이 특정 양의 마약에 대한 내성을 갖지 못하게 하는 것은 아니다. 따라서 다른 장애 요인이 작용하는 경우에는 어떤 사람이 마약 복용을 삼갈 수 있다고 해서 그가 마약을 내성으로 견딜 줄 안다고 말할 수는 없다.

다시 앞서 예시한 은행 출납원에 대한 지점장의 다양한 판단의 경우를 살펴보자. 지점장은 당초 그녀가 출납업무를 할 줄 모르는 데도 출납원의 업무를 수행할 수 있다고 판단하였다. 그것은 채용 당시 상황에서 현장 업무 수행에 적합해 보이지도 않는 별개 요인이 평가되어, 이를테면 낮은 지능, 학업성적부진과 같은 업무 장애요인이 그녀에게서 발견되지 않았기 때문이다. 채용과정에서 보면, 이 장애요인 소지 여부가 두드러진 평가사항이긴 하지만, 논란을 일으키는 사항이 되기도 한다. 채용 이후 입장에서, 이 요인들이 실제로 현장 직무 수행에 장애가 되는가를 따져보게 되면, 그것은 별로 대수롭지 않은 사안이 되어 버린다. 만약 지점장이 신참 출납원이 업무 인계 받을 수 없다고 판단한다면, 그는 출납업무 수행 능력의 장애가 제대로 보완되지 않았다고 판단한 것이다. 그러나 지점장이 신참 출납원이 출납업무를 수행할 수 있다고 고려했다면, 그는 업무 수행 훈련을 받지 않아도 그것이 더 이상 장애가 된다고 판단하지 않을 것이다.

역량, 능숙함, 정통함

우리는 방법적 지식이 특정 기량, 훈련 받은 능력, 역량, 또는 기술의 소유를 가리킨다고 규정하였다. 또한 앞서 실천 상황의 적합성은 반복적 시행이나 실행을 통한 훈련의 결과로 얻게 되는 기량에 의하여 설명된다고 하였다. 실행 과정이 꾸준히 이어진다면, 우리는 어느 지점에서 기량이 획득된다고 판단할 수 있겠는가? 제3장 두 번째 절에서 앎에 대한 증거의 적합성을 고려할 때 살펴보았던 것처럼, 이 질문에 대하여 일반적으로 적용할 수 있는 답은 없다. 과연 특정한 기량이나 역량이 획득되었는가를 사량할 수 있는 기준은 활동의 맥락에 따라 바뀔 수 있으며, 또한 교육개발의 측면에 비추어 엄격하게 따져보아야 할 것이다. 기량이나 역량의 특성은 활동의 맥락에 비추어 해석될 필요가 있다.

다른 한 편, 우리가 주어진 맥락에서 특정한 기량이나 역량을 특정할 수 있는 기준은 활동과 관련된 능숙함이나 일의 정통함이나 탁월함과 별개로 구분하지 않으면 안 된다.[4] 어떤 사람이 체스의 명인은 아니더라도 체스 두는 방법을 잘 알 수 있다. 교사의 안목을 가지고 기량을 엄격하게 규정하는 경우에도 "탁월성"이라든가 능숙함의 정도 매기는 것을 그것이 방법적 지식의 특성을 벗어난다고 해서 결코 배격해서는 안 된다. 우리가 아이들에게 수준 높은 체스 실력을 배양하고자 해도, 아이들 모두가 훌륭한 체스

선수가 되기를 바라는 것은 아니다. 성취의 기준은 그 본질상 기량이 향상되는 방향에서 보면 한계가 없다. 하지만 우리는 탁월함이 지향하는 '방향'이 무엇인지 인지해야만 하며, 우리는 학생들이 모두 대가greatness가 되기를 바라지는 않지만 탁월해지는 방향을 지향하도록 해야만 한다.

모든 기량이 '고급advanced' 기량이 아닌 것은 분명하다. 앞서 논점은 고급 기량에 적용될 것 같지는 않다. 그래서 철자법에 맞게 쓸 줄 안다는 것이 훌륭한 문필가가 되는 것을 가리키는 것은 아니며, 글을 읽을 줄 안다는 것이 훌륭한 학식을 지니는 것은 아닐 것이다. 그러나 이러한 읽거나 쓸 줄 아는 방법적 지식을 앞서 예시한 체스, 외과의술, 수학, 바이올린 연주에서처럼 천재, 재능, 탁월함으로 간주해서는 안 된다. 후자의 경우에 볼 수 있는 엄청난 성취는 일상적인 교육목적으로서 특정되는 방법적 지식을 넘어서 파악된다. 이러한 종류의 방법적 지식은 성인들의 지속적인 노력과 관심을 받아들여서 기본적 역량이 인격의 성장으로 이어질 여지가 있다. 상황이 이럴진대, 우리가 취해야 할 방책은 방법적 지식을 현실적으로 규명할 수 있는 한도를 정하지 말고, 보다 높은 성취가 가능하도록 학생들의 동기를 예리하게 자극하고, 그것을 기필코 성취하도록 학생들에게 끊임없이 용기를 북돋아주는 것이다. 논점을 정리해 보자면, 방법적 지식은 각기 이런 저런 특징들이 있지만, 훌륭하게 할 줄 아는 수준 높은 방법적 지식은 훈련의 개념과 마찬가지로 '방법적 지식'이라고 공통적으로 규정할 수 있는 범위를 벗어난다.

이러한 논점은 라일의 '방법적 지식'을 논증하는 과정에서 보다 분명하게 드러난다. 라일의 일차적 관심은 마음의 이론을 다루면서 지력이 작용하는 행위가 이론적 법칙이나 준거를 이미 담고 있다고 가정함으로써 방법적 지식을 명제적 지식으로 환원시켜 버린 "주지주의 신화intellectualist legend"를 깨는 데 있다. "주지주의 신화"에 관하여 라일은 다음과 같이 말하였다.

> [주지주의 신화에 따르면] 요리사는 그가 요리하기 전에 요리법을 암송해야만 한다. 의인은 물에 빠진 사람을 구하기 전에 자신의 내면세계에 내려진 도덕 명령을 먼저 확인해야만 한다. 체스 선수는 자신만의 묘수를 실행하기 전에 그것에 합당한 체스 규칙과 정석을 먼저 떠올려야만 한다. 이 신화적 전통에 따르면, 자신이 무슨 일을 하는가를 생각해서 해야 하기 때문에 늘 두 가지를 수행해야 한다. 즉 합당한 명제나 언어화된 처방을 머리에 떠올리고 나서, 이것을 실제 장면에 적용하는 것이다. 한 쪽으로는 이론을 하고 다른 한 쪽으로는 실천을 하는 것이다(p. 29).[5]

이 입장에 반대하며 라일은 "지력이 작용하는 실행 상황은 여러 부류가 있지만, 어떤 실행은 규칙이나 준거가 언어 형태로 나타나지 않는다"고 하였다(p. 30).

> 이와 마찬가지로 심미적 감각, 전략적 방법, 창의적 기술의 표준canons은 이러한 재능이 관련된 지력이 작용하지 않고서는 파악되지 않는다(p. 30).

그는 이어 다음과 같이 주장하였다.

[언어화된] 명제를 고려하는 것은 실행의 재치 있음의 정도, 또는 우둔함의 정도만을 보여줄 뿐이다. 재치 있게 실행된 경우에도 이론적 명제를 실행에 앞서 고려하여야 한다고 주장한 다면, 그것은 어느 누구도 깰 수 없는 논리적 순환론에 빠지는 격이다(p. 30).

끝으로 그는 다음과 같이 강력한 주장을 펼친다.

주어진 처방을 숙고하여 적용하는 경우에 효율적 실행이 이 루어질 경우에조차, 처방을 실천에 적용할 때 작용하는 지력은 그 처방을 이론적으로 파악하는 지적 능력과 혼동해선 안 된다 (p. 49).

그는 "주지주의 신화"에 대신하여 다음과 같이 제안한 바 있다.

정신작용이 당초 우둔한가 현명한가를 결정하는 특정 능력 이 따로 있는 것이 아니라 정신작용의 절차에 따라 갈라진다. 이는 곧 주지적 지성이 아니라 실제적 상황에서 실행을 말하 는 것이다. "지력intelligent"은 "지성intellectual"으로 규정될 수 없으며, 또한 "방법적 지식"은 "명제적 지식"으로 규정될 수 없 다. "내가 하고 있는 일을 생각하는 것"은 "무슨 일을 하는지 생각하는 것과 그 일을 실행하는 것 두 가지"를 뜻하는 것이 아 니다. 내가 지력을 발휘하며 뭔가를 행할 때, 즉 내가 하고 있 는 일을 생각할 때, 나는 한 가지 일을 하는 것이지 두 가지 일을 하는 것이 아니다. 나의 실행은 특정한 행위 절차나 방법을 따르는 것이지, 이에 앞서 전제된 이론을 따르는 것이 아니다 (p. 32).

이와 같이 특정한 행위절차나 방법을 어떻게 드러내며, 그것을 어떻게 서술할 수 있을까? 라일은 다음과 같이 말하였다.

사람들이 농담을 주고받을 줄 아는 것, 문법에 맞게 대화할 줄 아는 것, 체스 둘 줄 아는 것, 낚시할 줄 아는 것, 논쟁할 줄 아는 것을 서술하려면 어떻게 해야 하는가? 적어도 사람들이 이러한 동작을 할 때, 그들이 정확하게 효율적으로 그리고 능숙하게 실행한다는 점이 포함되는 것만은 분명하다. 그러한 실행은 모종의 기준이 있으며, 또 그 기준을 충족시켜야 성립한다. 하지만 이렇게 서술하는 것만으로는 충분하지 못하다. 잘 만들어진 시계가 시간이 어긋나지 않으며, 잘 조련된 서커스단 물개가 실수 없이 묘기를 해내지만, 우리는 그러한 동작을 "지적"이라고 말하지 않는다. '지적'이라는 말은 스스로의 행위에 대하여 책임질 줄 아는 사람에게만 해당된다. 지적인 것은 성취준거만 만족시키는 것이 아니라 준거들을 응용해내는 것이다. 즉 지력은 단순히 잘 짜진 능력에 그치는 것이 아니라 우리의 행위를 규율해 간다. 어떤 사람이 동작을 실행함에 있어서 착오를 알아채고 그것을 고치면서 자신의 동작을 개선하며 이 과정에서 다른 사람의 행동을 본받는 등의 자세를 취하게 된다면, 그 사람의 실행은 주의 깊다거나 능숙하다고 한다. 그는 실행과정에서 행위의 준거를 행위가 나아지도록 응용할 줄 안다. 이러한 점은 행동을 보면 그 지적 수준이 담긴 일상어에서도 확인할 수 있다. 즉 행위자는 자신이 무엇인가 실행하는 동안 자신이 하는 일이 무엇인지 생각하게 되며, 그 자신이 무슨 일을 하고 있는지 생각하지 않고서는 그 실행을 어떤 방식으로 해야 하는지 알 수 없기 때문에 그러한 생각이 요구되는 것이다(pp. 28-29).

이제 라일이 '방법적 지식'과 '지력이 작용하는 실행intelligent performance'을 동일시한 점을 살펴보자. 라일에게 지력이 작용하는 실행은 행위자가 실행과정에서 자신이 하는 일을 생각함으로써 가능한 주의 깊고 능숙한 실행을 뜻한다. 모름지기 그가 이 두 가지를 동일시하게 된 동기에는 지력이 작용하는 실행을 특정한 인식능력으로 한정하여 버리는 "주지주의 신화"를 반박하고자 하는 자신의 전제가 깔려 있다. 이에 반대하여, 라일은 우선 행위의 앞에서 행위를 규율하는 것이 아니라 행위의 방식으로 드러나는 '지력intelligent'이라는 개념을 대안으로 설정하였다. 이는 분명히 종국에 가서 주지주의 관점에 대한 대항마로서 독자적 역할을 수행하는 중요한 개념이다. 아무리 그렇다 하더라도, 라일이 '방법적 지식'과 '지력이 작용하는 실행'을 동일시한 것은, 우리가 앞서 논의한 바에 비추어 보아도 미덥지 않은 측면이 있다.

그 이유는 '방법적 지식'이 라일의 입장을 존중하는 소위 '비판적 기량critical skill'을 포함하지만, 상대적으로 판에 박힌 습관적 능력이나 철자법처럼 한 번 습득하면 일상적으로 어떤 노력이나 비판을 더 이상 요구하지 않고 저절로 나오는 행동 반응도 포함하기 때문이다. 우리는 지력이 작용하는 철자법이라고 말하지 않는다.

더욱이 판에 박히지 않은 기량의 경우에도 '지력'의 속성은 '방법적 지식'의 속성으로 설명되지 않을 수도 있다. 지적으로 책을 읽는다, 또는 지적으로 체스를 둔다는 것은 단순히 책을 읽을 줄 아는 것, 체스를 둘 줄 아는 것을 넘어서는 것이다. 또한 놀이를 할 줄 아는 것을 조작적으로 규정할 근거는 단순한 것이 아니다. 그래서 우리는 주어진 맥락에서 학생들이 습득하게 되는 지적인 놀이의 수준에 비추어 '방법적 지식'의 속성을 파악하려고 한다. 그러나 이렇게 규정하는 것도 결정적인 사안은 되지 못하기 때문에 지적 놀이를 규정함에 있어서 전략적으로 최소 조건으로서 방법적 지식을 넘어서는 또 다른 조건을 요구하게 된다. 이는 체스의 경우 전형적으로 들어맞을지는 모르지만, 장기적 관점에서 설정해야 하는 교육과정처럼 규범적인 경우는 들어맞지 않는다. 따라서 '방법적 지식'을 '지력이 작용하는 실행'으로 규정함으로써 라일은 상당히 방법적 지식의 영역을 좁혀 버렸다. 한편에서는 판에 박힌 관습적 능력을 배제해 버렸고, 다른 한 편에서는 판에 박힌 것이 아닌 비판적 역량에 요구되는 최소한의 성취적 측면을 배제해 버렸다.

이처럼 상반된 양 측면을 배제한 데 대하여 체스의 경우를 보다 면밀하게 살펴볼 필요가 있다. 후자의 경우를 먼저 살펴보자. 우리는 이미 체스를 둘 줄 아는 것과 지적으로 체스 경기를 하는 것의 차이를 지적한 바 있다. 경기자는 자신의 전략을 짜는 데 있어서 일차적으로 지력을 작용할 것이다. 그는 체스의 정해진 규칙 안에서 여러 가지 행마를 고려하여 하나를 선택해야 한다. 이는 철자를 정확하게 쓸 줄 아는 것과 비교할 것이 전혀 없다. 설사 철자법을 익히는 데 전략이 있다고 해도 그것은 체스 전략과 비교할 수 있는 동류가 아니다. 게다가 체스 경기에서 요구되는 전략을 얻어내는 실천적 원리는 유동적이고 불완전한 것이다. 그 전략과 원리를 채택한 사람에게 승리를 보장해주지도 않는다. 그 결과 체스의 능숙함은 판에 박힌 훈련을 한다고 얻어지는 것이 아니다. 체스에서와 같은 비판적 기량은 판에 박힌 반복적 훈련을 꾸준히 한다고 증진되는 역량과는 판이하게 다르다. 이를 구분하기 위하여 라일 자신도 '습관'에 대비되는 개념으로 '지적 수용능력intelligent capacity'이라는 개념을 도입하였다(p. 42). 그러나 여기서 분명히 해야 할 점이 있다. 어떤 전략적 판단이 요구되어서 '수용능력'에 "지적intelligent"이라는 수식어를 붙인다 해도, 그것이 수용능력을 지닌 모든 사람이 그것을 실행하는 지력을 드러냄을 뜻하는 것이 아니다. 즉 수용능력이 훌륭한 전략적 판단을 보장하지 않는다. 이를테면 체스를 둘 줄 아는 수용능력을 지닌 사람이 체스를 주의 깊게, 능숙하게, 성공적으로 잘 두는 지력을 보여주지 못할 수 있다고 말해도, 그것은 모순된 것이 아니다.

라일이 '방법적 지식'의 영역에서 판에 박힌 관습적 역량을 배제한 것은 어쩌면 우리가 논의를 통하여 배제하려 했던 것보다 더 주목할 만하다. 단순히 어떤 것을 할 줄 아는 데know-how 요구되는 전략적 기교strategic sophistication가 체스 게임 구성 규칙이 허용하는 범위에 작용하는 역량에 기반을 둔다는 점에서 여기서도 체스 게임은 좋은 예를 제공해 준다. 어느 누구라도 체스를 두려면 이 게임의 행마법을 알아야 하지만, 체스를 둘 줄 안다는 것은 모든 방법적 지식을 대변하는 것이 아니라 체스 게임의 기본 요인일 뿐이다. 그러나 이 경우 체스의 행마법은 체스의 구성 규칙에 의하여 체스판 위에서 어떻게 말[馬]을 움직여야 하는지 판에 박히듯 이미 결정된 것이다. 체스에 있어서 전략은 이러한 기본을 알고 있다는 것을 전제하지 않고서는 불가능하다. 체스의 구성 규칙처럼 게임 이전에 이미 상정된 전략상 원리 같은 것은 없다. 학생들이 체스를 둘 줄 안다고 했을 경우에 체스 행마법과 같은 규칙은 기계적으로 배우게 되어 있다. 이러한 경우에 라일이 규정하는 '방법적 지식'의 요건, 즉 실행하는 과정에서 지속적으로 훌륭한 결과를 내도록 무엇을 해야 하는지 주의 깊게 숙고하고, 다른 사람의 좋은 전례도 살펴보는 것과 같은 요건은 초보 학생들에게 필요하지 않다.

자신의 책에서, 라일은 체스의 '구성요인propriety'을 방법적 지식의 범례에 해당하는가를 고려한 바 있다. 여기서 라일은 어떤 사람이 체스의 규칙만을 암기할 줄 아는 데 그친다면, 그 사람은 결코 체스를 둘 줄 아는 사람이라고 볼 수 없다고 주장하였다. 그러면서 그는 "그러나 만약 어떤 사람이 비록 행마법을 암기하지는 못하였지만 행마법에 맞게 규칙에 어긋나지 않게 체스를 두면서 규칙에 어긋난 행마를 제지할 수 있다면, 그는 체스를 둘 줄 아는 사람이다"(p. 41)라고 주장하였다. 하지만 그의 이 말은 '방법적 지식'을 '지력이 작용하는 실행'이라고 규정한 자신의 주장과 상충한다. 왜냐하면 체스를 둘 줄 아는 사람은 더 이상 체스 말[馬]이 어떻게 움직이는지를 의식적으로 고민할 필요가 없으며, 또한 체스 두는 동안 자신이 무엇을 하는지를 숙고하기 때문에, "실행하는 모든 행마가 보다 나은 행마가 되도록"(p. 43) 하기 위하여 "주의

를 기울이거나 상대방 공격을 경계하거나 상대를 공격할"(p. 42)
필요가 없다. 체스의 경우를 예로 들어서 자신의 이론에 반례를
제시한 것을 보면 라일의 이론적 주장은 너무 편협하다는 것을 확
인할 수 있다. 할 줄 안다는 "방법적 지식"을 논쟁할 줄 아는 것과
같은 방식으로 문법에 맞게 말하는 것에 견주는 것도 마찬가지이
다(p. 28).

체스 규칙을 준수하는 것과 마찬가지로 문법에 맞게 말하는 것
은 지력이 작용하는 실행의 한 요소이다. 그것은 복잡하게 얽혀있
는 방법적 지식을 구성하는 한 가지 요소에 불과하다. 따라서 이
요소는 비판적 사고를 할 줄 안다는 것과 같은 포괄적인 방법적
지식과 관계없이 따로 떼어놓을 문제가 아니다. 듀이의 주장도 이
와 매우 밀접하게 관련된다. "예술가는 장인정신을 지닌 기술자이
다. 기술 또는 기법mechanism은 사고와 감정에 혼재되어 있다. 기
계적mechanical 실행을 하는 예술가는 실행을 결정해버리는 기법
을 기꺼이 수용한다. 기법은 습관에 해당하고 기법에 맞추어 실행
하는 것은 습관이 아니라고 말하는 것은 부당하다. 우리는 지력
intelligent과 판에 박힌 연습routine이라고 하는 두 가지 습관을 혼동
한다."[6] 듀이가 말하고자 한 것에 따르면, 판단은 '전체적인' 실행
을 통제하는 관점에서 내려지지만, 이 말은 예술가가 자신이 수행
하는 각각의 행위를 [전체적 관점에서 내려진] 판단에 비추어 결
정해 간다는 뜻은 아니다. 이런 상황에서도 이면에 깔린 기술은
개별 행위를 수행할 줄 아는 역량을 요구한다. 타자치는 법, 계산
하는 법과 같이 상대적으로 판에 박힌 습관적 역량은 그냥 '솜씨

facilities'[2]라고 부르도록 하겠다. 그렇게 되면, 솜씨와 라일의 '지적 수용능력'에 해당하는 비판적 기량은 모두 방법적 지식의 범주에 속하게 된다.

앞서 라일이 비판적 기량을 강조한 주된 동기가 "주지주의 신화"를 반박하기 위한 것임을 확인한 바 있다. 그 다음 동기는 모름지기 순수한 '방법적 지식'을 잘 만들어진 시계나 잘 숙달된 서커스단 물개의 묘기와 대비시키기 위한 것이다. 이 장의 두 번째 절에서 지적한 바에 따라, 시계가 잘 작동하는 것과 솜씨를 구분해 내는 데 아무런 문제가 없다. 비판적 기량과 마찬가지로 솜씨도 '훈련을 통하여 획득되는' 능력이다. 즉 솜씨는 반복적 시행의 복잡한 과정을 통하여 획득될 뿐만 아니라, 묘사, 설명, 시범과 같은 활동을 통하여 획득되기도 한다. 이것이 기계적으로 타자 칠 줄 아는 것을 시계가 잘 작동하는 것과 결정적으로 구분해주며, '이해'와 '대화'가 요구되는 최소요건이면서 필수요건이다. 서커스단 물개의 묘기는 상당 부분 물개가 학습한 것에서 비롯된 것이다. 만약 거기에 '훈련'이 포함되어 있다면, 물개가 묘기를 연출할 줄 안다고 말하기 어렵다고 단정할 수는 없다. 그 한계를 짓는 일이 매우 어려운 일이기는 하지만, 반대 예로 인하여 자충하는 경우는 피할 수 있을 것이다.

---

2) [역자 주] 이 경우에 '솜씨'로 번역한 것은 고도의 전문성을 요하지 않는 경우를 가리키기 때문이다. 전문 요리사가 아니어도 '요리 솜씨 좋은 사람'은 가능하다. 본문에 나온 예에서 알 수 있는 바와 같이, '타자 솜씨', '계산 솜씨'와 같은 표현이 가능하다면, 이 번역어는 별로 어색하지 않다.

비판적 기량과 "실천"의 애매성

우리는 '무엇을 할 줄 안다'는 방법적 지식이 지력이 작용하는 실행에 국한되지 않는 폭넓은 개념임을 역설하였다. 하지만 솜씨는 상대적으로 판에 박힌 능력에 해당하며, 비판적 기량은 실행 과정에서 끊임없이 판단을 요구하는 능력이라는 점에서, 두 가지는 구분할 필요가 있다.

이 두 가지 구분은 "지적 수용능력"과 "습관"을 대비시킨 라일의 주장을 뒷받침한다. 그에 따르면,

> 곱셈 문제를 기계적 암기에 의하여 해결하는 능력은 계산법에 의하여 문제를 해결하는 능력과 중요한 측면에서 구분된다. 누군가 맹목적 습관에 의하여 무엇인가를 한다는 것은 그가 자신이 무엇을 하고 있는지를 전혀 인식하지 않고 기계적으로 그것을 수행하고 있다는 뜻이다. 그는 주의력, 경계심, 비판력을 동원하지 못하는 것이다. 영아기가 지나면 아이들은 자신의 걸음걸이를 의식하지 않고 걸어 다닌다. 그러나 찬바람이 몰아치는 겨울밤 암벽을 타야 하는 산악인은 자신의 수족을 습관적으로 움직이지 않는다. 그는 자신이 무슨 일을 하고 있는지 인식하면서, 비상시에 대비하며, 체력을 아끼기 위하여 여러 수단을 강구하려고 한다. 한 마디로 산악인은 어느 정도의 기량을 가지고 판단을 하면서 발걸음을 옮긴다. 만일 실수를 하게 되면 그것을 반복하지 않으려 하며, 반면 새로운 계책이 발견되면 그것을 활용하여 효과적인 산행이 되도록 하려 한다. 그는 이러한 조건들을 늘 염두에 두고 산행을 한다. 실행은 이전 실행의 복제라는 것은 본질상 단순한 습관적 실

천의 반복을 뜻한다. 행위자는 여전히 학습하고 있는 것이다
(p. 42).

자신의 지적 수용능력의 규정을 통해서 또는 우리가 '비판적 기량'이라고 하는 능력을 살펴보면, 라일의 주장은 잘 드러난다. 그러나 그가 '습관'과 대비시켜 본 특징은 오해의 소지가 있다. 왜냐하면 라일은 '습관'에 "곱셈 문제의 정답을 기계적으로 암기해내는 능력"(p. 42)과 같은 재주만이 아니라, "흡연습관"(p. 43)처럼 능력이나 솜씨라기보다는 그냥 습성이나 성벽proneness에 해당하는 것도 포함시켰기 때문이다. 그에 따르면, "내가 흡연자인 것은 어떤 특정 시점에만 흡연함을 가리키는 것이 아니다. 그것은 내가 밥 먹을 때, 잠 잘 때, 강의할 때, 장례가 거행될 때처럼 흡연할 수 없는 특정한 때를 제외하고 흡연한다는 습성을 가리킨다."(p. 43) 습성은 명백하게 능력과는 다르다. 많은 사람들이 곱셈하는 것을 모종의 '능력'을 지녔다고 여길지라도 그것을 기계적인 암기에 의하여 이루어지는 습성이라고 여기지 않는다. 그러나 흡연 습관이 있다는 것은 담배에 불을 댕기는 능력과는 별개의 것이다. 따라서 습성은 할 줄 아는 것을 전제로 하지만 방법적 지식에 속하는 것이 아니다.[3] 라일이 방법적 지식에서 솜씨를 제외시킨 이유는 아마도 그가 습성과 솜씨를 동류로 묶어서 본 데 따른 듯하다. 앞서

---

3) [역자 주] 앞서 [역자 주] 1)에서 밝힌 바와 같이, 'know-how' 또는 'knowing how'를 방법적 지식을 지칭하는 대상으로 사용할 수도 있고, 할 줄 안다는 서술어로 사용하는 예가 서로 상이한 의미를 갖고 있음을 보여준다. 일러두기에서 밝힌 바와 같이, philosopher를 '철학자'로 번역할 수 있지만, 서술어로서 '철학하는 사람'으로 이해할 수 있는 것과 같은 이치이다. 여기서 알 수 있듯이, 맥락에 따라 '할 줄 안다'와 '방법적 지식'은 동일하게 이해되기도 하지만, 이를 구분해서 이해해야 할 경우도 있다.

논의한 바와 같이, 비록 솜씨가 판에 박히듯 습관적으로 작동되는 습성을 갖는 어떤 경우에도 솜씨는 방법적 지식의 범주에 포함되어야 한다.

라일은 지적 수용능력과 습관도 구분한 바 있다. 우선 지적 수용능력은 습관은 아니지만, "무한한 이질적 요소가 작용하는"(p. 44) 다중 경로의 경향성을 띤다. 그리고 지적 수용능력은 훈련에 의하여 길러지지만, 습관은 기계적 반복drill에 의하여 길러진다. 후자는 교육적 관점에서 매우 흥미 있다.

기계적 반복은 "되풀이 동작에 부여된 것"을 뜻한다. 이에 대하여 라일은 다음과 같이 이어간다.

신병은 같은 동작을 끊임없이 반복함으로써 어깨총 자세를 배운다. 같은 방식으로 아이들은 알파벳과 구구단을 배운다. "잠꼬대할 만큼" 기계적 반응을 보인 다음에야 학습이 되었다고 할 수 있다. 반면에 훈련은 그것이 비록 수많은 기계적 반복을 요구하기도 하지만, 기계적인 동작에만 그치는 것이 아니다. 훈련에는 학습자 자신의 판단에 따라 본받고 개선하고자 하는 자극이 포함된다. 그 결과 실행과정에서 자신이 무엇을 하는지 인식하면서 뭔가 할 줄 아는 방법적 지식을 학습한다. 그래서 하나하나의 동작이 곧 다음 동작을 어떻게 나은 방향으로 해볼까 하는 교훈이 된다. 어깨총 자세를 기계적으로 학습한 군인도 저격술이나 독도법에 능숙하도록 훈련받아야 한다. 기계적 반복에 지력이 작용하지만, 훈련은 나아가서 지력을 개발시킨다. 우리는 기계적인 반복에서처럼 "잠꼬대할 만큼" 독도법 능력을 지닌 군인을 기대하지는 않는다(pp. 42-43).

여기서 이 구분은 방법적 지식을 전반적으로 이해하는 데 중요
하다. 앞서 지적한 바와 같이, 기량이나 역량은 전반적으로 '연습',
'반복적 시도', '반복적 실행'에 의하여 개발된다. 그러나 연습, 반
복적 실행은 여러 가지 요소가 복합하여 성립하는 개념이다. 이들
은 한편으로 규칙을 무의식적으로 반복하는 기계적 학습에 의하
여 길러지기도 하지만, 다른 한편으로 생각할 기회가 주어져서 행
위의 결과를 판단하고 평가함으로써 스스로 개선해가는 특징을
지닌다. 앞서 체스의 예를 통하여 논의하였듯이, 전략적 판단이
요구되는 비판적 기량은 기계적으로 획득되는 것이 아니다. 체스
를 배우는 것을 기계적 훈련으로 간주한다면, 그것은 같은 게임을
마냥 반복하면서 체스 실력이 향상된다고 보는 그릇된 견해이다.
적어도 체스의 경우에 실력 향상은 전략적 판단력이 개발되어야
가능하다. 그리고 그 전략적 판단이란 체스의 다양한 행마 중 적
절한 선택이 가능한 상황에서 보다 나은 경기결과를 낳기 위해 또
다른 가능한 전략이 없는가를 숙고할 수 있는 기회가 주어졌을 때
가능하다.

'실천practice'[4)]의 애매성은 기량을 길러내야 하는 교육에서 가
장 앞서 고려해야 할 문제이다. 특히 전문직 양성 교육에서 실천
문제는 매우 중요하다. 왜냐하면 의사, 학자, 변호사, 교사는 기계
적으로 습득되는 기술적 능력만을 획득해서 되는 존재가 아니기
때문이다. 그들에게는 일정하게 주어진 규칙에 의하여 해결할 수

---

4) [역자 주] 용어 해설에서 밝힌 바와 같이, 'practice'는 이론에 대비되면 '실제', 방법적
지식 등 실행이 관련되는 상황에서는 '실천', 습관적 행위를 뜻하는 '관행', 단순 동작
과 관련된 경우는 '연습'이라고 번역해야 할 만큼 다양한 어의를 가진 애매어이다. 그
러나 본문에서는 그만큼 교육적 논의가 많다는 주장이다. 제1장 [역자 주] 8) 참조.

없는 이전에 경험해 보지 못한 개별 사례에 관하여 끊임없이 전략적 판단을 내릴 수 있는 역량이 요구된다. 전문직 양성 교육에서 '실천'은 기계적인 반복 훈련이나 주어진 규범에 맞추어 반복하는 것으로 파악하면, 그것은 그릇된 견해이다. 학생들에게 스스로 판단할 수 있는 훈련 기회가 주어져야 하며, 아울러 이러한 판단을 전략적으로 구사하여 좋은 결과를 내도록 반성할 여지가 있어야 한다.

'비판적' 실천을 강조하는 데에는 실행과 지력이 결코 따로 구획되지 않는다는 것이 일반적으로 함의되어 있다. 사실 교육의 주된 기능은 실행을 통하여 마음이 자유롭게 기능하도록 해야 하는 데 있음에도 불구하고 여전히 많은 학자들이 실행은 대개가 판에 박히듯 기계적이고 습관적이며, 반면에 지력은 임의적이고 혁신적이라고만 생각한다. 그래서 윌리엄 제임스와 같은 섬세한 심리학자조차도 이러한 견해를 지지한다.

> 습관은 실행이 이루어지는 의식적 주의력을 감소시킨다. …
> 모든 교육에서 중요한 것은 '우리의 신경계를 상호 적대적으로 떼어 놓는 것이 아니라 통합시키는 데' 있다. 중요한 점은 우리가 획득한 것을 잘 저장하였다가 효율적으로 사용하는 데 있으며, 그 결과 획득한 것을 밑천으로 삶을 용이하게 하는 것이다. 이러한 목적에 비추어, '우리는 가능한 어릴 적부터 효율적 행동을 많이 수행하도록 기계적이고 습관적인 학습을 해야 한다.' 또한 전염병을 예방하듯이 우리에게 유익하지 않은 것으로 여겨지는 방향으로 성장하는 것을 막아야 한다. 특별하게 신경 쓰지 않고 습관적 학습이 일상생활의 면면에서 이루어지

면 질수록, 마음은 자신에게 합당하게 작동하도록 좀 더 유연하게 보다 높은 수준에서 작용하게 될 것이다.[7]

이러한 견해에 합당한 측면이 많지만, 실행은 '상식적으로' 판에 박힌 행동을 하는 것을 가리킨다는 점에서 이 입장에 의문이 제기된다. 라일이 "지적 수용능력"을 강조한 것은 실행이 판에 박힌 형태로 이루어지지 않는다는 점을 명백히 한 데 크게 일조하였다. 왜냐하면 실행은 그 집행과정에서 판단력을 요구하며, 학습의 끊임없는 과정을 통하여 지력이 작동하는 만큼 개선될 수 있기 때문이다. 실행과 지력을 한데 묶어서 보는 그의 견해는 이 장의 세 번째 절에서 인용한 듀이의 견해에 근접해 있다. 하지만 듀이는 예술적 기량 그 자체를 습관으로 보는 등 '습관'의 틀에서 모든 것이 융해된다고 보는 반면에, 라일은 습관을 관습적이고 판에 박힌 연습을 통해서 길러지는 것으로 보고, 이것이 이와 상반되는 지력이 작용하는 실행 즉 방법적 지식에 융해된다고 보았다.

습성으로서 습관을 솜씨와 구분할 필요가 있다는 것이 우리의 입장이다. 솜씨는 명백하게 할 줄 아는 것에 속한다. 게다가 우리는 솜씨와 비판적 기량을 반드시 구분해야 한다고 하였다. 하지만 비판적 기량은 비판적 기량의 전반적 개발에 방법상 동원되어야 하는 여러 이질적인 요소와 함께 형성된다는 점을 반드시 인식해야만 한다.

이러한 교육적 고려 사항을 반드시 살펴볼 필요가 있다. 라일은 훈련과 기계적 반복drill을 상반된 것으로 보고 솜씨를 '반복을 통하여' 이루어지는 기계적 숙달을 통하여 형성되는 것으로 보았다. 이와 반대로, 비판적 기량과 마찬가지로 솜씨도 적어도 '이해'의 관점을 포함하는 '훈련'을 통하여 길러진다고 논의하였다. 우리의 입장에서 보면, '기계적 숙달' 차원에서 실천과 '비판적' 실천은 모두 훈련의 과정에 포함된다. 이제까지 논의된 바에 따라 적어도 훈련이 이해의 측면을 포함하기 때문이다.

그러면 무엇이 라일로 하여금 솜씨가 기계적 숙달에 의하여 길러진다고 주장하게 하였는가? 솜씨가 길러지는 과정이 판에 박힌 기계적 반복에 의존한다고 보았기 때문이다. 그러나 이 입장은 기계적 단련이 독자적으로 솜씨들을 길러낼 수 있다는 것을 말해 주지 않는다. 어떤 솜씨가 길러질 경우에 그것은 실제로 판에 박힌 기계적 반복에 의존한다. 그렇지만 이 말은 어떤 솜씨가 기계적 반복 행위에 의하여 길러진다고만 해석될 수 없다. 지적 용량을 배양할 경우, 라일이 말하는 것처럼, 행위자는 끊임없이 학습한다. 그러나 이것이 솜씨의 경우에는 사실이 아니기 때문에 행위자의 학습이 이루어질 수 없다고 추론할 수는 없다. 라일이 말한 바와 같이, "영아기에 아이들은 자신의 걸음걸이를 의식하지 않고 걸어 다닌다." 그러나 걸음마 동작을 배우는 영아기에 아이는 발걸음에 신경을 쓴다. 적어도 이 단계에서 반복적 숙달은 어울리지 않는다. 따라서 어떤 솜씨를 길러내는 데 배타적으로 적용될 방법은 없다. 반복적 숙달이란 이런 경우를 설명하는 현학적 용어에 불과함을 지적하지 않을 수 없다. 반복적 숙달이 어떤 솜씨를 길러내는 데 중요하다는 점을 인정한다고 해도, 묘사, 설명, 시범을 통하여 '어떻게 하는지 보여주는 것showing how'은 솜씨를 기르는 데에도 결코 배제되어서는 안 된다. 이와 같은 예시는 초기 학습에 매우 중요하므로, 학습과정에서 그 중요성을 잊어서는 안 된다. 통찰, 질문, 이해, 대화의 적합성은 심지어 반복적 숙달이 이루어지는 학습상황에서도 근본적으로 요구된다는 데서 확인할 수 있다. 명제적 지식이 성립하는 데에도 절차적 지식이 지적으로 요구된다는 것[5]은 그 적합성을 보여주는 하나의 징표이다.

---

5) [역자 주] 본문에 서술되어 있는 명제적 지식이 성립하려면 방법적[절차적] 지식을 요구한다는 말은 명제적 지식이 모두 방법적 지식으로 환원된다는[바꾸어 설명된다는] 뜻이 아니다. 이에 관한 논의는 Jane Roland(1959), On the Reduction of 'Knowing That' to 'Knowing How', in: B. O. Smith & R. H. Ennis(1961), *Language and Concepts in Education*, Chicago: Rand McNally & Co, pp. 59-71을 참조하라. 여기서 로랜드는 방법적 지식이 세 가지 유형으로 나눌 수 있음을 밝히고 있다. 방법적 지식은 라일의 주장과 달리 경향성만 가지고 설명되는 것이 아니라 모종의 역량을 가지고 설명해야 하는 경우도 있다. 방법적 지식에는 이른바 기량 검증skill test을 요구하는 방법적 지식(Type A)이 있고, 그것을 요구하지 않는 방법적 지식(Type B)이 있다. '수영할 줄 알다'가 전자에 해당하고, '수도꼭지를 틀 줄 알다'가 후자에 해당한다. 하지만 이 두 가지에 포함되지 않는 경우로서 사실을 진술할 줄 알거나 또는 질문에 온당하게 대답할 줄 아는 방법적 지식(Type C)이 있다는 점을 지적한다. 쉐플러가 이 장의 서두에서 도덕적 명제를 아는 경우는 과학적 명제와 수학적 명제를 아는 경우와 다르다는 것을 지적하였다. 이와 유사하게 로랜드도 도덕적 명제의 경우에 어떤 형태의 방법적 지식으로도 환원되지 않음을 예증하였다. 예컨대 "존은 자신이 정직해야만 한다는 것을 안다"는 명제적 지식은 로랜드의 Type A와 Type B의 방법적 지식으로 환원되지 않는다. 또한 이 문장이 Type C의 방법적 지식 형태인 "존은 자신이 정직해야 함을 진술할 줄 안다"로 변환될 수 있다고 하여도, 그 의미는 결코 같지 않다. 이는 앞서 본문(특히 제4장)에서 쉐플러가 주장한 논점과 다르지 않다. 하지만 논의의 방향을 보면, 『지식의 조건』 보다 앞서 나온 그녀의 논문이 강조하는 논점은 명제적 지식이 방법적 지식으로 환원되지 않는다는 것이고, 쉐플러의 논점은 명제적 지식이 성립하는 데에 방법적 지식이 요구된다는 점이 분명하기 때문에 이 두 가지 형태의 지식을 별도로 떼어서 상호 대립하는 것으로 이해해서는 안 된다는 것이다.

결장

지성과 합리성

Intellect and Rationality

결장 지성과 합리성

제2장에서 교육관련 개념들이 '앎'의 개념보다 의미 영역이 넓게 모종의 습관, 버릇, 습성 그리고 능력습득을 포함한다는 사실을 강조한 바 있다. 인식론과 교육철학의 교차 영역에 일차적으로 초점을 맞춘다고 하면, 우리는 당연히 앎의 개념 범위 안에서 논의해야 하며, 논의가 여타의 교육개념으로 확산되지 않도록 해야 한다. 이러한 제한이 논의 목적에 부합하기는 하지만, 양분 개념 parting word[1]은 보다 포괄적으로 교육적 개념들에 비추어 반드시 논의되어야 하며, 특히 가르침의 개념에 비추어 논의되어야 한다.

이 양분 개념은 앞 장에서 습관적인 습성과 솜씨를 구분한 관점에서 재고해 볼 필요가 있다. 즉, 이 중에서 솜씨가 [이해의 관점을 포함하는] 명제적 지식에 관련될 뿐만 아니라 어떤 절차상 지적 요건이 작용하는 "방법적 지식" 범주로 인정해야 한다는 점에서 재고해야 한다. '합리성'은 '지식'의 개념을 기반으로 하기 때문에 "명제적 지식"과 "방법적 지식" 영역 중 하나에 적용할 수 없다

---

1) [역자 주] 여기서 '양분 개념'은 명제적 지식과 방법적 지식을 분할하여 논의할 경우를 지칭하는 용어이다. 제5장에서 방법적 지식에 관한 라일의 방식을 비판한 점을 상기하라. 이어 저자는 두 가지 지식을 상호 분할하기 어렵다는 입장을 '합리성'이라는 포괄적 개념을 통하여 주장하고 있다.

고 그릇되게 주장할지도 모른다. 진리 판별을 할 수 없는 어떤 것도 있을 수 없다고 주장할지도 모른다.

우리는 바로 앞 장에서 주지적 능력을 "명제적 지식"으로 한정하고, 또 그것을 지력이 작용하는 기량의 주된 요인으로 한정해 보기 어렵다는 점을 확인하였다. 그러나 주지적 능력이건 지력이건, 아니면 이 둘의 혼합된 것이건 어느 것도 '합리성'의 영역을 한정시켜주지 못한다. 가르치는 일과 밀접하게 관련된 것은 오히려 지력이라고 할 수 있다.

이보다 앞서 제1장에서 교사가 대화를 얼마나 진지하게 해나가는가에 따라 가르치는 '방법'이 결정될 수 있음을 논의하면서, "가르치는 일"은 합리적 설명과 비판적 대화와 깊이 관련된다는 점을 강조한 바 있다. 가르치는 일의 핵심은 마음을 터놓고 근거를 추궁하고 날카로운 비판을 받아들이는 과정에서 학생이 판단하여 내린 입장을 교사가 비판적으로 평가해 나가는 것에 있으며, 이러한 교사의 비판적 행위에 맞추어 학생들도 자신의 입장을 형성하도록 하는 데 있다는 점을 지적한 바 있다.

합리성은 행위의 이유가 적합한가에 달려 있다. '신념'이 문제가 되는 상황에서 행위의 이유는 제3장에서 논의한 바와 같이 신뢰할만한 근거와 증거에 의존한다. 기량이 요구되는 상황에서, 판단 이유는 어떤 절차를 준수하는가, 어떤 전략을 선택해야 하는가, 가능한 보다 폭넓은 역량을 발휘하기 위하여 어떤 솜씨를 구사하는가에 의존한다. 행위의 이유는 목하 논의하는 기량이 가치 있는가를 따지는 데도 요구된다. '어떻게 하는지 보여주는 것 showing how'은 모든 경우에 있어서 그 이유를 찾을 문제는 확실히 아니지만, 모방의 예시에서 알 수 있듯이 그 가치를 파악할 수 있다. ("훈련"은 물론 이해를 포함하지만, 그것이 "가르치는 일"의 외연과 완전히 일치하는 것이 아니다.) 그럼에도 불구하고, 이유는 역량이 가치 있는 것인가를 가늠하기 위하여 또는 구조화되는 데 있어서 요구될지도 모른다. (이 점에서 훈련은 가르치는 일의 핵심에 해당한다고 볼 수도 있다.)

습성, 습관, 버릇, 심지어 능력습득과 관련해서도 이유가 요구되는 것은 이들을 길러내는 과정에서 모종의 평가가 이루어지기 때문이다. 그러면 교육내용의 요소로 이들을 선택하기 위하여 어떤 것을 지향해야 하는가? 가치 있는 교육내용이 되려면 무엇을 고려해야 하며, 가치 없는 것으로 무엇을 배제해야 하는가? 이처럼 '가치'와 '목표'와 관련된 질문을 마땅히 해야 하며, 이 질문은 어떤 교수 방법이 가장 좋은가를 가늠하는 합리성의 기준을 마련하는 데 중요하다.

따라서 합리성은 지성보다 넓은 개념이며, 심지어 실행에 요구되는 지력보다 더 포괄적인 개념이며, 보다 '폭넓은' 교육적 지평을 제공해 준다. 왜냐하면 우리가 교육을 자의적으로 지식 영역에 한정시키지 않는다면, 우리는 습관, 성격, 습성의 형성을 교육적으로 중요하게 받아들일 수 있기 때문이다. 또한 교육은 합리성의 정신에 입각한 교수 행위를 통하여 이루어질 수도 있지만, 그렇지 않고 정반대로 인간의 마음과 행동을 형성하겠다는 작금의 교수 공학 장치를 이용하는 조작주의에 빠질 수도 있다.

이 책에서 우리는 주로 지성과 기량에 관심을 기울였지만, 이를 너무 강조하다보면 이들의 가장 교육적으로 중요한 특성을 놓치게 된다. 그보다 우리는 아이들이 비판적인 관점에서 이유를 댈 줄 아는 합리적 삶의 세계로 입문시키는 "가르치는 일"에 이러한 개념들을 늘 관련시켜 생각해 보아야 한다.

저자 미주

서장

[1] 여기서 다룬 세 가지 학설은 편의상 이름붙인 것이다. 각 학설에 해당하는 사람을 보면 이해하는 데 도움이 될 성싶다. 합리론과 관련한 인물로 플라톤Plato, 데카르트Descartes, 라이프니츠Leibniz가 있고, 경험론과 관련하여 로크Locke, 버클리Berkeley, 흄Hume가 있고, 실용주의와 관련하여 퍼어스Peirce, 제임스James, 그리고 듀이Dewey가 있다.

[2] 간략하게 말하자면, 논점은 다음 그림으로 나타낼 수 있다.

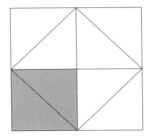

대화편에서 제시된 문제는 빗금 친 사각형의 두 배 면적의 정사각형을 구하는 것이다. 노예 소년은 당초 원래 사각형의 한 변의 두 배인 변을 한 정사각형을 생각하였으나, 그것이 원래 정사각형의 네 배임을 알고 나서, 대각선이 원래 사각형의 면적을 이분한다는 것을 알게 된다. 그 결과 대각선을 한 변으로 하는 정사각형이 원래 정사각형 면적의 두 배라는 결론을 얻는다.

[3] John Dewey, *Democracy and Education* (New York: The Macmillan Company, 1916, Paperbacks Edition, 1961, p. 139).

제1장

[1] 여기서 표기한 글자 *Q*는 이하에서 인용부호와 함께 사용하기도 하고, 사용하지 않는 경우도 있다. 인용부호 없이 사용할 경우, 이 글자는 놓인 위치에 들어갈 명제의 내용을 의미한다. 반면에 인용부호를 한 이 글자는 문제가 되는 문장을 지칭하는 것이다. 즉 인용부호 안에 있는 문장[명제]을 지칭하는 이름을 가리키는 것이다.

[2] 예컨대, Jaakko Hintikka, *Knowledge and Belief* (Ithaca, N. Y.: Cornell University Press, 1962), pp. 18-19를 참조하라.

[3] 이 논점에 관하여, Israel Scheffler, *the Language of Education* (Springfield, Ill.: Charles C. Thomas, 1960), p. 42와 pp. 60-61을 보라.

[4] 비판적 논점은 Marcus Brown, "Knowing and learning," *Harvard Educational Review*, XXXI(Winter 1961), pp. 10-11, 그리고 각주 19를 주의 깊게 볼 필요가 있다.

[5] Scheffler, *The language of Education*, p. 98.

[6] 이 정의 방식의 형태는 다음 글에서도 찾을 수 있다. Roderick M. Chisholm, *Perceiving: A Philosophical Study* (Ithca, N. Y.: Cornell University Press, 1957), p. 16, and in D. J. O'Connor, *An Introduction to the Philosophy of Education* (New York: Philosophical Library, 1957), p. 73.

제2장

[1] Roderick M. Chisholm, *Perceiving: A philosophical Study* (Ithaca, N. Y.: Cornell University Press, 1957), pp. 17-18.

[2] J. L. Austin, "Other Minds," *Philosophical Papers* (Oxford at the Clarendon Press, 1961: 67). 이 논문은 원래 Supplementary Volume XX of Proceedings of the Aristotelian Society (1946)에 수록된 것이다. 그러나 본문에 수록한 페이지는 그가 편집한 앞의 책의 것을 따랐다.

[3] Gilbert Ryle, *The Concept of Mind* (London: Hutchinson House, 1949). 범주의 오류에 관한 논의는 이 책의 p. 16에서부터 시작된다. 인용 페이지는 이 책을 따른 것이다.

[4] *An Enquiry Concerning Human Understanding*, Section II.

[5] David Hume, *A Treatise of Human Nature*, Book I, Part I, Section VI.

[6] *An Enquiry Concerning Human Understanding*, Section II.

[7] 이 문제에 관하여 다음 저술을 참조하라. Clarence Irving Lewis, *An Analysis of Knowledge and Valuation* (La Salle, Ill.; The Open Court Publishing Company, 1946), Book II, 특히 이 중에서 제VII장; Alfred J. Ayer, *The Foundations of Empirical Knowledge* (New York: St. Martin's Press, 1961); 또한 Arthur Pap, *Elements of Analytic Philosophy* (New York: The Macmillan Company, 1949)의 제7장과 제8장을 읽어보라.
다음에 실린 논쟁도 추천할 만하다. C. I. Lewis, Hans Reichenbach, and Nelson Goodman, "The Experiential Element in Knowledge," *Philosophical Reveiw*, LXI (April 1952: 147-175).

[8] 이 아이디어에 관한 논의는 A. J. Ayer, *The Problem Of Knowledge* (Harmondsworth: Penguin Books, Ltd, 1956)의 p. 54에서 p. 57을 참조하라. 이 책의 제2장 전체가 매우 흥미 있는 내용을 담고 있다.

[9] *Austin, Philosophical Papers*, p. 58 이하를 보라.

[10] Nelson Goodman, "Sense and Certainty," *Philosophical Review*, LXI (April 1952), 160-167.

[11] 퍼어스Peirce의 논문집 *Collected Charles S. Peirce* (Vols. 1-6, ed. Hartshorne and Weiss; Cambridge, Mass.: Harvard University Press, 1931-1935; and vols. 7-8, ed. Burks; Cambridge, Mass.: Harvard University Press, 1958) 이외에, 그의 논문을 실은 주요 단행본이 있다. 그 중에서 비너Philip P. Wiener가 편집한 *Values in a Universe of Chance: Selected Writings of Charles S. Peirce* (New York: Doubleday, 1958; also Stanford: Stanford University Press, 1958)가 있다. 이 책에 나온 퍼어스의 인용은 비너 편집본에서 따온 페이지 번호이다. 예컨대, 먼저 인용한

퍼어스의 논문 "How to Make Our Ideas Clear"는 Wiener의 p. 113에서 p. 136에, 나중의 논문"The Fixation of Belief"는 p. 91에서 p. 112에 실려 있다. 당초 두 논문 은 *Popular Science Monthly*에 후자는 1877년 11월에, 전자는 1878년 1월에 실린 것이다. 다음 책은 퍼어스의 철학을 이해하는 개론서로서 강력하게 추천하는 바이 다. W. B. Gallie, *Peirce and Pragmatism* (Harmondsworth: Penguin Books, Ltd., 1952).

[12] 조작주의operationism에 관하여, P. W. Bridgman, *The Logic of Modern Physics* (New York: The Macmillan Company, 1927) 참조하라. 최근 학술토론인 "The Present State of Operationalism"은 Philipp G. Frank, *The Validation of Scientific Theories* (Boston: The Beacon Press, 1956)에 수록되어 있다.

[13] 이 주장에 대한 비판은 여기서 모두 다루지 못하였지만, Willard Van Orman Quine, *Word and Object* (New York: The Technology Press of the Massachusetts Institute of Technology; also John Wiley & Sons, Inc., 1960), p. 23에서 확인할 수 있다.

[14] Morton White, *The Age of Analysis* (New York: Mentor Books, 1955), pp. 154-160.

[15] William James, *Pragmatism* (New York: Longmans, Green and Co., 1910: 58). 제 임스에 관련된 인용은 이 편집본에 따른 것이다.

[16] 제임스에 대한 나의 비판의 논점은 화이트Morton White의 *Toward Reunion in Philosophy*를 리뷰하면서 쓴, *Harvard Educational Review*, XXVII(Spring 1957: 156-158)에 수록된 글에서 밝혔다. 타르스키Tarski와 카르납Carnap의 저작과 별 도로 나의 비판과 관련하여, 무어G. E. Moore의 *Philosophical Studies* (New York: Harcourt, Brace & Co., 1922)에 수록된 "William James' Pragmatism"을 세심하게 읽어보길 바란다. 퍼어스가 진리의 가변성mutability of truth을 주장하는 것은 '죽 음의 씨앗seed of death'이며 결과적으로 실용주의를 삶의 본능에 따르는 것으로 간 주하게 될 것이라며 제임스를 개탄하면서 쓴 그의 논문 "A Neglected Argument for the Reality of God"의 마지막 문장(p. 379)은 매우 흥미롭다.

[17] 이와 관련하여 A. Koyré, "Galilée et l'Expérience de Pise," *Annales de l'Université de Paris* (1937: 441-453)와 Herbert Butterfield, *The Origins of Modern Science* (New York: The Macmillan Company, Paperbacks Edition, 1960: 81-82)를 보라.

[18] 이 지표를 체계적으로 알아보려면 Nelson Goodman, *The Structure of Appearance* (Cambridge, Mass.: Harvard University Press, 1951: 287 ff)를 참조하라.

[19] Alfred Tarski, "The Semantic Conception of Truth," *Philosophy and Phenomenological Research* (1944). 이 글은 Herbert Feigl and Wilfrid Sellars, *Readings in Philosophical Analysis* (New York: Appleton-Century-Crofts, Inc., 1949: 52-84)에 다시 수록되어 있다.

[20] Rudolf Carnap, "Truth and Confirmation," 은 Feigl and Sellars의 위의 책 pp. 119-127에 수록되어 있다.

[21] Aristotle, *Metaphysics*, Book IV, Chapter 7.

[22] Feigl and Sellars, *Readings in Philosophical Analysis*, p. 54.

[23] Feigl and Sellars, p. 71.

[24] Willard Van Orman Quine, *From a Logical Point of View* (Cambrdige, Mass.: Harvard University Press, 1953), p. 138. 특히 의미론적 관련에 관심이 있다면 이 책의 제7장을 참조하라.

[25] Feigl and Sellars, *Readings in Philosophical Analysis*, p. 123.

[26] Feigl and Sellars, p. 123.

제3장

[1] Saint Augustine, "The Teacher," included in Kingsley Price, *Education and Philosophical Thought* (Bonston: Allyn and Bacon, Inc., 1962). 어거스틴의 '교사'와 관련한 인용은 이 책에서 한 것이다.

[2] Alfred North Whitehead, *The Aims of Education* (New York" The Macmillan Company, 1929)의 제2장 "The Rhythm of Education"을 참조하라.

[3] 이 논점과 관련하여 Nelson Goodman, "Sense and Certainty," *Philosophical Review* LXI (April 1952: 160-167) 참조하라.

[4] J. L. Austin, *Philosophical Papers* (Oxford at the Clarendon Press, 1961). 그의 인용은 이 책에서 한 것이다. Page references to Austin relate to his Philosophical Papers throughout.

[5] A. J. Ayer, *The Problem of Knowledge* (Harmondsworth: Penguin Books, Ltd., 1956)의 제1장을 참조하되 특히, p. 31에서 p. 35를 보라.

[6] Ayer의 위의 책, 35쪽. '주관적 확실성 문제issue of "subjective certainty'와 관련하여, A. D. Woozley "Knowing and Not Knowing," *Proceeding of the Aristotelian Society*, LIII (1953: 151-172)과 L. J. Cohen, "Claims to Knowledge," *Proceedings of the Aristotelian Society*, Supplementary Vol. XXXVI (1962: 33-50)은 매우 흥미 있는 논문이다.

[7] Willard Van Orman Quine, *Methods of Logic* (New York: Henry Holt & Company, 1950: 190-191)을 보라.

[8] 이 부분은 Henri Poincaré, *Science and Method, trans.* Francis Maitland (New York: Dover Publications, Inc., 1952: 117-142)에 포함되어 있다. 여기 소개된 글의 인용은 그의 "Mathematical Definitions and Education"에 근거한 것이다.

제4장

[1] Rudolf Carnap, *Meaning and Necessity* (Chicago: The University of Chicago Press, 1947: Sections 13-15, pp. 53-64).

[2] 의미론적 질문의 맥락은 카르납의 p. 53에서 p. 54를 참조하라.

[3] R. M. Hare, *The Language of Morals* (Oxford at the Clarendon Press, 1952) p. 60.

[4] Hare, p. 60.

[5] B. F. Skinner, *Verbal Behavior* (New York: Appleton-Century-Crofts, Inc., 1957), pp. 362-365.

[6] Kingsley Price, "On 'Having an Education,'" Harvard Educational Review, XXVIII (Fall 1958: 330 ff)와 R. M. Chisholm, Perceiving: A Philosophical Study (Ithaca,

New York: Cornell University Press, 1957: 15) 참조. 치섬의 입장은 명제적 지식을 언어에 관한 방법적 지식a verbal sort of knowing how으로 환원에 부정적이다. 그러한 입장은 John Hartland-Swann, "The Logical Status of 'Knowing That,'" Analysis, XVI (1956: 114)에서 찾을 수 있다.

[7] N. Chomsky, "Review of B. F. Skinner, Verbal Behavior," Language, XXXV (1959), 26-58, footnote 43.

[8] Gilbert Ryle, The Concept of Mind (London: Hutchinson House, 1949). 인용은 이 책을 토대로 한 것이다.

[9] Carl G. Hempel, "Rational Action," Proceedings and Addresses of the American Philosophical Association XXXV (Yellow Springs, Ohio: The Antioch Press, 1962: 5-23). 인용은 이 글을 토대로 한 것이다.

[10] Israel Schefller, The Language of Education (Springfield, Ill.: Charles C. Thomas, 1960: 57, 68)을 참조하라.

제5장

[1] 이 정의에 따른 충분조건에 관하여, Bertrand Russell, Human Knowledge: Its Scope and Limits (New York: Simon and Schuster, 1948; 154-155), Edmund L. Gettier, "Is Justified True Belief Knowledge?," Analysis, XXIII (June 1963: 121-123), 그리고 Michael Clark, "Knowledge and Grounds: A comment on Mr. Gettier's Paper," Analysis, XXIV (December 1963: 46-48) 참조하라.
러셀의 예는 (물론 그는 이런 방식으로 예증하지 않았지만) 다음과 같다. 가지 않는 시계를 가고 있다고 생각하는 사람이 우연히 시간이 맞는 순간에 시계를 보게 되었다. 그래서 그는 자신이 자기 자신이 참된 신념을 가지고 있고, 또 그것이 정당화된다고 생각한다. 그 근거는 그 자신이 시계가 가고 있다고 생각하기 때문이다. 그러나 지금 시각이 이를테면 '3시'라고 말하는 것은 잘못이다. 우리는 그에게 시계가 제대로 작동한다는 것을 입증할 증거나 3시라고 알고 있는 사실을 확증할 증거를 대라고 할 수 있는가? 아니면 그 자신이 시계가 온전하게 작동한다는 가정을 부정할 수 있겠는가? 그도 아니면 그 이외에 다른 대안은 있는가?

[2] Israel Scheffler, The Language of Education (Springfield, Ill.: Charles C. Thomas, 1960), p. 79.

[3] Scheffler, p. 79 ff.

[4] Scheffler, p. 43.

[5] Gilbert Ryle, *The Concept of Mind* (London: Hutchinson House, 1949). 인용은 이 책을 토대로 한 것이다.

[6] John Dewey, *Human Nature and Conduct* (New York: The Modern Library, 1930), p. 71.

[7] William James, *The Principles of Psychology*, Vol. I (New York: Dover Publications, Inc). 이 책을 1950년 재출간한 Henry Holt and Company출판사의 114쪽과 122쪽을 보라.

참고문헌

Austin, J. L. *Philosophical Papers.* Oxford at the Clarendon Press,
1961.
영어권의 선도적 철학자인 저자의 예리하고 영향력 있는 논문
을 모은 저술로서, 초학자에게는 어렵다.

Ayer, A. J. *The Problem of Knowledge.* Harmondsworth, Penguin
Books, Ltd., 1956
초학자도 쉽게 접근할 수 있는 아주 우수한 입문서이다.

Chisholm, R. M. *Perceiving: A Philosophical Study.* Ithaca, N.Y.,
Cornell University Press, 1957.
지각과 의도에 관한 심리철학 문제를 예리하게 논의한 책이다.

Flew, A. *Essays in Conceptual Analysis.* London, Macmillan & Co.,
Ltd., 1960.
인식론적 쟁점과 관련된 분석철학 논문을 수록한 책이다.

Hartland-Swann, J. *An Analysis of Knowing.* London, Ruskin
House, George Allen & Unwin, Ltd., 1958.
소책자이지만, 내가 논의한 많은 문제를 매우 읽기 좋게 다루고
있다.

Hintikka, J. *Knowledge and Belief.* Ithaca, N.Y., Cornell University
Press, 1962.
지식과 신념에 관한 최근의 저작이지만, 다소 어렵다.

Lewis, C. I. *An Analysis of Knowledge and Valuation.* La Salle, Ill.:

The Open Court Publishing Company, 1946.
미국의 영향력 있는 철학자의 체계적인 저술이지만, 초심자에게는 다소 어렵다. 하지만 노력하면 충분한 보상이 따르는 책이다.

Macdonald, M., ed., *Philosophy and Analysis*. New York, Philosophical Library, Inc., 1954.
영문 철학 학술지인 *Analysis*에 수록된 논문을 모은 책으로, 이 중 몇몇 논문은 지식, 신념, 의미, 진리 문제와 관련하여 읽을 만하다.

Malcolm, N. *Knowledge and Certainty: Essays and Lectures*. Englewood Cliffs, N.J., Prentice-Hall, Inc., 1963.
현존하는 미국 철학자의 중요한 논문을 담고 있다.

Moore, G. E. *Philosophical Studies*. New York, Harcourt, Brace & Co., Inc., 1922.

Moore, G. E. *Some Main Problems of Philosophy*. New York, The Macmillan Company, 1953.
위 두 권은 현대 분석철학의 창시자의 한 사람인 저자의 논문집으로 초학자에게는 어렵다.

Polanyi, M. *Personal Knowledge*. Chicago, University of Chicago Press, 1958.
과학적 지식 탐구에서조차 개인적 측면이 중요하다는 것을 강조한 획기적인 저작이다.

Russell, B. *Human Knowledge: Its Scope and Limits*. New York: Simon and Schuster, 1948.
수리철학자의 저술인 이 책은 『지식의 조건』에서 다룬 문제와 많이 관련된 글을 담고 있다.

Woozley, A. D. *Theory of Knowledge: An Introduction*. London,

Hutchinson & Company, 1960.
지식 문제에 관한 작지만 훌륭한 입문서이다. 초심자도 읽기
쉽다.

찾아보기

♣ 색인은 『지식의 조건』 본문에 나오는 주요 용어와 인물을 대상으로 작성하였다. 따라서 본문에 나오지 않고 역자 해설과 역자의 각주에만 나오는 주요 용어와 인물은 색인 목록에서 제외되었다. ♣

〈인명〉

〈내용〉

역자 소개

김정래(金正來)

서울대학교 사범대학 교육학과(문학사) 및 동 대학원(교육학석사)
영국 University of Keele 교육철학(철학박사)
한국교육개발원 연구위원, 제15대 한국교육철학회장
(현) 부산교육대학교 교수

저서: 교육과 한국불교(공저), 교육과 성리학(공저), 교육과 지식(공저), 민주시민교육비판, 진보의 굴레를 넘어서, 고혹 평준화 해부, 아동권리향연 등

역서: 교육목적론(린지 저), 암묵적 영역(폴라니 저), 교육과 개인(코헨 저), 초등교육문제론(디어든 저), 아동의 자유와 민주주의(챔벌린 저) 등

지식의 조건
Conditions of Knowledge

2017년   5월 15일   1판 1쇄 발행
2018년   10월 25일   1판 2쇄 발행

지은이 • Israel Scheffler
옮긴이 • 김정래
펴낸이 • 김진환
펴낸곳 • (주) **학지사**

　　　　04031 서울특별시 마포구 양화로 15길 20 마인드월드빌딩
대표전화 • 02)330-5114　　　팩스 • 02)324-2345
등록번호 • 제313-2006-000265호

홈페이지 • http://www.hakjisa.co.kr
페이스북 • https://www.facebook.com/hakjisabook

ISBN 978-89-997-1248-7 93370

정가 18,000원

이 도서의 국립중앙도서관 출판시도서목록(CIP)은 서지정보유통지
원시스템 홈페이지(http://seoji.nl.go.kr)와 국가자료공동목록시스템
(http://www.nl.go.kr/kolisnet)에서 이용하실 수 있습니다.
(CIP 제어번호: CIP2017009549)

교육문화출판미디어그룹 학지사

심리검사연구소 **인싸이트** www.inpsyt.co.kr
원격교육연수원 **카운피아** www.counpia.com
학술논문서비스 **뉴논문** www.newnonmun.com
간호보건의학출판 **학지사메디컬** www.hakjisamd.co.kr